尚秉和 ◇ 撰　张善文 ◇ 点校

周易尚氏学

中华书局

目　录

上　经

下　经

前　言

　　一九六二年九月，我去济南参加孔子讨论会，得识尚先生高足卢松安同志，谈及先生遗著周易尚氏学一书，卢同志打算由私人集资，先印行若干部，以免失传。当时我建议，最好由中华书局出版，卢同志也同意这样作。孔子讨论会结束后，我到北京，向中华书局负责同志推荐此书，嗣后由卢松安同志将原稿送去，经过审核，认为可以出版。今年三月，中华书局以周易尚氏学稿本见寄，要求我作一篇序言。回忆二十年前，与尚先生过从时，得闻易象绪论。拙著易经新证先生曾为之序，奖勉有加，今先生墓已宿草，反而序先生之书，追怀昔游，不禁涕零。兹不揣冒昧，对先生之书妄评得失，仅供读者作为参考而已。

　　易卦起源于原始宗教中巫术占验方法之一的八索之占。古也称绳为索，八索即八条绳子。金川彝族所保持的原始式八索之占，系用牛毛绳八条，掷诸地上以占吉凶。易系辞称庖牺氏（即伏羲氏）始作八卦，乃指八索之占言之。八索这一名称，最早见于左传、国语。八索之占是八卦的前身，八卦是八索之占的继续和发展。近年来的学者们，都说八卦与伏羲氏完全无涉,这就未免"数典忘祖",截断了易卦的来源(详拙著伏羲氏与八卦的关系)。

原始宗教的八索之占,到了阶级社会的西周就发展为八卦;到了战国时人所作的易传,又以卦爻辞为基础,进一步作哲学理论的推阐。易系辞传说:"刚柔相摩,八卦相荡";"日新之谓盛德,生生之谓易";"易之为书也不可远,其为道也屡迁。变动不居,周流六虚,上下无常,刚柔相易,不可为典要,唯变所适";"易穷则变,变则通,通则久"。由此可见,作者认为宇宙间的万事万物都处于不断运动、变化和矛盾斗争的过程中,诚然具有辩证法的因素。但是,总的说来,还脱离不了否泰、剥复和消息盈虚之说。例如蛊彖传所说的"终则有始",系辞传所说的"原始反终",仍然是循环论者的论调。

左昭二年传叙韩宣子适鲁,"见易象与鲁春秋"。其称易为易象,足征易之为书是以象为主的。易系辞传也说:"是故易者象也,象也者像也。"因为辞由象生,故易无象外之辞。周易的每一卦辞和每一爻辞,往往在几句话里有几种不同的内容,假若不依象以释辞,则奇奇怪怪,迷离惝恍,既不知其辞之所本,更不知其义之所由生。但是,说卦传所叙的象颇为简略,远远概括不了易卦中各种各样的象。于是主汉易以说象者,对于不解之象,则以"卦变""爻变"为释,故尚先生叙清儒解易说:"……而以汉人为依归,是矣。乃于汉人之曲说,亦靡不依据以为护符。至求象不得,亦使卦再三变以成其象,奉虞氏为不刊法则,而易学遂故步自封矣。"(见焦氏易诂凡例)

魏晋以前之说易者都主象,自王辅嗣扫象不谈,专以承乘比应为解,历唐至宋,便极盛一时。尚先生说:"王辅嗣深知其谬,而不能求得其象,乃倡为得意忘象之说,以掩其短。此端一开,程伊川遂谓得其义则象数在其中,本末颠倒。"(见焦氏易诂凡例)这是说程氏不能依象数以解卦爻辞,全凭主观臆想以为之说,反而说象数在臆想之中,这样倒末为本,是极其荒谬的。

先生钻研焦氏易林十余年,著焦氏易林注十六卷,参考各家诂训,反复推勘,积疑生悟,因而在易林中发现了久已失传而与周易有关的内外卦象、互象、对象、正反象、半象、大象等凡百二十余象的应用规律。验之于左传、国语的占象而合,验之于逸周书时训的准象而合,验之于周易卦象也都基本上相合。先生以易林逸象与周易交融互证,分条加以阐发,著焦氏易诂十一卷。今就此书节录三条于下:

一、乾日:"易林乾之泰云,白日皎皎。泰下乾,乾为日,互震为白,故曰皎皎。又泰之恒云,逾日历月。恒互兑为月,乾为日,故曰逾日历月。是易林显以乾为日也。后思易乾九三云,君子终日乾乾。乾为日,三居卦末,故曰终日。大畜九三云,日闲舆卫。日亦指乾。"(卷一)

二、兑月:"易林复之临云,月出平地。坤为地,兑为月,在下,故曰平地。又晋之小过云,月出阜东。小过艮为阜,互兑为月,震为东,故月出阜东。……后思易小畜之月几望,中孚、归妹之月几望,恒象之日月得天久照,盖皆以兑为月。故易林用之,邵子亦用之也。"(卷一)

三、坤水:"易林乾之观云,江河淮海,天之奥府。按观下重坤,故曰江河淮海。又坤之升云,凭河登山。升上坤,坤水,故曰凭河。又讼之泰,弱水之西。坤水、坤柔,故曰弱水。"(卷一)"凡易言利往、利涉者,义无不通。特坤水象至东汉失传,必以坎为大川,遂尔歧误,而解益之大川尤扞格难通。"(卷五"益利有攸往利涉大川解"。按"川"字原本误作"利"。)

以上所引三条,用易林乾日、兑月、坤水之象,与周易相证发,六通四辟,若合符契。学者只知离为日,坎为月为水,则多与卦象不相应。先生以焦氏易诂为基础(读本书者,须参阅焦氏易林注、焦氏易诂、左传国语易象释三书),对于历来的易象和易解,广搜博采,评判其得失,取长舍短;同时,又结合其师吴挚甫易说的"阳遇阴则通、遇阳则阻"的原理(见本书"说例")而加以发展,谓"易之道如电然,同性则相违,异性则相感"(见易诂"同人利涉大川解"),著周易尚氏学二十卷。于是久已晦盲的易象,始昭然若揭,可谓发幽阐微,集象学之大成。焦氏易林注仵墉叙引王晋卿说:"此书将二千年易家之盲词呓说,一一驳倒,使西汉易学复明于世,孟子所谓其功不在禹下。"又引陈散原说:"读尚氏焦氏易诂,叹为千古绝作。以今世竟有此人著此绝无仅有之书,本朝诸儒见之当有愧色。"

以上所述,主要是说明先生对易象的卓越发明。但是,本书也还存在着某些缺点和错误,例如:

一、有关周易作者的问题 先生对于画卦者以及卦爻辞、易传的作者,多因袭旧说。在本书"总论"中"第三 论古易之类别"说:"伏羲既画卦,必更有书以申明其义。……后人谓黄帝始造字,伏羲只画卦无文字者,谬也";"第四 论周易谁作"

说:"……故夫周易卦爻辞,纯为文王一人所作,其欲加入周公者,毫无根据,不可信也";"第六　论十翼谁作"说:"……故十翼非孔子不能为,不敢为。而纪录十翼者,则孔子之门人也"。像以上各种肯定的说法,都脱离不了旧有圈套。先生对于近年来学者们的若干新说,一概置之不理。纵然他们对于旧解有着一笔抹杀的过分主张,未可尽信,可是,伏羲氏既画卦又重卦,以及文王作卦爻辞,孔子作十翼等传统说法,毕竟是靠不住的。

二、震象为丘　说文谓"四方高中央下为丘",淮南子墬形的"和丘",高注谓"四方而高曰丘"。按震作☳,象四方高中央下之形。丘字卜辞作ᨏ,金文作ᨕ,以卦画有横无竖验之,则古文字的丘字正与震象相符洽。易林革䷰之颐䷚说"尼父孔丘"(尚先生谓"反震为孔"),颐下震为丘,故曰"尼父孔丘";又屯䷂之噬嗑䷔说"营邱(同丘)是适",噬嗑下震为丘(尚先生谓"震往故曰适"),故曰"营邱是适"。这都是易林以震为丘之证。以震为丘,于周易中之言丘者无一不合。贲卦作䷕,六五"贲于丘园",丘园指"上互"为震言之;颐卦作䷚,六二"拂经于丘",丘指内卦为震言之;涣卦作䷺,六四"涣有丘",丘指涣"下互"为震言之。丘与虚古通用。古人多居丘。说文谓"虚,大丘也",又谓"四邑为丘,丘谓之虚"。升卦作䷭,九三"升虚邑",马注谓"虚,丘也"。丘邑指"上互"为震言之。总之周易中言丘者三见,言虚者一见,都取象于震。而先生有的谓艮为山以当丘,有的训丘为空,又以巽为虚,既不能一以贯之,又均背于易象。此外,鼎卦作䷱,乾凿度谓"鼎象以器"。毛奇龄仲氏易说："鼎有足有腹有耳有铉，而卦文俱象之。下画偶似足，二三四画奇皆中实，似腹，五画偶似耳，上画奇似铉。"按毛解甚确，而先生于本书从端木国瑚之说，谓"鼎之象不在鼎，而在伏象屯"，舍鼎形之实象而信伏象，未免疏失。

三、训诂和史实　说卦传以坎为月，先生据易林逸象以兑为月，用以解易，无一不通。但是，为甚么以兑为月，则未加说明。按说文："月，阙也。"释名释天："月，阙也，满则阙也。"是月、阙叠韵，以音为训。再就形言之，古文字月作 𝔻 或 𝔻，正像月阙形。兑上偶画中阙，故以兑为月（其他卦象，与文字形或音有关系者，在此不加详论）。小过六二"过其祖，遇其妣"，先生误从尔雅释亲"母曰妣"以为之解。按妣为祖母，诗斯干的"似续妣祖"，丰年的"烝畀祖妣"，均以祖与妣对称。周礼大司乐"以享先妣"与"以享先祖"，相偶为文。卜辞和金文均称祖母为妣，从无以妣为母者。以妣为母，始见于战国末期的典籍，与易辞不符。否九五："其亡其亡，系于苞桑。"陆绩训苞桑为丛桑，甚是。不言系于桑而言系于丛桑，自系就巩固为言。而先生谓"桑而丛生，其柔可知，系于柔木，其危可知"，未能允当。坎六四"樽酒簋贰用缶，纳约自牖"，约为勺的借字，即酌酒之斗。考工记郑注谓"勺，故书或作约"，是其证。诗采蘋"于以奠之，宗室牖下"，是古奠祭于牖下之证。"纳勺自牖"，是说祭时自牖纳勺于樽以挹酒。而先生引周礼司约的"治神之约"以为之解，乖于本义。晋卦辞"康侯用锡马蕃庶"，康侯即书康诰的康叔封，金文作"康侯丰"。而先生误谓"康侯略如大侯，为诸侯之美称"。益六四"利用为依迁国"，依应读作殷。

即书序所说的"成周既成,迁殷顽民"。而先生误据说文训依为倚。升六四"王用享于岐山",先生谓"纣能囚文王,何不可到岐山"。其实,纣何曾到过岐山?归妹六五"帝乙归妹",先生谓"帝乙,汤也"。其实,帝乙谓纣父,太乙何曾有帝乙之称?

总起来说,先生的主要成就是通过对焦氏易林的多年钻研,在极为错综复杂的情况下,用归纳方法,分析和总结了各种逸象的应用规律,进一步以之诠释周易,基本上都是吻合无间的。因此,左传、国语、易林和易卦的用象,才由前此的对立得到统一。由于周易无象外之辞,而先生的绝大发明则在乎象,解决了旧所不解的不可胜数的易象问题,可以说,先生对易象的贡献是空前的。但是,也无可讳言,先生对周易的作者,只沿袭传统旧说;并且,对某些卦象,以及文字、声韵、训诂和史实方面,仍有许多可议之处。不过,前者的若干发明是主要的,后者的某些缺点和错误是次要的。由于是非得失系客观存在,不以个人爱憎为转移。有关本书的某些缺点和错误,与其使读者劳神笔墨,一一加以指责,不如先事择要说明之为愈。因此,本文不敢阿其所好,为先生回短护非,遂不自量地举出一些事例,评论其得失(当然限于篇幅,很不全面)。庶几瑕不掩瑜,晶光赫露,而先生的苦心孤诣和一系列的发明,也可以信今而传后了。

于省吾

一九六三年四月于长春

自　序

　　易理至明也，而说者多误。说何以误？厥有二因：一因易理之失传。太史公曰：易以道阴阳。阴阳之理，同性相敌，异性相感。艮传云：上下敌应，不相与也。谓阳应阳、阴应阴为敌也。中孚六三云：得敌。同人九三曰：敌刚。谓阴比阴、阳比阳为敌也。阴遇阴、阳遇阳，既为敌而不相与，则不能为朋友、为类明矣。咸传曰：二气感应以相与。恒曰：刚柔皆应。夫阴阳相与相应，则必相求而为朋友、为类明矣。复曰：朋来无咎。谓阳来也，阴以阳为朋也。损曰：一人行则得其友。谓阳行至上而据二阴也，阳以阴为友也。颐六二曰：行失类也。谓阴不遇阳也。至明白也。乃说者于坤上六，谓阴阳相战争、相伤而出血矣；于文言，谓阴阳相忌相疑矣。以阳遇阳为朋，阴遇阴为友为类矣。同性相敌、异性相感之理一失，于是初四、二五、三上阳应阳、阴应阴者谓之失应，人尚知之，至于阳比阳、阴比阴，如夬、姤之三四，如颐之六二，说者则茫然。于是全部易，如征凶、往吝、往不胜、壮于趾、其行次且，及慎所之等辞，全不知其故矣。又如阳遇重阴，阴遇重阳而当位者，所谓往吉、征吉、利涉、利往、上合志也，此其义宋蔡渊曾创言之，

而未大行。于是全部易爻象若是者,自汉迄清,说者亦莫明其
故,而用爻变矣。又如阳爻,下乘重阴者亦多吉,与前临重阴
同也。蹇九三曰:内喜之也。说甚明也。乃亦失传。于是颐
上九之利涉,蒙上九、渐九三之利御寇,皆不知所谓矣。有此
一因,于是易解之误者,十而四五。其次则象学失传。说卦乃
自古相传之卦象,只说其纲领,以为万象之引伸,并示其推广
之义。如乾为马,坤震坎亦可为马;乾为龙,震亦可为龙;巽为
木,艮坎亦可为木。非谓甲卦象此物,乙卦即不许再象也,视
其义何如耳。至文王时,又历数千年,其所演易象,必益广益
精。故周易所用象,往往与说卦不同。说卦以坎为月,经则多
以兑为月,月生西,坎兑皆位西也。说卦以离为龟,经则以艮
为龟,离为龟取其外坚,艮亦外坚也。此推而益广也。且有与
说卦相反者。说卦以兑为少女,以艮为少男,而经则以兑为老
妇,以艮为祖为丈夫。说卦以震为长男,巽为长女,经则以震
为小子,巽为少女(女妻即少女)。盖以甲乙言,先生者长,后
生者少;而以一人言,则初生者少,行至上而老也。此演而益
精也。自东汉迄清,于此等义例,都未能明。见经所用象为说
卦所无,则用卦变、爻变或爻辰以求之,谬法流传,二千年如一
日。加此一因,于是易解之误者,十而七八矣。以二千年相承
之易说,今忽谓其误;以一人之是,谓千百人皆非,毋乃骇众?
然而易象固在也,易理固存也。本易理以诂易辞,如磁铁之吸
引;由易辞以准易象,如规凿之相投:固不诬也。以为之者少,
旁无师友之助;以违之者众,更无声气之同。然而我见固如斯
也,我说无一创也。以我之说,仍以周易所言之理,推而正说

者之误,俾卦爻辞复其本有之易理也。其先儒旧说,与易理合者,如许慎、荀爽九家之诂龙战,如子夏传、荀爽之诂得敌,靡不因也。其与易理龃者,虽千百人皆如此言,而必反之,如虞翻以阳遇阳为朋,阴遇阴为类等是也。至于卦象之误者,非我能创造新象,仍周易原有之象。说者失之,今证以左传、国语、周公时训与卦气图,证以焦氏易林、郭璞洞林,回环互证而得其象也。及其既得而求其本,仍在周易。如坤之为水为鱼,震之为輹等象是也。然而我之说不敢必谓其是也,更不敢自匿其非也,故名曰周易尚氏学,以质世之治易者。经者天下之公物,非一人所得私;理者天地之自然,非偏执所能改。倘学易之君子,见是编而扬搉其是非,纠正其疏漏,则日夜所祈祷者也。

说　例

一、韩宣子适鲁，见易象与鲁春秋。夫不曰见周易，而曰见易象，诚以易辞皆观象而系。上系云：圣人观象系辞焉而明吉凶是也。故读易者，须先知卦爻辞之从何象而生，然后象与辞方相属。辞而吉，象吉之也；辞而凶，象凶之也。故甲卦之辞不能施之乙，乙卦之辞不能施之丙，偶有同者其象必同。如小畜六四、升初六象皆曰上合志，夬、姤皆曰其行次且是也。且卦爻辞，往往上语方吉，下语忽凶，上下语不相属。圣人吐辞为经，能支离如是乎？象所命也。睽上九曰：有豕负涂，载鬼一车。豫九四曰：朋盍簪。剥六五曰：贯鱼以宫人宠。圣人庸言庸行，能好怪如是乎？亦象所命也。至王弼扫象，李鼎祚目为野文，诚以说易而离象，则易辞概无所属，其流弊必至如宋人之空泛谬悠而后已。兹编所释，首释卦爻辞之从何象而生。辞与象之关系既明，再按象以求其或吉或凶之故，还易辞之本来。

二、易理无不相通。如大壮初九征凶，以阳遇阳也，而夬初九之往不胜、大有初九之无交害可知。又如随初九出门交有功，无妄初九往吉，以前遇阴也，而大畜九三之利往可知。

又如同人六二吝,以比与应相嫉,远近不能兼取也,而咸六二之居吉、遯六二之执用黄牛可知。兹编虽多创解,然皆以易解易,非故异先儒。

三、乾、坤二卦为六十四卦之根本。其六爻爻辞,只以明上下,别贵贱,及卦运之兴衰,初终之时位,树六十四卦之准则。至于有无应与,当位不当位之恒例,皆未之及。而六爻之后,复赘以用九、用六数语,皆所以明筮例,及用九、用六之故。学者须于此先知之。

四、易辞本为占辞,故其语在可解不可解之间。惟其在可解不可解之间,故能随所感而曲中肆应不穷,所谓仁者见仁、智者见智也。此易理也。易理与义理不同。例如程传说黄裳元吉云:五尊位,臣居之则羿、莽,女居之则女娲、武氏,故圣人著为大戒。陈义可谓正大矣,而于易理则大背,以易辞并无著戒之意也。此编只明易理,至其用则任人感触之。

五、卦名皆因卦象而生。卦名不解,因之卦爻辞亦不解。如睽为反目,谓两目不相听,故一目见为此,一目见为彼,三上爻辞是也。此义不知,遂多误解。又如节为符节,合以取信,说文所谓竹约也。乃说者概释为撙节、制节,卦义既误,故卦爻辞甘、苦之义均不知。六十四卦如此者甚多。兹编所释,先及诸卦得名之义,其名有沿革者,亦并考其异同。如睽,归藏作瞿;夬,归藏作规等是也。

六、说易之书,莫古于左传、国语。其所取象,当然无讹。乃清儒信汉儒,而遗左、国。坎变巽,左氏曰:夫从风。以坎为夫也。曰:震车也。曰:车有震武。以震为车、为武也。震变离,曰:车说其輹。以震为輹也。尤要者,明夷之谦,即离变艮。左氏曰:当鸟。是以艮为鸟也。鸟黔喙也,于是小过飞鸟之象有著。乃后人于此象均不识,依汉儒以震为夫,以乾为武。夫易师莫先于左氏,其可信较汉儒为何如?故兹编所取象,除以易证易外,首本之左传、国语,以明此最古最确之易象。

七、时训为逸周书之专篇,书云周公所作,其气候皆以卦象为准,故卦气图与时训不能相离。其所准易象,与易经所关最钜。如于屯曰雁北乡,以屯上互艮为雁;于巽曰鸿雁来,亦以巽为鸿雁,而渐之六鸿象得解。以艮为蛤为蜃,艮外坚故与离同象,而易之贝象、龟象得解。以兑为斧,以艮为巢、为鹰,皆赖以解易。而用覆象、半象尤精,如于复曰麋角解,震为鹿,艮为角,角覆在地,故曰解。于鼎下曰半夏生,离为夏,巽为草,初二半离,故曰半夏。而昔儒无知者(除易林外)。兹编所取象,除左、国外,多以时训为本。

八、焦氏易林,后儒皆知其言易象,然以象学失传之故,莫有通其义者。如以坤为水,以兑为月,以艮为火,以巽为少妻,以兑为老妇,以正反兑、正反震为争讼(争讼即有言),为说卦所无,而皆为经中所有。说者因误解经,而失其象,故于易林亦不能解。愚求之多年,亦无所入。后读蒙之节云:三夫共妻,莫适为雌;子无名氏,翁不可知。因节中爻震、艮,上坎,三男俱备,故曰三夫;只下兑为女象,故曰三夫共妻。震为子,艮为名,为翁;上坎为隐伏,故曰无,曰不可知。字字皆从易象生。由此以推,凡林词皆豁然而解。故兹编取象,除左传、国语、卦气图外,多本易林。

九、易中古文甚多。如埸作易，趀趄作次且，趾作止，佚作失等，不可胜数。先儒除晁说之外，知为古文者甚少。于是竟读易为难易，失为得失。兹编非好异，凡易之古文，必仍其旧例，如需于血，即需于洫是也。

十、古书多音同通用，而易尤甚。如磐作盘，作槃，作般；遭如，作驙如；甲坼，作甲宅；冶容，作野容；刑剭，作形渥，作刑屋；经纶，作经论，作经伦；羸作蘲，作累，作缧，作累之类，皆音同通借，无是非之可言。而世儒必以习见者为非，罕见者为是，似未观其通。兹编反是。

十一、易用覆象，如大过九五之枯杨，用覆巽；圭上六，用覆艮；重门击柝，以豫上震为覆艮。荀爽及虞翻皆知之，而不能推行。于是困之有言不信，蒙之再三渎，用覆象者，遂永不得解。岂知左氏明夷之谦曰：于人为言，败言为谗。谦上震，震为言，下艮震覆，故曰败言，言相反故曰谗。易林本之，凡正反震、正反兑相背者，不曰争讼，即曰有言。于是困、震之有言皆得解。此似我创言之，然仍左氏及易林所已言，我拾其说以证易耳，仍非我说也。

十二、卦有卦情。中孚之鹤鸣子和，以中爻正反震相对也，故下之震鹤一鸣，三至五即如声而反，故曰子和（旧解不知子指反震，皆自鸣自和）。又如兑，朋友讲习，以初至五正覆兑相对，若对语然，故曰讲习，曰商兑。共四之闻言不信，兑为耳，故曰闻；兑为言，乾亦为言，乃兑言向外，与乾言相背，故曰不信。此似我创解，然左传归妹之睽曰：西邻责言，不可偿也。归妹兑为西，震为邻，故西邻；而震为言，震言外向，与兑言相背,故曰责言,与夬之闻言不信义同也。仍非我说也。

十三、同此一爻,而爻辞吉凶不同。如颐六五曰:居贞吉。下又曰:不可涉大川。家人九三曰:嗃嗃,悔厉吉。下又曰:妇子嘻嘻,终吝。先儒无详其故者。岂知爻有上下,由此爻上取而象吉者,下取或凶;下取而象吉者,上取或凶。如渐九三妇孕不育凶,下又曰利御寇是也。易词如此者不可枚举,此三爻特其例耳。治易者如明此例,则事半功倍。

十四、易辞与他经不同,他经上下文多相属,易则不然。因易辞皆由象生,观某爻而得甲象,又观某爻而得乙象,故易辞各有所指,上下句义不必相联。如损象曰利有攸往,指上九也。下又曰曷之用,二簋可用享。震为簋,坤数二,故曰二簋,则指上下互卦也。又如困,贞大人吉,以二五皆阳也;有言不信,以三至上正反兑相背也。旧解无知者,故于上下句常强为联属,致扞丫不合。兹编遇此,先指明易辞之说何爻何象,至其意义之不相属者,亦必指明。此自为一义。

十五、卦爻辞往往相反。如履象曰不咥人,爻曰咥人凶;无妄象曰不利有攸往,爻曰往吉,是也。又大象每相反以见义,如同人曰辨物,无妄曰时育万物,是也。先儒无知其故者。岂知卦有卦义,爻有爻义,象有象义,绝不同也。

十六、易辞皆观象而生,象之所有,每为事之所无,故不能执其解。如蒙六三曰见金夫,艮为金为夫,金夫指上爻艮。金,美称,左氏所谓式如玉、式如金,是也。朱子谓金夫,盖以金赂己而挑之,若鲁秋胡之为。是执其解也。又若豫九四之朋盍簪,震为发,艮为簪,而坎为穿,阴以阳为朋,以一阳横贯于群阴之间，有若簪之括发，故曰朋盍簪。为事之所必无，理之所难有，而在易则为维妙维肖之取象。杜诗云：盍簪喧枥马。谓群马絷于一杠之上也，解此语可谓明白如画矣。乃执者泥其语为难通，谓簪名汉时始有（韩非子周主亡玉簪，李斯逐客论、礼经均有），而读为戠，为撍。又如大畜上九，何天之衢。谓天衢如何负何？而训为当，为语词。岂知艮为天（失传象），为背，震为大涂，于象恰合。若泥其解，则易辞十八九皆不能通矣。故读易只可观象玩辞，而不可泥其解。

十七、解经惟求其是而已，无所谓派别。自王弼扫象，以野文说易，兴于唐而大盛于宋。风气所播，观象系辞之义至是遂亡。然如邵子之先天卦位，与易经合（既济以离为东，坎为西），与最古易师之左传合（离变乾而曰敬如君所），与汉儒合（易林多用先天象，康成注月令明言巽在未方）。易学得是，经始大明，则不能不重也。兹编概不敢盲从毛、黄诸俗说，以言先天象为戒。

十八、汉儒以象数解易，与春秋士大夫合，最为正轨。乃郑玄于象之不知者，则用爻辰，取象于星宿。虞翻则用爻变，使变出某卦，以当其象。若此者，亦不敢从也。

十九、易义有绝不能解者，先儒虽强说之，实皆无当。如同人九四之吉，自象传不能详其故。小畜九二同。易义如此者多有。兹编遇之，必详言其难解之故，偶有揣测，亦不敢自信也。

二十、吴挚父先生易说，于大畜云：凡阳之行，遇阴则通，遇阳则阻，故初二皆不进，而三利往。于节云：易以阳在前为塞,阴在前为通。初之不出,以九二在前;二则可出而不出,故有失时之凶。此实全易之精髓,为二千年所未发。愚于易理粗有所入,实以此数语为之阶,故特揭出,以尊师说。

二十一、眼前事物,皆为易理,俯取即是。例如雄鸡与雄鸡见则死斗,驴马尤甚,若有宿仇者,是何也?阳遇阳也。大畜初九曰:有厉利已。厉,危;已,止也。初有应,但为二三所隔,遇敌,故曰有厉;止而不动,则灾免矣。象曰不犯灾,正释厉义也。乃旧解谓厉指四爻,厉若在四,尚何贵此应与乎?不识灾即厉,命二变成坎,以取灾象。岂知大壮初九,壮于趾,征凶;夬初九,壮于前趾,往不胜。壮,伤也,其故皆在阳遇阳。伤之与灾,有何别乎?故夫目前易理,望之似浅,推之实深。昧厥目前,易虽一再言之,总不能知。

总　论

第一　论周易二字本诂

吴先生曰:易者占卜之名。祭义:易抱龟南面,天子卷冕北面。是易者占卜之名,因以名其官。史记大宛传:天子发书易。谓发书卜也。又武帝轮台诏云:易之,卦得大过。易之,卜之也。说者以简易,不易,变易释之,皆非。愚案:史记礼书云:能虑勿易。亦以易为占。简易、不易、变易,皆易之用,非易字本诂。本诂固占卜也。

至于周字,郑康成注周礼三易,于连山、归藏皆详释其义,于周易则缺而不释。然康成易论云:周易者,言易道周普,无所不备。贾公彦云:连山、归藏皆不言地号,以义名易,则周非地号。周易纯乾为首,乾为天,天能周匝于四时,故名易为周也。孔颖达则据世谱等书,谓连山为神农,归藏为黄帝,连山、归藏既皆是代号,周易亦然,谓郑说无据。按三易之名,皆缘首卦,连山以艮为首,上艮下艮,故曰连山;归藏以坤为首,万物皆归藏于地,故曰归藏;周易以乾为首,乾元亨利贞,即春夏秋冬,周而复始,无有穷期,故曰周易。郑论及贾疏所言是也,

孔疏所据非也。神农之兼号连山，黄帝之兼号归藏，乃因其所
演之易名，后人伟其功，即以为号。非其易原无名，连山氏所
演者即名连山，归藏氏所演者即名归藏也。何言之？连山、归
藏皆因卦首之艮、坤而得名，显而易见。二帝之所以有此兼号
者，亦犹神农创建农功，即以神农为号耳。且连山、归藏，先儒
亦谓为夏、商易，益可证连山、归藏之名乃因易而起，非以连
山、归藏标代号。如为代号，胡能又谓为夏、商？孔氏之观察
误也。周者，易之理。十二消息卦，周也；元亨利贞，周也；大
明终始，六位时成，周也；彖传分释元亨利贞既毕，又曰首出庶
物，即贞下启元也，周也；古圣人之卦气图，起中孚，终颐，周
也。此其理，惟扬子云识之最深。太玄以中拟中孚，以周拟
复，终以养拟颐，其次序与卦气图丝毫不紊。而于玄首，则释
其所以然。其罔直蒙酋冥，即元亨利贞，故以中羡从为始，更
晬廓为中，减沈成为终，循环往来，无一非周之理。而于三易
终西北始西北之义，尤推阐无遗。西北者戍亥，乾凿度以戍亥
为天门。庄子云：有乎生，有乎死；有乎出，有乎入。入出而无
见其形，是谓天门。天门者无有也，万物出乎无有。盖一岁之
事，至乾而终，复自乾而始。有无出入，皆以戍亥为枢纽。故
先天艮居戍亥，连山以为首；月卦坤居戍亥，归藏以为首；后天
乾居戍亥，周易以为首。明乎此，而周字之解诂，不待烦言矣。

第二　论周易大义之认识

易本用以为筮，故有卦辞，又有爻辞，其所言皆天地间公

例公理。昔人谓专言天道者固非,谓专言人事者亦非。否泰
往来,剥复循环,天道与人事,无二理也。包括万有,孕育深
宏,凡哲学无不根源于是。而居易俟命,与时偕行,尤学易之
准则。时而泰,即使飞龙在天,亦不必喜,时过则亢矣;时而
否,潜龙勿用,亦不必忧,时及则舍(发也)矣。系辞云:危者使
平,易者使倾。其有益于身心性命甚大。故自古深于易者,无
不洞达天人,有自然之乐。如宋之邵雍、晋之郭璞、魏之管辂,
其最著者也。

第三　论古易之类别

伏羲既画卦,必更有书以申明其义。周礼:小史掌三皇五
帝之书。是三皇已有文字,特亡耳。后人谓黄帝始造字(黄帝
集其成,非始于黄帝),伏羲只画卦无文字者,谬也。周礼:太
卜掌三易之法,一曰连山,二曰归藏,三曰周易。其在春秋时,
皆三易并占。左传、国语所谓艮之八,泰之八,及所引爻辞为
周易所无者,先儒皆谓为二易之辞也。后连山、归藏亡于晋永
嘉之乱,只存周易,今所诵读者是也。

第四　论周易谁作

左传:韩宣子适鲁,观易象与鲁春秋,曰:吾乃知周公之
德,与周之所以王也。周公之德,由鲁春秋知之;周之所以王,
则由易象知之。盖文王演易,其忧勤惕厉之精神,备见于易
辞,故一观易辞(凡易辞皆易象),即知文王之所以王。是春秋

人以文王演易。系辞云：易之兴也，其当殷之末世、周之盛德邪？当文王与纣之事邪？是孔氏以文王演易。后太史公、扬子云之属，亦以文王演易于羑里。既曰演易，则卦爻辞皆文王所作。自西汉以前，无异议也。只京氏积算法云：西伯父子，推爻考象，加乎星宿，局于六十四所，二十四气。夫以五星二十八宿及二十四气入卦，乃占筮之事，京举此以明其术之所本，正言周公作卦气图与时训也，非谓周公作易。至东汉王充、马融、陆绩之俦，忽谓文王演卦辞，周公演爻辞。孔颖达、朱子等皆信之。而究其根据，则记载皆无。孔颖达以升六四言王，明夷六五言箕子，既济九五言西邻受福，及韩宣子见易象知周公之德为解。岂知升六四言王以震为王；震为陵，形两歧，故曰王用亨于岐山。岐、歧通也。即使有所指，亦指殷王。文王终身服事殷，故盼王来享，情见乎辞。今谓不合自称为王，以文王追谥为说，故疑为周公。其谬一也。至明夷六五之箕子，与象传之箕子绝对不同。象传之箕子，纣臣也。六五之箕子，则赵宾读为荄兹，刘向、荀爽读为荄滋，王弼读为其兹，蜀才读为其子，而焦氏易林则读为孩子。孩子指纣，与论衡读微子之刻子为孩子同也（古亥音皆音喜，皆与箕音通）。且以六五之君位，而使纣臣居之可乎？马融知其不可，以箕子演畴，有帝王之德为解。然何以解于箕子之明夷？象传谓箕子晦其明，今谓箕子明夷，则竟不明矣。其谬二也。至既济九五之东邻西邻，原以离坎为东西，以离为牛，以互震为祭，纯是观象系辞。乃汉人忽有东邻指纣、西邻自谓之曲说，在文王固不合，在周公尤不合。周公时何来纣与为邻？且语意之肤浅，圣人有若是者乎？其谬三也。至韩宣子观易象之语，解已见前。且杜注云：易象、春秋，文王、周公之制。谓文王制易象，周公制春秋，解甚分明。今忽因吾乃知周公之德一语（述孔旧说），谓周公遭流言，亦得为忧患，必亦演易，尤为虚妄不实。其谬四矣。故夫周易卦爻辞，纯为文王一人所作，其欲加入周公者，毫无根据，不可信也。（西溪易说云：文王囚中演易，周公未必生。即生亦子云家之童乌也，岂能演易？驳孔说至详。）

第五　论重卦

孔颖达云：王辅嗣以为伏羲重卦，郑玄以为神农重卦，孙盛以为夏禹重卦，史迁以为文王重卦。今以诸文验之，说卦云：昔者圣人之作易也，幽赞于神明而生蓍。凡言作者，创造之谓，非伏羲不足以当之。故乾凿度云：垂皇策者羲。明蓍在六爻之后，非三画之时。伏羲既用蓍，即伏羲已重卦矣。今依王辅嗣为得其实。按，孔说是也。郑以为神农重卦者，盖以周礼太卜有三易，经卦皆八，其别皆六十有四之文。郑彼注云：别即重卦。而世谱等书，谓神农兼号连山。故郑谓其始重卦。惟杜子春谓连山为宓戏易。贾公彦云：连山以艮为首，上艮下艮，故曰连山。若然，宓戏画卦，即重为六十四卦，愈无疑也。

第六　论十翼谁作

自太史公、扬子云、班孟坚诸儒，皆以为孔子所作，无异论也。至宋欧阳公始疑之。然如乾坤象传，除扬子云外，无有通其说者,盖非圣人不能为也。其余若文言之同声相应,同气相求,阴凝于阳必战诸章,及系辞之维妙维肖,蹈虚御空之语,杂卦之错杂位置,鼓舞颠倒之言,试思谁能为之? 又谁复敢如此为之? 即零辞断句,若小象,朱汉上谓其音声皆与律吕相应。律吕之学,为愚所不知,以解经论,如谓大畜九三为上合志,升初六亦谓与上合志,颐六二谓行失类,皆全易大旨所关。盖周易若无十翼,左右推测,与二易等亡耳,人仍不知其义蕴也。惟十翼解释元亨利贞之义,彖、象传与文言不同,又或彖传与象传,文言与文言亦不同。由是知十翼之义,有采集古易说者。如元者善之长八句,左传襄九年,穆姜曾述此古义,曰:然,固不可诬也。谓此古易说可信也。又如说卦帝出乎震八句,乾为天一节,文与连山同,而夫子采之。此其所可考者。其不可考,如文言一再释乾六爻之义,疑亦采集古说,故义不同。盖自宓戏至孔子,有数千年之久,前后筮法,虽有不同,而理则无二。其间易说必多,其为夫子所常常称述者,门人从而辑录之也。有荟萃夫子之说者。夫子之说,如象传言时乘六龙以御天,言云行雨施,文言亦言之,而上、下系辞意重复者尤多,盖皆夫子所说,前后不一时,而记录者亦未必为一人,故辞重意复如是,而非夫子自为也。盖周易得夫子之十翼,门户始开。而十翼幽奥之辞,其难解过于周易。朱子云:有文王之易,有孔子之易。孔子之易即十翼。故十翼非孔子不能为,不敢为。而纪录十翼者,则孔子之门人也。(疑杂卦或夫子自为之。其叙次卦位,上经先一阳卦,次二阳三阳,次四阳。而损、益则次于上经之第十卦,否、泰则次于下经之第十卦,其位次与经同,其义盖与经大异。此等改作,七十子不敢也。惜其大义失传久,无有能说者。)

第七　论十翼篇名

十翼篇名,史、汉皆未详说。依扬子云所拟,则象传、文言、说卦、序卦、杂卦共五篇;而玄攡、玄莹、玄掜、玄图、玄告,皆拟系辞,似系辞原为五篇,足成"十翼"之数。而孔颖达谓经有上下,则以上彖一、下彖二、上象三、下象四、上系五、下系六、文言七、说卦八、序卦九、杂卦十。后儒又各有分配。然无关宏旨,故略而不详。

第八　论彖象连经始于何人

彖、象原各自为篇,而今本皆附于经文之下。后儒谓费直专以十翼解易,彖、象连经,始于费直。此无稽之言。史但言直以十翼说易耳,安见其以彖、象连经? 不合一。史言费直无章句,以彖、象连经,是有章句也。不合二。刘向校诸家易,独费直与中古文合。设以彖、象连经,向早言之矣,尚能与中古文合乎? 不合三也。考三国志高贵乡公传云:彖、象本不连经,今郑玄注连经何也? 是以彖、象附于经文下者,实始于康成也。

第九　论传易之人

汉书儒林传云:商瞿子木受易于孔子,以授鲁桥庇子庸,子庸授江东馯臂子弓,子弓授燕周醜子家,子家授东武孙虞子乘,子乘授齐田何。汉兴,田何授洛阳周王孙、梁人丁宽,丁宽授田王孙,田王孙授施雠、梁丘贺、孟喜。由是得孔氏嫡传者,有施、孟、梁丘三家之学。三家中以孟喜能兼明阴阳,毕田生之业。孟喜授焦延寿,延寿授京房,由是又有京氏之学。此外有高相,专明阴阳灾变,自言出于丁将军。费直专以十翼解易,其传授不明。此西汉传易之大略也。

第十　论消息卦之古

亦曰月卦,曰候卦,曰十二辟卦,为全易之本根,大玄之纲领。清儒毛西河等,动以月卦属之汉人,此大误也。干宝周礼注引归藏云:复子,临丑,泰寅,大壮卯,夬辰,乾巳,姤午,遁未,否申,观酉,剥戌,坤亥。是月卦已见于二易。故坤象及上六爻辞,非用月卦不能解,明以坤居亥也。左传得复卦,曰南国蹙,射其元,王中厥目。以复居子,尤为显著。后汉人注易,往往用月卦而不明言,以月卦人人皆知,不必揭出。其重要可知已。

第十一　论先后天之方位

八卦圆布四方,各有其位,而先后不同。盖易之道一动一静,互为其根。先天方位,乾南坤北,离东坎西,一阴一阳,相偶相对,乃天地自然之法象,静而无为。惟阴阳相对必相交,坤南交乾,则南方成离;乾北交坤,则北方成坎,先天方位遂变为后天,由静而动矣。周易所用者是也。然周易虽用后天,后天实由先天禅代而来,不能相离。故说卦首以天地定位,山泽通气,演先天卦位之义,再明指后天。诚以经中如坤卦、蹇卦,以坤为西南,从后天位;而既济九五,则以离为东,坎为西,从先天位,说卦不得不兼释也。乃后天方位,以说卦明指,人知之。先天方位,至魏晋而失传。以余所考得,西汉焦延寿于先天方位无不知,易林皆用之(详焦氏易诂)。九家注同人曰:乾舍于离,同日而居。夫曰乾舍于离,是以乾居南也。后荀爽亦曰:乾舍于离,相与同居。夫曰乾与离同居,是亦以乾居南。荀爽又注阴阳之义配日月云:乾舍于离,配日而居;坤舍于坎,配月而居。是不惟以乾居南,并以坤居北。又注家人云:离巽之中有乾坤。是以离与乾同位,巽与坤同位,故曰离巽之中有乾坤。又郑玄注月令:季夏,国多风欬。云:辰之气乘之也,未属巽辰,又在巽位。按季夏为未月,巽初主丑未,故未属巽辰。又在巽位者,言未在西南,巽亦在西南,故云未在巽位。孔氏不知先天卦位,故此句不能释。是先天方位,在两汉皆未失传。至魏管辂,谓乾必宜在南生,以乾位西北为不合,而疑圣人矣。则以先天位已失传,辂但见其尾,不见其首也。历魏晋迄唐,无有知者。至宋邵子揭出,易本始大明。而黄梨洲、毛西河等,以邵氏所传,本于道士,肆力掊击,若非是不足以卫道者。而耳食者流,不加详察,懵然从之,成为风气。实左传闵二年,大有之乾曰:同复于父,敬如君所。所者位也,复者复其位也。离变乾,乾为父,故同复于父;乾为君,乾之所在南,离亦在南,故人之敬离位,如乾位也。又成十六年,卦遇复,曰:

南国蹙,射其元,王中厥目。夫乾为王、为首,凡学易者皆知之;阳气自北射南,故离目受咎;乾亦在南,故乾首亦受咎而被射也。杜注但知离在南,故能释目象;不知乾南,故王象、元象不能释也。又万裕澐云:左传如山岳则配天,风行而著于土,川壅为泽,震之离亦离之震。是艮与乾同位西北,巽与坤同位西南,坎兑同位西,震离同位东,左氏已备言之。故荀爽、郑玄资以注经。他若乾凿度,言先天义尤多也。

第十二　论易理易象失传后之易派

凡春秋人说易,无一字不根于象,汉人亦然。惟古书皆竹简,本易散亡。王莽乱起,中原经兵燹者十数年。至汉末,西京易说皆亡,独存孟、京二家,以无师莫能传习。于是韩宣子所谓易象者,颇多失传。东汉儒者,知说易不能离象也,于象之知者说之,其不知者,则当敬阙其疑。乃虞翻浪用卦变,郑玄杂以爻辰,虚伪支离,使人难信。王辅嗣遂乘时而起,解缚去涩,扫象不谈,唐李鼎祚所谓野文也。自是易遂分为二派。其以辅嗣为宗者,喜其无师可通,显于晋,大于唐,而莫盛于宋,所谓义理之学也。实所谓义理者,于易理无涉。朱子晚年,深悟野文之非,诋訾程传先辞后象之颠倒,然卒不敢改其本义,以违忤时尚。易学之衰落,盖莫甚于此时。其以荀、虞为宗者,号为汉易,以别于野文家,极力复古。惟其所宗,适当易象失传之后,于象之不知者,仍用卦变爻变,奉虞氏遗法为天经地义。于是焦循变本加厉,于象之不知,义之不能通者,以一卦变为六十四,以求其解,其弊遂与谈空者等。然汉学家于训诂必求其真,无空滑之病,少越轨之谈,一洗元明以来讲章之霾雾,于初学较便也。

上　经

卷　一

乾卦第一

☰

乾,元亨利贞。

说卦:乾,健也。子夏传:元,始也;亨,通也;利,和也;贞,正也。盖天之体以健为用,而天之德莫大于四时。元亨利贞,即春夏秋冬,即东南西北。震元离亨,兑利坎贞,往来循环,不忒不穷。周易之名,即以此也。后儒释此者,莫过于太玄。玄文云:罔直蒙酉冥。罔,北方也,冬也,未有形也。直,东方也,春也,直而未有文也。蒙,南方也,夏也,物之修长也。酉,西方也,秋也,物皆成象而就也。有形则复于无形,故曰冥。故万物罔乎北,直乎东,蒙乎南,酉乎西,冥乎北。罔舍其气,直触其类,蒙极其修,酉考其就,冥反其奥。罔蒙相极,直酉相救,出冥入冥,新故代更。将来者进,成功者退,已用则贱,当时则贵。按太玄阐发此四字之理,至矣尽矣。除象传外,无此深奥明晰之解释也。其所谓直蒙酉,即震春、离夏、兑秋,即元亨利也。所谓罔、冥,即坎冬,即贞也。必以二字拟贞者,盖以子复为界。子复者冬至也,故由亥坤至子复为冥,由子复至泰寅为罔。罔,不直也。冬至以后,万物虽枉屈,不能见形于外,然阳气已生,与冬至前之冥然罔觉者异矣,故曰罔舍其气。舍者,蓄也,养也,即彖传所谓保合太和也。

或曰:彖传释此,纯指天道。然彖不曰春夏秋冬,必曰元亨利贞者,何也? 曰:乾之德无所不统,无所不包。言元亨利贞,则天时人事,尽括于其中。

惟此四字,义蕴宏深,非一解所能尽。彖传、象传,皆释贞为正。而大贞、小贞、不可贞、贞吝、贞凶、不利君子贞,义皆不通。而彖、象传遇此皆不释,似委为不知而阙疑者。文言曰:贞固足以干事。又释贞为固。然于贞凶、贞吝等辞,仍不能通。此彖、象传与文言不同也。

尤异者,乾彖传以万物资始释元义,以云行雨施品物流形释亨义,以大明终始六位时成释利义,以天道变化各正性命释贞义,是以四德平列也。而于屯、随之元亨利贞,则释曰:大亨贞。于临、无妄、革之元亨利贞,则释曰:大亨以正。舍利不言,只为二德。是象传与彖传,所释不同也。文言曰:元者善之长,亨者嘉之会,利者义之和,贞者事之干。是以四德平列,尤为显著。乃下又曰:乾元者,始而亨者也;利贞者,性情也。则以元亨为一义,利贞为一义,亦为二德。此又文言与文言所释不同也。昔儒以彖、象传释贞字,与文言不同,疑十翼非出一手。愚谓彖传当为一人作矣,而前后所释不同;文言当为一人作矣,而前后所诂仍异。此无他,乾健之德,不可名言,似必再三释,方能毕其义蕴也。

然则元亨利贞四字,究以何解为当乎?曰:其在乾则确为四德,彖传之所释,宏深透辟,于四德各有推阐。而以天道变化,各正性命,保合大和,释贞之原理,尤幽隐难识。故文言曰:君子行此四德。盖四德缺一,即不成为天时,不成为人事。故太玄以罔直蒙酋冥拟之,并著其义曰春夏秋冬,指其方曰东西南北,则亦以元亨利贞为四德也。

至于贞吝、贞凶、不利君子贞,其义与乾元亨利贞之贞,绝不相同。案周礼春官天府:季冬陈玉,贞来岁之媺恶。注:贞谓问于龟卜。郑司农曰:贞,问也。易曰,师贞丈人吉。又左传哀十七年:卫侯贞卜。国语,贞于阳卜。皆以贞为卜问。而师贞丈人吉,前郑引以解周礼。是以贞为卜问,已有先例。愚以为大贞、小贞、贞吝、贞凶、不利君子贞,皆宜诂作卜问,与乾元亨利贞之贞,判然为二义,不得混同。五经字同而义异者多矣,不独此也。盖贞有正义,又有贞固、贞定二义。朱子兼采之,曰:贞,正而固也。岂知兼二义,仍不能尽通。近儒王陶庐先生,又以全易贞字皆释作卜问,于文理可通矣。然若乾之利贞,亦释作卜问,则乾德不全矣,似不尽协也。

盖元亨利贞,合之为乾德,分之为八卦之德,故即为六十四卦之根本。彖或曰亨,或曰元亨,或曰贞,或曰利贞,或曰亨利贞,或曰利贞亨,或曰元亨利贞。似以此四德,为衡量卦德之准的者。然如无妄,凶卦也,亦曰元亨利贞,则似别有标识,而非论卦德。端木国瑚曰:易遇东南方春夏之卦,则曰元亨;遇西北方秋冬之卦,则曰利贞。由其言推之,屯下震春也,故曰元亨;上坎冬也,故曰利贞。随下震春也,故曰元亨;上兑秋

也,故曰利贞。临下互震,故曰元亨;上坤下兑,故曰利贞。无
妄下震,故曰元亨;上乾为冬,故曰利贞。革下离互巽,故曰元
亨;上兑为秋,互乾为冬,故曰利贞。其余虽不尽当,然大概如
是也。

总之,元亨利贞,春夏秋冬,东南西北,仁义礼智,一二三
四,兹数者,合之一之,混之同之,融会贯通,遗貌御神,天人不
分。陶冶既久,然后知此四字,已括尽易理,非言诠所能尽。
而能申其义者,前惟彖传,后惟扬子云。

初九,潜龙勿用。

九者,老阳之数,动之所占。潜,隐也。阳息初,复,一阳
伏群阴之下,故曰潜。物莫神于龙,故借龙以喻阳气。复子,
时当冬至,一阳初生,伏藏地下,故曰勿用。又卦位初为士,未
出世之君子,德亦如是也。

九二,见龙在田,利见大人。

初、二于三才为地,二在地上,故称田。乾为大人,二虽不
当位而居中。利见者,言大人宜于此时出见也。郑康成谓利
见九五之大人,非。五无应也。阳息至二,临,阳出地上,由潜
而显。大人亦如此也。

九三,君子终日乾乾,夕惕若,厉无咎。

乾为君子;为大明,故为日。晋,顺而丽乎大明,大明谓离
日也,故乾亦为日。易林困之泰云:阴云四方,日在中央。以
泰上坤为云,下乾为日也。又塞之咸云:日月并居。以咸上兑
为月,互乾为日。余证尚多,皆详焦氏易诂中。三居下卦之
终,故曰终日,曰夕。惕,忧思也。厉,危也。忧危故无咎。阳

息至三,泰,万物思奋,人事亦如是。三四于三才为人爻,人居
天地之中,宜乾惕有为也。厉,许慎作疠,后易家多从之。而
文言作厉,并以危释厉义。注莫古于十翼,似当从也。

九四,或跃在渊,无咎。

易林、九家、荀爽,皆以乾为江河,故乾亦为渊。跃,起也。
四居上卦之下,故曰跃渊。或者,言事不一定,可则为之,慎审
而行,故无咎也。阳息至四,大壮,百果草木甲坼之时也。

九五,飞龙在天,利见大人。

五于三才为天位,又为天子位,贵而得中,故曰飞龙在天。
大人于此,居极尊之位,履万物之上,向明而治,圣人作而万物
睹,故亦曰利见大人。九五阳息至五,夬,万物繁荣,相见之
时也。

上九,亢龙有悔。

王肃曰:穷高曰亢。上九居卦之极,故曰穷。在六爻之
上,故曰高。高则易危,穷则事尽,故有悔。按乾盈于巳,盈则
亏,满则损,乃天道之自然。太玄云:成功者退。又中首次六
云:月阙其抟,不如开明于西。是其理也。

用九,见群龙无首,吉。

此文王以筮例示人也。易之本为六七八九,七九阳,八六
阴。今遇阳,胡以只言九,不言七? 则以周易以九为用,与二
易殊也。用者,动也,变也。用九者,言遇九则动,遇七则不
动。若作用舍诂,则周易竟不用七八矣。不用七八,则揲蓍时
常不遇九六,将何以为占? 盖九六占爻,七八占象之义,治易

者十六七皆忽之,故其义常晦。见群龙无首吉者,申遇九则变之义也。九何以必变?阳之数九为极多,故曰群。阳极反阴,乃天地自然之理。乾为首,以阳刚居物首,易招物忌。变坤则无首,无首则能以柔济刚,故吉。无,说文云奇字。王育谓天屈西北为无。

　　此节自古说者常有数蔽。见说吉即疑为占辞,不知其申用九之义。一蔽也。见说群龙,即疑群龙指上六爻,不知其言九。二蔽也。见说群龙无首,即疑六爻全变,不知其指揲蓍之三变成一爻言。三蔽也。其至以此为爻辞。四蔽也。笼统浮泛,铨释乾健大义。五蔽也。岂知六十四卦,六爻之后,独乾、坤二卦有此赘语者,诚以乾、坤者阴阳,六十四卦皆乾爻坤爻所积而成。乃乾卦只言九不言七,坤只言六不言八,不申明其故,揲蓍者胡所遵循? 故于乾、坤六爻之后,申曰用九、用六。复恐人不解用九、用六之义,又曰见群龙无首吉、利永贞也。其详说皆在周易古筮考中。

彖曰:大哉乾元,万物资始,乃统天。

　　系辞云:彖者,材也。材、财通。孟子:有达财者。而财与裁通。泰传:后以财成天地之道。汉人上书,伏惟裁察,每作财察。然则材即断也,即裁度也。元亨利贞者,彖辞也。此则释彖者,先儒名曰彖传,十翼之一也。自太史公、扬子云、班固,皆以为孔子作。乾元者,乾之元气也,于时配春,故曰资始。统,说文:纪也。史记乐书:乐统同。注:统,领也。统天者,言乾元之德统领万物,总治一切。九家释统为继,谓乾德统继天道。后诸家又有训统为始、为本、为合者,皆非也。按此释元义。

云行雨施,品物流形。

此释亨义。于时配夏。乾交坤成坎,坎为云为雨,故曰云行雨施。坤为品物,乾入坤,故曰流形。乾施坤受,和而为雨。品物润泽,万物洁齐,相见乎离,亨之义也。

大明终始,六位时成,时乘六龙以御天。

此释利义。于时配秋。乾为日,故曰大明。日始于离,终于坎,以成昼夜,积昼夜以成四时。六位者六爻,爻各有时。时而至秋,万物成熟,故曰时成。太玄拟之曰:酉,西方也,秋也,万物皆成象而就。释时成之义也。文言曰:利,义之和也。兑正秋,兑悦故和,秋成故利也。然乾之六时,果何属乎?六龙者六阳,乾阳卦,故其所乘之时皆阳时,即子寅辰午申戌。乾凿度所谓乾贞十一月子,左行阳时六是也。言乾而乾三子可知。若坤之所乘,则六阴时。乾凿度所谓坤贞六月未,右行阴时六是也。时乘六龙以御天,即言乾乘六阳时以统御天道。自汉以来,不知时乘六龙,即乾乘六阳时,笼统解说,与上句六位时成无以异,而传义愈晦矣。

乾道变化,各正性命,保合太和,乃利贞。

此释贞义。于时为冬。万物自有而入无,由动而之静,故曰变化。太玄拟贞为冥,曰有形则复于无形,故曰冥。又曰:冥者明之藏也,出冥入冥,新故代更。入冥者变,出冥者变后而化也。变化者,天道必然之理也。性命者精神。太和者元气。正者定也。周礼天官宰夫:令群吏正岁会,正月要。注:正,定也。各正性命者,言万物入冬而形气定也。保合者,固也。保合太和,言万物静定而无为,正所以养育其生命也。各正性命,保合太和,略如人入夜寝息,休养神明。系辞云:尺蠖之屈,以求信也;龙蛇之蛰,以存身也;精义入神,以致用也。正谓此也。贞者元之本,元者贞之著。下文曰首出庶物,即贞下启元之义也。后儒舍冬义,以既济定说贞者,皆未当也。

首出庶物,万国咸宁。

元亨利贞,相循环者也。贞非寂灭无为也,乃所以植元亨之基。故夫冬尽春来,贞久元至。首出庶物者,元也。言又复始也。春生震仁,故曰咸宁。万国咸宁者,言如圣君当阳首出,万邦有庆也。

乾象传简括宏深,自非圣于易者,不能为也。自汉以来,除太玄外,无有明其义者。而诂六龙为六位,利贞为既济定,尤谬误之大者。首出庶物二语,解者皆不误矣,而皆不知于元亨利贞之后,再缀此语者,乃所以示四德循环之义。朱子云:不贞则无以为元。又曰:四德循环无端。知此义矣,乃讫未明指再缀此语之故。岂知六龙与六位无别,则六龙句为赘语。首出庶物,与万物资始理同,而不疏其循环之义,则首出句又为赘语。乌乎可哉?揆厥原因,皆由不确知元亨利贞即春夏秋冬,即东南西北。象传与文言虽未明言,固皆本此为义。特义奥语文,后儒遂歧于索解。及扬子云揭出春夏秋冬、东南西北二义,然后知象传所言者,皆元亨利贞之原理及其所以然,义遂明彻。然罔直蒙酋冥之演元亨利贞,除范望、司马温公外,他儒无言者。于此知太玄之难读,等于易也。

象曰:天行健,君子以自强不息。

系辞云:象者像也,像此者也。先儒以其推阐一卦之义,谓为大象,亦十翼之一。王引之云:尔雅,行,道也。天行健,谓天道健也,与地势顺为对文。按左传襄九年:晋伐郑,杞人从赵武斩行栗。注:行,道也。由是以推,蛊、剥、复,象传皆曰天行,皆天道也。凡大象专以人事言。言天道强健不息,君子法之也。

潜龙勿用,阳在下也。见龙在田,德施普也。

初阳伏在下。德施普,言阳和之德,普及万物也。下,音户。诗邶风凯风:爰有寒泉,在浚之下;有子七人,母氏劳苦。下音户,与苦韵。此亦同也。

终日乾乾,反复道也。

乾盈则反巽,坤盈则复震。乾坤者震巽之终,震巽者乾坤之始。

或跃在渊,进无咎也。飞龙在天,大人聚也。

跃,释文云:上也。初与四相上下,初潜渊底,故曰或跃在渊。言由初跃四也。时可进故无咎。五天位,故曰在天。聚,原作造。释文云:刘歆父子皆作聚。聚与文言云从龙、风从虎义合。且向、歆所据皆中秘古文,必无误,故从之。

亢龙有悔,盈不可久也。用九,天德不可为首也。

阳在上乾盈,盈则必亏,故曰不可久。阳极则变,不变则刚柔不能相济,凶之道也,故无首吉。

文言

此卦爻辞全为文王作之证也。象传申象意,故曰象曰。

大象申卦义, 小象申爻义, 故曰象曰。此则合卦爻辞总述之。而制此乾、坤之卦爻辞者, 文王也, 故曰文言, 绎文王所言耳。仍象曰象曰之例, 并无其他深奥。乃刘瓛曰: 依文而言其理, 故曰文言。姚信曰: 乾、坤为门户, 文说乾、坤, 六十二卦皆放焉。讫不得解。撰其因, 皆由王充、马融等谓文王制卦辞、周公制爻辞, 后儒惑其说, 疑但言文王, 或遗周公故也。

曰: 元者善之长也, 亨者嘉之会也, 利者义之和也, 贞者事之干也。君子体仁足以长人, 嘉会足以合礼, 利物足以和义, 贞固足以干事。君子行此四德者, 故曰乾元亨利贞。

李鼎祚云: 元为善长, 故能体仁。仁主春生, 东方木也。亨为嘉会, 足以合礼。礼主夏养, 南方火也。利为物宜, 足以和义。义主秋成, 西方金也。贞为事干, 以配于智。智主冬藏, 北方水也。李氏此诂最为透彻, 与太玄罔直蒙酋冥理合, 识周易真谛。盖此八句, 为最古之易说。梁武帝、任钓台谓为文王所言, 固无根据, 然穆姜即述之, 可见其为旧说, 故孔氏复述之。而欧阳公谓左氏著书, 亦欲信今传后, 若本孔子之言, 而以为穆姜, 其谁传信之? 谓文言非孔子作。按左氏所纪古人言行, 皆古人实有是言, 有是行, 而后纪之。非并无是事是言, 尽左氏所造作也。观穆姜述是语, 已曰: 然, 固不可诬也。即谓古易说之可信, 而不我欺也。且周易之兴, 至春秋已数百年, 所传古训, 必已多矣。然则穆姜述之, 孔氏复述之, 事之常耳。必谓甲述之为真, 乙再述之即伪, 似不然也。左氏非传易者,其是否见十翼,未可知也。盖文言皆杂采古易说,荟萃而成之。故此处以四德释元亨利贞,下又曰元亨者,始而亨者也,利贞者性情也,又为二德,与前不同,显为采集古说之证。不过古人质,不似后人之必曰某某云耳。

初九曰,潜龙勿用。何谓也?子曰:龙德而隐者也。不易乎世,不成乎名。遯世无闷,不见是而无闷。乐则行之,忧则违之,确乎其不可拔,潜龙也。

　　吴先生曰:易,当读如论语丘不与易之易。按孟子:易其田畴,赵岐云:易,治也。初潜在下,与世无涉,故曰不易世,不成名。遯世无闷者,言甘于隐遯。不见是而无闷者,言人不知亦不愠也。乐则行,忧则否,坚决自守,利禄不能移,威武不能屈,故曰确乎其不可拔。庄子应帝王:确乎能其事。注:确,坚也。

九二曰,见龙在田,利见大人。何谓也?子曰:龙德而正中者也。庸言之信,庸行之谨。闲邪存其诚,善世而不伐,德博而化。易曰,见龙在田,利见大人。君德也。

　　二居下卦之中,故曰正中。庸言、庸行,中也。中则言必信,行必谨矣。闲邪使不入,则中不乱;存诚使不出,则中可守。善世,中也;善世而伐,则偏而不中。不伐,若己无所与者,则时中矣。人能如是,其德必博,而化必广。二虽未升五为君位,然君德已具,必升五也。

九三曰,君子终日乾乾,夕惕若,厉无咎。何谓也?子曰:君子进德修业。忠信,所以进德也;修辞立其诚,所以居业也。知至至之,可与言几也;知终终之,可与存义也。是故居上位而不骄,在下位而不忧,故乾乾因其时而惕,虽危无咎矣。

　　修辞者,立言也。诚者,法则也。居者,蓄也,积也。业以积而高大也。爻至三而极,其境至高。识其高而必达其境,故曰可与言几。说文:几,微也。系云:几者动之微,吉之先见者也。爻至三而终,其道已穷。识其穷而必赴之,故曰可与存义。义者,宜也。

九四曰,或跃在渊,无咎。何谓也? 子曰:上下无常,非为邪也;进退无恒,非离群也。君子进德修业,欲及时也,故无咎。

　　欲及时用其学,以济天下,故不避其嫌。四与初相上下,初潜四跃,初退四进。

九五曰,飞龙在天,利见大人。何谓也? 子曰:同声相应,同气相求。水流湿,火就燥。云从龙,风从虎。圣人作而万物睹。本乎天者亲上,本乎地者亲下,则各从其类也。

　　此与象辞之大人聚义同也。乾、坤初爻交震巽,故曰同声相应。上爻交艮兑,故曰同气相求。中爻交坎离,故曰水流湿,火就燥。湿燥以方位言,荀爽谓坤湿乾燥者是也。坤原居北方,北方涸阴沍寒,故曰湿。乃乾自南往交坤成坎,故曰流湿。乾原居南方,南方炎爔焦灼,故曰燥。乃坤自北往交乾成离,故曰就燥。此于先天南北之乾坤,变为后天之离坎,至明白矣。乾若不在南,如何流北? 坤若不在北,如何就南? 故夫方位不明,易本立失,所关至钜。坤为云。易林困之泰云:阴云四方;又未济之升云:云兴蔽日,皆以泰、升上坤为云。乾为龙,故曰云从龙。坤为风。易林讼之剥云:烈风雨雪;大壮之剥云:乘风驾雨,皆以剥下坤为风。陆绩云:风,土气也。巽,坤之所生,故为风。按陆说是。坤本为风也。乾为虎,故曰风从虎。风云者阴,龙虎者阳,言阴必从阳也。乾,虎之象。易林师之乾云:三奸成虎;小畜之乾云:东遇虎蛇,皆以乾为虎。此象昔儒无知者,后会稽茹敦和始发之。近师俞樾袭其说,谓虎阳物,君象。京、虞以坤为虎,马以兑为虎,皆不如九家以艮为虎之义长。艮何以为虎? 以得乾之上爻,犹震得乾初亦为龙也。是乾本为虎也。故履、革皆以乾为虎,说与易林暗合。圣人作者,乾为圣人。坤为万物。圣人作而万物睹,即比象也,仍阴从阳也。天地者阴阳。本乎天者亲上,谓阳性上升顺行,故乾二必上升坤五,以与阴类。本乎地者亲下,谓阴性下降逆行,故坤五必下降乾二,以与阳类。故曰各从其类。阴阳相遇方为类,与朋友同。若阴遇阴,阳遇阳,则为敌矣,不朋不类也。颐六二曰:行失类也。以所遇皆阴,至明白也。乃由汉迄今,无有察觉者。

按此节旧解所以不明彻者,一由于类字义失;二由于乾虎、坤云、坤风象失;三由于不知此说阴阳相感之理,以著大人聚及利见之义;四由于不知此言先天象,故两两对举。震巽对故相应,阴阳相应也。艮兑对故相求,阴阳相求也。水流湿,阳求阴;火就燥,阴求阳也,水火对也。云从龙,风从虎,言阴阳不相离,乾坤对也。皆所以著阴阳类之理也。二千年以来,惟一茹敦和识虎为阴象之非,其功过荀、虞远矣。

又亲上亲下二语,使人识阴阳交之所以然也。亲上者居上,亲下者居下,则阴阳气不交而为否矣。亲上者居下,亲下者居上,则阴阳气接而为泰矣。各从其类,统相应相求各语而言之也。

上九曰,亢龙有悔。何谓也? 子曰:贵而无位,高而无民,贤人在下位而无辅,是以动而有悔也。

在上故贵,失正故无位,失位故无民。乾为贤人,既非九五之位则臣下也。三无应,故曰无辅。有此三因,故动而有悔。

潜龙勿用,下也。见龙在田,时舍也。终日乾乾,行事也。或跃在渊,自试也。飞龙在天,上治也。亢龙有悔,穷之灾也。乾元用九,天下治也。

舍,发也。诗:舍矢如破。易林家人之大有云:仲春孟夏,和气所舍。皆以舍为发。作舍弃者固非,以舍为舒之假字者亦非也。自试者,试其可否。上治者,居上治民。天下治,申用九之故也。用九者,刚变柔。言天下未治,治之以刚;若天下已治,则当济以柔。明用九之故,因天下已治也。此治字与上治治字相呼应。后人因不识用九真谛,故笼统解说,多误者。○王弼曰,此一章全以人事明之。

潜龙勿用,阳气潜藏。见龙在田,天下文明。终日乾乾,与时偕行。或跃在渊,乾道乃革。飞龙在天,乃位乎天德。亢龙有悔,与时偕极。乾元用九,乃见天则。

王弼云:此一章全以天气明之。彖传曰时乘六龙以御天,即乾乘六阳时也。初乘子,阳气虽生而未出,故曰潜藏。二乘寅,阳出地上,百物思奋,故曰文明。三乘辰,百果草木,长养兴起,故曰与时偕行。四乘午,阳盈于巳消于午,阴起用事,代有终,故曰乾道乃革。其以二上变成革为说者,非也。五乘申,百果草木,至秋成熟,乾德乃见,故曰位乎天德。广雅:位,正也。言正当天德之时也。上乘戌,阳气将尽矣,故曰与时偕极。阳极反阴,阴极反阳,乃天道之自然,故曰乾元用九,乃见天则。则者,法也,一定之理也。

乾元者,始而亨者也。利贞者,性情也。乾始能以美利利天下,不言所利。大矣哉! 大哉乾乎! 刚健中正,纯粹精也。六爻发挥,旁通情也。时乘六龙,以御天也。云行雨施,天下平也。

性之与情,清惠栋、阮元、姚配中、洪震煊、胡缙诸儒说之,可谓详尽矣。而利贞何以谓之性情,只以六爻正成既济为说,无能了解者,则以自东汉以来,于利贞之真谛不明也。易林中孚之坤云:符左契右,相与合齿。乾坤利贞,乳生六子。合齿者,交也,即乾坤利贞也。盖贞之为义属冬,消息卦坤起午,至亥而为纯坤,与原居亥之纯乾相遇。阴牝阳,天地合德,阴阳和姤,万物本以出生,故曰乾坤利贞,乳生六子。然则利贞之为和合明矣。故六十四卦言利贞者,二五无不交,否则卦体自相交,如中孚、小过者也。彖传曰:各正性命,保合太和。正易林所本也。且夫阳之喜阴,阴之喜阳,乃天地自然之性。本其性之所喜,以阳求阴、以阴承阳而和合焉,则由性而入于情矣。情者,欲也,感也。利贞者性情,即谓阴之凝阳,变化和合,乃天地固有之性情,感之极正者也。崔觐云:不杂曰纯,不变曰粹。精者,专一。极形容乾德之大。发挥者,变动也,言六爻遇九六即变动也。旁,玉篇云:非一方也。通者,感也,应也。阴阳相感故相通。系辞云:探赜索隐,钩深致远。又曰:旁行而不流。皆谓正象之旁,尚有伏象,故曰索隐,曰钩深,曰旁行。而震与巽相对,艮与兑相对,阴与阳绝异也。而文言曰:同声相应,同气相求。盖阴阳未合,有阴阳之分;阴阳既合,则和同混一而不分矣,故曰同。同则通。故易辞与易林用象,正伏常不分。而其所以能旁通之故,则仍阴阳相求相感固有之理,故曰旁通情也。时乘六龙义见前。云行雨施,万物亨通,故曰天下平。

君子以成德为行,日可见之行也。潜之为言也,隐而未见,行而未成,是以君子弗用也。

　　此言潜龙仍志在行道,与甘心隐遯鸣高者异。然而勿用者,时未可也。夫子盖恐山栖谷隐之流,执初爻为口实,故首以成德为行,明儒者之责任。旧解鲜有当者。俞樾云:日为曰之讹。似当从之。

君子学以聚之,问以辨之,宽以居之,仁以行之。易曰,见龙在田,利见大人。君德也。

　　宽,博;居,蓄也。言蓄德广博也。君德既具,待升九五,则不惟居之,且行之矣。德者行之本,仁者行之用。

九三重刚而不中,上不在天,下不在田,故乾乾因其时而惕,虽危无咎矣。

君子终日乾乾夕惕若,是自朝及夕,无不乾惕也,故曰因时。所以然者,初二刚,三仍刚,故曰重刚。阳遇阳则窒。又卦以二五为中,三失中,上不及五,下不居二,故不敢自懈也。

九四重刚而不中,上不在天,下不在田,中不在人,故或之。或之者,疑之也,故无咎。

侯果曰:下系云,兼三才而两之。谓两爻为一才也。初兼二,地也;三兼四,人也;五兼六,天也。四是兼才,非正,故言不在人。朱子疑四非重刚。岂知重刚与卦位无涉,乃谓上下爻也。疑则慎,慎故无咎。

夫大人者,与天地合其德,与日月合其明,与四时合其序,与鬼神合其吉凶。先天而天弗违,后天而奉天时。天且弗违,而况于人乎?况于鬼神乎?

大人者五。五天位,二地位,上下昭列,尊卑判分。而五与二相往来,故与天地合其德。五坎位,坎月;二离位,离日。火为水妃,东西终始,故与日月合其明。夫天地日月,先天四中象也,惟大人能则之。元亨利贞,即春夏秋冬。四时之序,将来者进,成功者退,已用则贱,当时则贵,循环往来,不差不忒,故曰与四时合其序。夫震春、离夏、兑秋、坎冬,即后天之四中象也,惟大人能兼之。消息卦乾生于东,神也;坤死于西,鬼也。生则吉,死则凶。乃乾虽主生,不杀亦不能成岁功。故生死递嬗,吉凶代更,亦惟大人能合之。先天之象,天地日月,牝牡雌雄,二仪肇分,法象自然如此,虽天亦不能违。后天之象,震兑坎离,互兴迭废,时而生,时而壮,时而老病死,人如此,物亦如此,天地亦如此。夫事而至于天不能违,人与鬼神,不待言矣。

亢之为言也,知进而不知退,知存而不知亡,知得而不知丧。

进也,存也,得也,阳之事也。退也,亡也,丧也,阴之事也。六者相对待,相循环。至上九亢极矣,极则宜变而知所返。惽不知返,故有悔也。按此专释上九亢龙之义,兼申下文用九之故。知退即用九也。

其唯圣人乎! 知进退存亡,而不失其正者,其唯圣人乎!

此专释用九之故也。知进复知退,知存复知亡,故用九也。见群龙无首,即知退也,即阳变阴也。故夫用之为变,观此而益明矣。自荀、虞以来,不知此节系专释用九之义,浮泛解释。然文言此处舍用九不释,是其辞未毕也。李鼎祚知此说用九,而以乾元用九天下治也为解,仍不知知退知亡即释用九及无首之义。

卷　二

坤卦第二

☷☷

坤,元亨,利牝马之贞。君子有攸往,先迷后得主(句),利(句)。西南得朋,东北丧朋。安贞吉。

　　元亨,谓二五也。乾元亨,二五独吉,坤亦然。元亨并无阴阳之分。虞仲翔谓坤含光大,凝乾之元,终于坤亥,出乾初子,故元亨。案象传曰:至哉坤元。是坤亦言元,不专属乾。坤六五云:黄裳元吉。是其证。乾为马,坤为牝。贞,卜问也。利牝马之贞,即利牝马之占也。牝马柔顺,言阴必顺阳也。君子有攸往,言具坤德之君子有所行也。惠栋、端木国瑚泥于坤为小人之象,谓君子指阳,非也。地道无成,故不可先,先则迷而失道。惟随阳之后,以阳为主,则靡不利也。西南得朋,东北丧朋,旧解以朋字、类字失诂,故鲜得解者。马融、荀爽以阴遇阴为朋,虞翻谓失之甚矣,乃用参同契月三日出庚震象,八日见丁方兑象,兑二阳为朋,庚西丁南,故曰西南得朋;三十日坤象,月灭乙癸,癸北乙东,故曰东北丧朋。苦心搜索,以求朋象。岂知兑之为朋,以阴遇阳,非以二阳。阳遇阳,同人谓之敌刚;阴遇阴,中孚谓之得敌,然则虞说与马、荀背易理等耳。然支离穿凿,则过于马、荀矣。复曰:朋来无咎。蹇九五曰:大蹇朋来。解九四曰:朋至期孚。皆以阴得阳为朋。而坤逆行,消息卦自西而南阳日增,自东而北阳递减,增则得朋,减则丧朋。而坤道无成,故安静贞定则吉也。

彖曰:至哉坤元! 万物资生,乃顺承天。坤厚载物,德合无疆;含弘光大,品物咸亨。

何休公羊传元年注云:元者,气也。万物资坤元以生,坤元实顺天以行,故天道广大无疆,惟坤之德能合之也。万物皆孕毓于地,故曰含弘。万物皆成长于地,故曰光大。光大则咸亨矣。

牝马地类,行地无疆;柔顺利贞,君子攸行。

阴阳合为类。乾为马,故马与地类,而牝马尤与地类。君子攸行者,谓柔顺利贞之德为君子所法也。九家谓乾来据坤,为君子攸行,失传旨。

先迷失道,后顺得常。西南得朋,乃与类行;东北丧朋,乃终有庆。

夫曰行曰终,乃自西而南、自东而北而逆行也。非以西南、东北相对待也,明矣。消息卦自西而南阳日增,故曰西南得朋。阴以阳为类,故曰乃与类行。消息卦自东而北阳递减,故曰东北丧朋。夫事有终必有始,丧朋之地始于巳,终于亥。坤行至亥,阳丧尽而为纯坤,乃反曰有庆者,何也? 则以周易之位,乾原居亥,纯坤与纯乾相遇,天地合德,万物由此出生,故曰有庆。**易**凡言有庆者,皆谓阴遇阳。**大畜、晋、暌**六五,皆上承阳,故皆曰往有庆。**易林中孚之坤**云:符左契右,相与合齿;乾坤利贞,乳生六子。**太玄玄文**云:入冥出冥,新故代更。皆说有庆之故也。后儒皆承用**虞氏**解,谓坤行至西南,月又将生明为有庆。是不知终为何处也。终者艮象亥方。**周礼宰夫**及**大司徒**岁终注,皆曰**周**季冬也。**周**季冬为亥月。又**尔雅释天**云:月在壬曰终。壬亦亥方。是终指亥方甚明。**说卦**云:艮成终。终于亥也。故夫洞明易理者,莫过于**焦延寿**与**扬子云**也。(**焦氏易诂**有详说,可参阅。)

安贞之吉,应地无疆。

坤道主静,故曰安。**易林**云:乾坤利贞,乳生六子。安贞即利贞,利贞即天地合德,合则相感,故曰应地无疆。

象曰:地势坤,君子以厚德载物。

王弼曰:地形不顺,其势顺。是**王弼**之本,作地势顺也。**宋衷**曰:地有上下九等之差,故以形势言其性。夫曰性,则亦读为顺也,而皆未引**说卦坤顺**为诂。是愈证**宋、王**本之皆作地势顺,故不引**说卦**为证。盖坤古文作《《,而《《为顺之假字,故**宋、王**皆读《《为顺。自**正义**改作坤,而顺字遂无由识。至清儒**王引之**等,据**说卦乾健坤顺**之文,谓天行健即天行乾,地势顺即地势坤。夫乾坤之为天地,不惟**说卦**言之,**彖、象传**并言之,故以天代乾,以地代坤。今不从**宋、王**注,以坤为顺之讹字(若作《《则不讹),谓天行健即天行乾,地势顺即地势坤,是天行天、地势地也,尚可通乎?**王**又谓《《即川字,川与坤、顺声近,故借川作坤。是尤不安。夫坤古作巛,是古文作巛也。隶书原以变古文之繁重,若巛字本即简易,故隶书常因而不改。大戴礼保傅篇:易之乾巛。家语执辔篇:此乾巛之美。后汉舆服志:尧舜垂裳,盖取诸乾巛。北史太和三年:巛德六合殿成。又坤字之见于汉碑者,无不作巛。再征之金文,周师訇敦铭云:用作巛宫宝。王陶庐云:巛即坤字。由此证巛即坤,非有所借也明矣。引之谓顺因川而得声。愚以为顺因巛而得声,推之训驯巡紃等字皆然。引之盖泥于说文坤下无重巛之文,谓巛非坤本字。王陶庐云:玉篇巛下注曰古文坤字,广韵亦曰古文以坤为巛,二书皆胚胎于说文。据此说文必有巛字,后夺之耳,不然二书不敢臆造。又云:释文原云,巛本又作坤,坤今字。今改为坤本又作巛,巛今字。文理谬戾已极。是皆因孔氏改巛作坤,后人遂并释文而亦改矣。按王说是也。诗周颂:有夷之行,释文云:巛苦魂反,字亦作坤。此处释文应同。然则坤本作巛,征之金石传记无不然。汉本易之作地势顺,征之宋注、王注亦无不然。然今本易何以讹作地势坤?则以汉本易,坤原作巛,乃借巛为顺也。何言之?顺既因巛而得声,在古文例常假借。如大壮卦以易为埸,夬以次且为趑趄,小畜血为恤,皆因其得声之字而假借。今以巛假顺,正其例耳。孔氏知巛即坤,不知巛为顺之假字,遂竟改作坤矣。若宋、王则皆读作顺也,以宋、王本皆作巛也,作巛则人易知为顺矣。其以说卦为解者,于字之沿革,尽失其义。厚德载物者坤,君子取以为法。虞仲翔必谓君子为乾,亦非。

又易以巛为大川,焦氏易林以巛为水、为江河淮济。九家注蛊亦以坤地为水,邵子坤水之象所本也。盖巛即川字,即水字,故易林复以坎为土,邵子复本之。疑古以水土为一物,能合而不能分。比曰地上有水,师曰地中有水,证以古文,稽之卦象,而益信矣。（金文水作川,两旁画不连。刘润琴云:效鼎涉作川,殷契衍作川,困作田。又永字从水,而金文作永。是皆水字两旁画皆不断,可证巛、川、水三字,古文皆同。）

初六,履霜,坚冰至。

阳进阴退,阳顺阴逆,故阳自七进九为老阳,阴自八退六为老阴。阴极则变,故易用六也。于卦为姤,时当夏至,一阴初生。初震爻,故曰履。阴微,故以霜为喻。乾为冰为坚,坤行至上当亥方,与乾相遇,故曰坚冰。言五月微阴初见,驯至亥月而极寒,必然之势,当惕然悟也。干宝以五月无霜,谓阴气既动,则必至于履霜,必至于坚冰者,非也。霜即喻此微阴,微阴见故曰履霜,非有待于后也。其待者乃坚冰也。

象曰:履霜,阴始凝也（依郭京读）。**驯致其道,至坚冰也。**

乾为坚冰。言阴生于午,至亥纯坤与纯乾相遇,故曰至。

六二,直方大,不习无不利。

二为坤本位,坤二之利,与乾五之利同也。后人泥于乾动为直,及小往大来之文,必以直大属之乾,于是经义遂迂曲而不得解。岂知直方大皆谓坤,象传、文言所释至明。文言云:直其正也。正谓二,二得位中正,故曰直。象传云:含弘光大。大谓坤,坤万物资生,焉得不大? 盖方者地之体,大者地之用,而二又居中直之位,故曰直方大。后儒见象传未言大,便疑大为衍文。然陆德明时,汉魏六朝本具在,从无谓大字衍者,况文言引亦有大字乎!阴消至二遯,前承重阳,得主有利,故不习无不利。文言释曰:不疑其所行。正谓二承阳也。

象曰:六二之动,直以方也。不习无不利,地道光也。

六二与九五相上下,故曰动。阴顺阳,故曰地道光。

六三,含章可贞,或从王事,无成有终。

坤为文,故曰章;坤闭,故曰含章。阴消至三否,正君子俭德避难之时,故虽有文章,含而不露,贞静自守。荀、虞谓三阳位,以阴据其上,故曰含章。后儒多从之,非也。文言释章为美,仍坤象,非谓阳位也。否上乾为王,三承重阳,故曰从王事。三不当位,故或之,与或跃在渊义同,言慎审也。阴顺阳,故无敢成。成,法也,式也。言不敢作法也。阴始姤,代乾终事,故曰有终。○按,纯坤无乾,王事之象何来乎?须知乾息从复始,坤消从姤始,故复、姤亦为小父母。坤消至三,上乾如故也,故曰从王事。彼夫讼三曰从王事,履三曰武人为于大君,皆以上承阳,兹与之同。观初爻曰,履霜坚冰至,言阳将以次消也。故卦虽无乾,爻辞皆视乾而系也。先儒坐不明此理,又鲜能以易解易,故说王事皆无著。

象曰:含章可贞,以时发也。或从王事,知光大也。

时不可,故俟时而发。或从王事,知时至矣,故曰光大。

六四,括囊,无咎无誉。

坤为囊。扬子方言:括,关闭也。坤闭,故曰括囊。阴消至四,八月观,天地将闭塞矣。阴在三否,阴阳平均,故或从王事。至四则阴盛阳衰,时不可矣,故括囊。言无所表著也。无与于世,故无咎誉。

象曰:括囊无咎,慎不害也。

慎故无咎,不害即无咎也。

六五,黄裳元吉。

坤为裳,色黄,故曰黄裳。坤为下,裳者下饰。五位正中,黄者中色,故曰黄裳元吉。元者善之长,五位极尊,故曰元。元谓五。大有、鼎皆曰元吉,皆谓六五。毛奇龄谓五降二承乾为元吉,以元专属乾,非也。

象曰:黄裳元吉,文在中也。

坤为文,黄裳文饰。言所以吉者,以居中位也。

上六,龙战于野,其血玄黄。

阴至上六,坤德全矣,故万物由以出生。然孤阴不能生也。荀爽云:消息之位,坤在于亥,下有伏乾。阴阳相和,故曰龙战于野。坤为野,龙者阳。说文壬下云:易曰龙战于野,战者接也。乾凿度云:乾坤合气戌亥。合气即接。九家云:玄黄,天地之杂。言乾坤合居。夫曰相和,曰合气,曰合居,则战之为和合明矣,皆与许诂同也。而万物出生之本由于血,血者天地所遗氤氲之气。天玄地黄,其血玄黄者,言此血为天地所和合,故能生万物也。易林说此云(中孚之坤):符左契右,相与合齿。乾坤利贞,乳生六子。夫曰符契,曰合齿,则乾坤接也,即龙战于野也。消息卦,坤亥下即震子出,故曰乳生六子。

彖传云:乃终有庆。庆此也。惟荀与九家,皆以血为阴,仍违易旨。易明言天地杂,则血非纯阴可知,纯阴则离其类矣,胡能生物?至侯果谓阴盛似阳,王弼、干宝谓阴盛逼阳,阳不堪故战,以战为战争。后孔颖达、朱子,因经言战又言血,疑阴阳两伤者,皆梦呓语也。清儒独惠士奇用许说,谓战者接也,阴阳交接,卦无伤象。识过前人远矣。

象曰:龙战于野,其道穷也。

阴至上六而极,故曰穷。穷,尽也。

用六,利永贞。

此亦明筮例也。八六皆阴,今遇阴胡以只言六不言八?则以六为用而变七也。利永贞,申用六之故也。六何以必变?六为老阴,阴极不返则太柔矣。文言曰:贞固足以干事。永贞,则健而阳矣。故象曰以大终,大者阳,言阴极则变阳也。

象曰:用六永贞,以大终也。

阳大阴小。以大终者,言阴极必返阳也。旧解因不知用六义意,故说大终,无有当者。

文言曰:坤至柔而动也刚,至静而德方。后得主而有常,含万物而化光。坤道其顺乎!承天而时行。

坤柔动刚,义与用六大终同。言坤虽至柔,遇六则变阳矣,故曰动刚。后得主而有常者,言最后变六为阳,以阳为主也。

积善之家,必有余庆;积不善之家,必有余殃。臣弑其君,子弑其父,非一朝一夕之故,其所由来者渐矣!由辩

之不早辩也。易曰：履霜，坚冰至。盖言顺也。

坤为积，为殃，为恶，故曰不善。坤多，故曰余。又为臣子，为弑，为夕。君父，则指乾也。坤消阳，故曰弑君父。此正申明履霜坚冰至之理。阴在姤至微耳，积之不已，则阳可全消，其祸有不可胜言者，故曰余殃。余者多也。此本世界之公理，人事之自然。而李鼎祚忽以夫子不语怪力乱神为疑，若余庆余殃，有类于神道感应之说者，真可谓污蔑圣言，不识语旨矣。渐，孔疏云：徐而不速谓之渐。辩，说文：判也，别也。谓宜别之于先也。顺与循同义。盖言顺者，仍循其道则至坚冰之意。荀爽谓臣顺君命而成之，背经旨，不可从。（文言释初六，嘘吸经髓，超妙绝伦，使人惕然省，憬然悟。释上六只以阴凝阳、天玄地黄，逗露坤地生物之本，由于天地交，而总不明言，仍还经文昆仑语气。由此见圣人之言，宁使人不易知，而不能不文。太玄云：不约则其旨不详，不要则其应不博，不沈则其意不见。真能窥见载道之故者哉！）

直其正也，方其义也。君子敬以直内，义以方外，敬义立而德不孤。直方大，不习无不利，则不疑其所行也。

直则不挠，故曰直其正。言二中正也。方则不诡随，故曰方其义。言不苟同也。正直发于心，故曰直内。内直则必敬矣，故曰敬以直内。义方以接物，故曰方外。外方则无不宜矣，故曰义以方外。敬义之德立于下，五阳应于上，故德不孤。盖阴消至二遯，前承重阳，二五应予，乾先坤后，阳唱阴和，得主有利，故不疑其所行。（旧解只惠栋知以二五相应说不孤，最为卓识。）

阴虽有美,含之以从王事,弗敢成也。地道也,妻道也,臣道也。地道无成,而代有终也。

阳革于午,阴代阳用事,以讫于亥,故曰代有终。凡终皆谓亥。彖传曰:乃终有庆。说卦曰:万物之所成终。终皆谓亥。内经与庄子,所谓天门者此也。自复子至乾巳皆成事,阳主之,故地道无成。自姤午至坤亥皆终事,阴主之,故曰代有终。言代阳终事也。终字从冬,言一年之事,至亥冬而终也(子即阳复)。故艮居亥而艮即为终。成者,法也式也。周礼天官太宰:五曰官成以经邦治。注:官成谓官府之成事品式。又秋官士师:掌士之八成。注:八成犹八法。然则成者法也。地道无成者,谓坤柔不敢先创为法式,只能代阳终事也。成与终,虚实先后,绝对不同。汉宋衷以成名为说,清惠栋谓成与终同义。夫成与终义诚可通,但此曰无成,曰有终,则判然二事,不得混同也。

天地变化,草木蕃。天地闭,贤人隐。易曰:括囊,无咎无誉。盖言谨也。

阴消至四,八月观,由元亨而入利贞,天地之气将变易矣。观下坤为茅茹为草,巽为木,坤闭艮止,故曰草木蕃。蕃与藩通,诗大雅四国于蕃是也。又周礼地官大司徒,九曰蕃乐注:杜子春读蕃乐为藩乐,谓闭藏乐器而不作。贾疏:藩谓藩闭。然则草木蕃者,言草木至八月而生气藩闭也。自汉以来,无不以蕃息为解,岂知此与下天地闭贤人隐,平列为证,以释括囊之义。若作蕃息,与括囊何涉乎?乾彖传云:乾道变化,各正性命,保合太和,乃利贞。言元亨时过,利贞时至也,故曰变化。此变化与彼变化同也。变化之征,在物则草木黄落,在天则阳气闭藏,在人则贤哲隐遁。谨,慎也,释括囊之故也。

君子黄中通理,正位居体。美在其中,而畅于四支,发于事业。美之至也!

地色黄,黄中色,五中位,故曰黄中。<u>玉篇</u>:理,文也。坤为文,故曰理。黄中通理者,言由中发外,有文理可见也。正位居体,即体居正位。坤为体、为事业,言有黄中之德者,身必润,事业必成也。

阴凝于阳必战。为其嫌于无阳也,故称龙焉。犹未离其类也,故称血焉。夫玄黄者,天地之杂也。天玄而地黄。

凝,<u>王弼</u>本作疑。<u>释文</u>云:<u>荀</u>、<u>虞</u>、<u>姚信</u>、<u>蜀才</u>作凝。兹从其多者。然疑即凝字。<u>庄子达生篇</u>:用志不分,乃疑于神。即凝于神也。<u>诗大雅</u>:靡所止疑。<u>传</u>:疑,定也。<u>正义</u>:音凝。可见疑、凝本通。<u>孟喜</u>、<u>王弼</u>诂作疑似之疑,致与经旨全背。夫阴阳相求相应,何疑忌之有?又何来战争?天地若至于战争,又胡由相杂?是皆由战字失诂,不知相杂者为何义也。阴凝阳即阴牝阳。阴极于亥,与伏乾相遇,坤上乾下,坤外乾内。阳不见,故曰嫌于无阳;称龙,所以明有阳也。阴阳合为类,离则为独阴独阳,独阴独阳不能生,即不成为血。既曰血,即阴阳类也,即天地杂也。其血玄黄者,言此血非阴非阳,亦阴亦阳,为天地所和合,故能生万物也。旧解不知阴阳合为类,又不知此言大地生物之本,故未离其类四句,举不知其所谓。

屯卦第三

䷂

屯，元亨，利贞。勿用有攸往，利建侯。

上坎为险，下震为动，动乎险中，故名曰屯。屯，难也，止也。诸家皆以乾通坤为元亨，三之正成既济为利贞。按以乾通坤为元亨，初五得位，乾元以通是也。以三之正成既济，为利贞非也。利贞者，利于贞定也。勿用有攸往，申其义也。端木国瑚谓遇春夏卦，即曰元亨；秋冬卦，即曰利贞。易本以时为主，说颇胜于旧解。屯由震春以至坎冬，一年气备，故曰元亨，又曰利贞。乾初勿用，往遇险，故曰勿用有攸往。侯，君也，主也。震为君，初临万民，五居尊位，故曰利建侯。

彖曰：屯，刚柔始交而难生。动乎险中，大亨贞。雷雨之动满盈，天造草昧，宜建侯而不宁。

始交谓初、五也。前乾、坤二卦，皆纯阳纯阴，莫能交。屯下震以乾交坤初，上坎以乾交坤中，以其次纯乾纯坤之后，刚柔杂始见，故曰始交。难，谓坎也。蹇传云：蹇，难也。即指上坎。动而遇险，故曰难生。下雷上雨，坤为多故曰满盈。造，始也；草，杂乱；昧，冥昧。坤为茅茹为乱，故曰草；地黑，故曰昧。易林艮之晋云：釜甑草土。即以晋下坤为草，为釜。天造草昧者，言天地之运，始于草昧。故宜建侯于此时，使万物有主也。

诸家皆用虞翻说，谓刚柔始交，为坎二交初。如是穿凿，

又何不可谓萃四交初? 盖虞氏不知始字承前两卦乾、坤而言,
而以为指屯初、二,故误解若是。后阅道光间卜斌周易通解,
亦谓始交指初、五,然则此义百年前已发之。

象曰:云雷,屯;君子以经纶。

经纶,据释文,王弼本作经论。今本作经纶者,乃孔本也,
因将王注亦改之矣。释文又云:黄颖曰:经纶,匡济也,本亦作
伦。案释名云:纶,伦也,为之有伦理也。论语正义引郑玄云:
论者,纶也,理也。然则纶、伦、论,字微异,义则同也。若以卦
象言,震为言,初至五正反震,似论于易象较切。若正义所云
刘表、郑玄作沦,似不合矣。

初九,磐桓,利居贞,利建侯。

磐桓,释文云:旋也。尔雅释水:钩盘。郭注:水曲如钩,
流盘桓不直前也。禹贡:西倾因桓是来。注:桓是,陇阪名,其
道盘旋,曲而上旋。即不能直前也。盘、磐通。释文云:本亦
作盘。马又作槃。又或作般。皆以音同通用。外坎,故利居
贞不动。震为主,建侯则坤民有主,故利。

象曰:虽磐桓,志行正也。以贵下贱,大得民也。

坤为民。阴贱阳贵,阳在下,故曰以贵下贱。阳为大,初
阳临群阴,故曰大得民。

**六二,屯如邅如,乘马班如,匪寇婚媾。女子贞不字,十
年乃字。**

阴遇阴得敌,故屯邅不进。释文云:邅,马行不进之貌。
班,子夏传:相牵不进貌。郑作般。般、盘同,亦盘桓不进也。

又震为马,坤、坎皆为马,马多故曰班如。言行列不前也。吴先生曰:汉书,车班班,往河间,义同此也。五坎为寇,二与五应,故曰匪寇,曰婚媾。乃二前为三四所阻,下为初阳所牵,体又为坤,坤虚故不字。字,妊育也。震为孕。左传昭元年:武王邑姜方震太叔是也。故震为妊育。王引之力辟宋耿南仲、朱子以字为许嫁之非,其说是也。今河北尚呼牝牛为字牛,义本此也。坤为年,数十,故曰十年乃字。言二五应与虽难,然究为正应,久必合也。

象曰:六二之难,乘刚也。十年乃字,反常也。

此难字,与彖传难生难字不同。彼指坎,此谓乘刚字难也。说者多混而同之,非。乘刚势逆,故字难。

六三,即鹿无虞,惟入于林中。君子几,不如舍,往吝。

鹿,虞翻、王肃皆作麓。鹿、麓古通。诗:瞻彼旱麓。周语作旱鹿。韦注:鹿,山足也。三为艮初,正山足也。即鹿者,言至山足而从禽也。即,就也。虞,备虞也。孟子曰:有不虞之誉。义同此也。言田猎而无备虞,焉能有禽? 震为木,艮亦为木,故曰林中。坤虚,故空入林中。几者,事之先见者也。舍,去也。言君子见几而去也。上无应,故往吝。艮为君子。淮南子说此云:夫施薄而望厚者,未之有也。又三国志陈琳传:易称即鹿无虞,夫微物尚不可欺。夫所谓欺,即无备虞也。王弼云:虽见其禽而无其虞,徒入于林中。亦诂虞为备虞。乃孔疏忽谓虞为虞官,失王义矣。左传隐五年:不备不虞,不可以师。正与此无虞义同。

象曰:即鹿无虞,以从禽也。君子舍之,往吝穷也。

从禽,义与即鹿同。吝、遴古通。说文:行难也。三无应得敌,故行难。吝字初见。说文口部引作㖟,云:恨惜也。辵部引又作遴,云:行难。愚以为凡言往吝者,宜从行难义。只言吝者,宜从恨惜义。此曰往吝,即行难也。

六四,乘马班如,求婚媾。往吉,无不利。

坎、坤皆为马,故亦曰班如。艮为求,四与初本为正应,婚媾而已,然必求者,以二三为阻也。知其阻而求之,故往吉也。四上承阳,下有应,故曰无不利。

象曰:求而往,明也。

艮火,故曰明,艮阳在上亦明。自艮火、艮明象失传,诸家皆以三变互离为明矣。岂知旅九三云:焚其次。易林大壮之遯云:火烂销金。皆以艮为火。说详焦氏易诂中。

九五,屯其膏。小贞吉,大贞凶。

坎水故曰膏,坎陷故屯其膏。盖五虽下履重阴,然坤民三分之二为初所有,四又应初,五虽君位,实无一民,故膏泽无所施也。小谓二,五应二,阴得阳应故吉。大谓五,五虚拥尊位,威柄下移,孤露无辅,故大贞凶。震为威,坤为柄也。贞,卜问也。诸家强以贞正说之。夫正而有大小,已不词矣;大正而凶,益悖理矣。惠士奇知其不安,又以固为说,其不协与正无异也。

象曰:屯其膏,施未光也。

坎为隐伏,故曰未光。

上六,乘马班如,泣血涟如。

坎为血,坎水,故曰涟如。诗卫风:泣涕涟涟。释文:泣貌。坎忧惧,下无应,故有是象。

象曰:泣血涟如,何可长也?

上六居卦之极,故曰不长。

蒙卦第四

☶

蒙,亨。匪我求童蒙,童蒙求我。初筮告,再三渎,渎则不告。利贞。

艮少,坎隐伏不明,故名曰蒙。蒙,稚也,不明也。二得中有应,故亨。艮为童蒙,为求,而二至上正反艮,自二言若求五,自五言若求二,有互相求之象。然二阳也,阳大明;五阴也,阴迷。我谓二。匪我求童蒙,童蒙求我者,言二不必求五,五自来应二也。传曰志应,言二五相应与,相上下也。旧解诂实匪字,定谓二不应五者,非也。坎为圣,为通,故为筮。比曰原筮,亦以坎为筮。震为言,故曰告。而二至上正反震,言多,故曰渎。渎,亵渎也。震反为艮,艮止,故不告。昔贤说此,总不知再三渎之故何在,由正覆象并用之义失传故也。又筮象亦失传,故初筮不知何所指。岂知坎在下故曰初筮,专指九二。艮坎皆冬日卦,故曰利贞。

象曰:蒙,山下有险,险而止,蒙。蒙亨,以亨行时中也。匪我求童蒙,童蒙求我,志应也。初筮告,以刚中也;再三渎,渎则不告,渎蒙也。蒙以养正,圣功也。

志应,言二五互求也。坎为圣,故曰圣功。

象曰:山下出泉,蒙;君子以果行育德。

艮为君子,为坚,为果。震为行,故曰果行。果行者,言坚定不易也。传曰:致果为毅。是其义也。震为生,为德,故曰育德。以者,法也。言君子法蒙象,而果毅其行,养育其德也。

初六,发蒙,利用刑人,用说桎梏。以往吝。

发,启也。诗大雅思齐篇曰:刑于寡妻。左传襄十三年:一人刑善,数世赖之。注皆训刑为法。是刑与型同。利用刑人者,言宜树之模型,使童蒙有所法式,得为成人,永免罪辟也。坎为桎梏。说文:桎足械,梏手械。四无应,故往吝。说文引作遴,云行难也。吝、遴古通。汉书鲁安王传:晚节遴。王莽传:性实遴啬。义皆为吝。以往,王安石、朱震、王宗传、朱子,皆训为以后,大误。

象曰:利用刑人,以正法也。

正,平也。坎为平,故曰正法。言以法则示人,俾童蒙有所则效。即释刑人之义也。

九二,苞蒙吉,纳妇吉,子克家。

阳居阴中,故曰苞蒙。五阴来应,故曰纳妇吉。震为子,艮为家。五艮体,二应之,故曰子克家。克者,能也,言能任家事也。

象曰:子克家,刚柔接也。

接与龙战于野战字义同,言交接也。

六三,勿用取女,见金夫,不有躬,无攸利。

取、娶同。坤为女。见金夫,不有躬,申勿用之故也。金夫者美称。诗:有匪君子,如金如锡,如圭如璧。左传:思我王度,式如玉,式如金。皆以金喻人之美。艮为金,为夫。人徒知乾为金,不知艮坚亦为金。易林随之屯云:金玉满堂。以屯之互艮为金也。人徒知震有夫象,不知三男皆为夫。比曰:后夫凶。以艮为夫也。易林复之剥云:夫亡从军。以剥上艮为夫也。三与上艮应,故曰见金夫。坤为躬。三体震,震为行而决躁,故见金夫而亟欲往上,不顾四五之阻,故曰不有躬。女行如此不顺,故无所利也。

象曰:勿用取女,行不顺也。

坤为顺,震躁动,故不顺。案此爻旧解,虞翻以阳为金,谓三为二所淫。朱子谓金夫,盖以金赂己而挑之,若鲁秋胡之事。均堪喷饭。若夫王弼以金夫为刚夫,毛大可、惠栋等用卦变,又以兑阳为金,皆非。故夫卦象一失传,无论若何揣测,皆不能当,其关系之重若是。

六四,困蒙,吝。

四无应,承乘皆失类,故曰困。

象曰:困蒙之吝,独远实也。

实谓阳。初三五皆近阳,四独否,故曰独远实。

六五,童蒙,吉。

艮为童蒙。上承阳,下应二,虽不当位而居中,故吉。

象曰:童蒙之吉,顺以巽也。

上承阳,顺阳而行,下与二相上下,故曰顺以巽。

上九,击蒙,不利为寇,利御寇。

　　艮手为击,亦启发之意。上应在三,三坎为寇,道穷于上,故不利为寇。然艮为坚为守,下拥群阴势众,故利御寇。坎彖传云:王公设险以守其国。守谓互艮也,能守故利。

象曰:利用御寇,上下顺也。

　　君子守其前,小人随其后,故利御寇。上下顺者,言坤民顺上也。

需卦第五

☵

需,有孚,光亨,贞吉。利涉大川。

　　乾为行,行而遇险,故曰需。需,待也。归藏作溽。坎、兑皆水,故溽;溽,湿也。而溽与濡音义并同。杨氏古音云:溽,人余切。归藏易,需卦作溽,同濡。案孟子:是何濡滞也。是溽有迟义。古文多省笔,疑需为古文濡字,与归藏同。且濡滞亦有须义,与彖传不背。周易本因二易而作,溽、濡、需不过字形之辗转耳,音义并同也。卦辞皆指九五。五上下皆阴,故有孚。互离故光,得位故亨。贞吉者,卜问则吉也。坤为水,为大川。易林贲之损云:龙蛇所聚,大水来处。以损互震为龙蛇,互坤为水。又师之复:渊泉堤防,水道利通。亦以复坤为泉为水。此外九家说蛊之利涉大川云:此卦乾天有河,坤地有水,二爻升降,出入乾坤,利涉大川也。亦以坤为大川。利涉谓五,言五居坤中,孚于上下而利也。故彖传以位乎天位,往有功释之。而虞翻谓往指二,二失位变阴涉坎,故利涉。夫以坎为大川,涉之而利,则不必需矣,是背卦义也。彼夫蹇无坤也,而曰利西南,以蹇五居坤中也。需五亦居坤中,坤为大川,当位而尊,上下皆孚,故曰往有功。五居外,故曰往。非必内卦往外卦,方谓往也。此卦只五爻能利涉,他爻无利者。自坤水象失传,不知五所涉者为坤水,为大川,必以坎为大川,于是易之利涉大川,无一得解者。

彖曰:需,须也,险在前也。刚健而不陷,其义不困穷矣。需有孚,光亨贞吉,位乎天位,以正中也。利涉大川,往有功也。

须,待也。待则不陷于险中,故不困穷,释需之故也。位乎天位,往有功,皆谓九五。谓九五居坤水之中,上下皆孚。有功,即利涉。虞翻以二当之,失象传旨矣。

象曰:云上于天,需;君子以饮食宴乐。

坎为云,故曰云上于天。二四兑,兑口,故曰饮食。兑悦,故曰宴乐。乾为君子。言君子饮食宴乐,从容以俟也。

初九,需于郊,利用恒,无咎。

乾为郊。初临重阳,阳遇阳得敌,不能行,故利用恒。恒,久也,常也。言潜龙勿用,守常不变也。守常不动,故无咎。阳遇阳行难,需而不进,故象曰不犯难行。大畜初九曰:有厉利已。厉与难皆指二三。此与鼎九二慎所之,大有初九曰无交,大壮初九曰征凶,夬初九曰往不胜,姤九三曰其行次且,皆因阳遇阳。乃二千年说者,皆以需坎为难,谓初不取四,为不犯难。岂知难为二三。二三皆阳,阳遇阳行难,故不取四而用恒,非以坎为难而不取也。故夫同性相敌、异性相感之理不明,则易本立失。此不犯难及有厉利已等辞,所以永不得解也。

象曰:需于郊,不犯难行也。利用恒无咎,未失常也。

　　阳遇阳得敌。需而不进,故曰不犯难行。难指二三。

九二,需于沙。小有言,终吉。

　　沙近水,二较初略进,故曰需于沙。二至四伏艮,艮为沙。有言者,争讼也。乾为言,见左传。兑口亦为言,见易林。乃兑言向外,与乾言相背,故争讼。夬四之闻言不信,即如此取象也。兑为小,故小有言。有言不吉,然而吉者,象曰衍在中,以居沙衍之中也。穆天子传:天子遂东征,南绝沙衍。盖水中有沙曰衍,故曰衍在中,以象中位也。象曰虽小有言,以吉终者,明有言本不吉,然而吉者,以得中位也。虞翻用半象,谓三四震象半见,为小有言。穿凿之说也。凡易云有言,及闻言不信,有言不信者,皆争讼也,非言之有无也。左传昭五年以谦为谗,首发其义;焦氏易林,畅述其旨。于是二千年有言误解,尽行暴露,与利涉大川同。说详焦氏易诂中。

象曰:需于沙,衍在中也。虽小有言,以吉终也。

　　解见前。

九三,需于泥,致寇至。

　　震九四云:震坠泥。以坎为泥也。九三去险益近,故曰需于泥。坎为寇,三近坎,故曰致寇至。

象曰:需于泥,灾在外也。自我致寇,敬慎不败也。

坎为灾。灾在外,明尚未罹灾。致寇至,明寇尚未至也。致之故在我,我能敬慎则不至矣,不至则不败。乾为惕,故曰敬慎。

六四,需于血,出自穴。

血,洫之省字。古文如此者,不可胜数。且沟洫亦坎象也。诸家以坎有血象,便作需于血,不辞甚矣。兑为穴。易林乾之咸云:反得丹穴。豫之兑云:秋蛇向穴。皆以兑为穴。言四之所处,前临沟洫,故曰需于洫。而居兑穴之上,故曰出自穴。毛奇龄、惠栋、焦循等,皆以坎为穴,用象既误,故于出义不合也。(只姚配中诂出字得解)。

象曰:需于血,顺以听也。

四阴宜顺五阳。坎为耳,故曰听。听,从也。

九五,需于酒食,贞吉。

坎为酒。食,实也。颐自求口实,郑作食,是食实可通用。坎中实,故坎为食。易林履之蹇云:天下饶食。谦之坎:食非其任。皆以坎为食。酒食在上,兑口承之,故曰需于酒食。贞吉者,卜问吉也。

象曰:需于酒食,以中正也。

五位中正,释贞吉之故也。

上六,入于穴。有不速之客,三人来,敬之,终吉。

互兑为穴。上来应三,则入于兑穴矣。而阳必上升,故曰不速之客。马云:速,召也。乾为人,上应在三,故曰三人来。坎为畏惧,故曰敬。言阴宜顺阳也。上居卦终,故曰终吉。

象曰:不速之客来,敬之终吉。虽不当位,未大失也。

象明曰不速之客来,来而不当位,言三升上不当位也,非谓上六本不当位。王弼不明升降之理,便谓初上无位,真妄说也。荀爽云:上退居三,虽不当位,承阳有实,故未大失。固的解也。

讼卦第六

䷅

讼,有孚,窒惕,中吉。终凶,利见大人,不利涉大川。

乾阳上升,坎水下降。乃乾即在上,坎即在下,违行,气不交,故曰讼。二阳居阴中,故有孚。坎中实,故窒。坎忧,故惕。二虽不当位,居中故吉。二无应遇敌,故终凶。九五中正,故利见大人。坤为大川,二入之不当位,无应与,不能出(若解则能出),沉沦于坤水之中,故曰不利涉大川。

彖曰:讼,上刚下险,险而健,讼。讼有孚窒惕,中吉,刚来而得中也。终凶,讼不可成也。利见大人,尚中正也。不利涉大川,入于渊也。

刚来得中,谓二也。中正,谓五也。坤为渊。易林震之复云:藏匿渊底。言复阳居坤下,故曰藏匿渊底。是以坤为渊也。今二入居坤中,故曰入于渊。而上无应不能出,沉溺渊中,故曰不利。

象曰:天与水违行,讼;君子以作事谋始。

需水上乾下,故气交。反之则背道而驰,愈去愈远,故曰违行。行,道也。违行言异道而行也。坎为谋,坤为事,二居坤中,故曰作事。二无应,故入不能出,若慎始则免矣。卦气以下为始。王弼云:凡讼之起,契之不明。孔疏:由于初时契要之过。慎始制契,则讼端绝。按乾坎皆为信,契要者信也。王注优于各家。

初六,不永所事,小有言,终吉。

事,讼事也。讼始于初,然初有应,初四相上下成中孚,各当位,则讼事息矣,故曰不永所事。坎上下兑口相背,故有言,有言即讼也。不永,故曰小有言。有应,故终吉。

象曰:不永所事,讼不可长也。虽小有言,其辩明也。

兑口多,故曰辩明。

九二,不克讼,归而逋。其邑人三百户,无眚。

坎为隐伏,故曰逋。上无应,故不克讼。不克讼,故逋。逋,逃也。逃归何处乎?二居坤中,坤为邑,为百,为户。茹敦和曰:坎数三,故曰其邑人三百户。言二逃于坤邑之中也。坎为眚。二逋坤中,孚于上下,故无眚。眚,释文:马云灾也。

象曰:不克讼,归逋窜也。自下讼上,患至掇也。

上谓五,五刚,二与为敌,故曰自下讼上。吴先生曰:掇,借为辍,止也。愚按,集韵:掇音辍,读若朵。逸周书曰:绵绵不绝,蔓蔓若何;毫末不掇,将成斧柯。不掇,即不辍。言毫末虽微,长而不止,即成斧柯。然则掇、辍古通用。又河北方言谓人避事曰掇避,正与此同。掇或作躲。玉篇:身也。无避匿之义,非也。归而逋,即辍讼矣。辍之故,因不克讼而有患也。

释文:郑作惄,忧也。近师俞樾又作缀,言祸患之来,联缀不已也。但小象原以释经文,作惄、作缀于逋义皆无涉。若作辍,则正释逋义也。逋而辍讼,讼止故无眚。

六三,食旧德,贞厉。终吉,或从王事,无成。

乾为旧为德,坎为食。三承重阳,故曰食旧德。失位,故贞厉。承阳有应,故终吉。三承乾,乾为王,故曰从王事。坤柔,故无成。义详坤六三前释。

象曰:食旧德,从上吉也。

从上即承乾。

九四,不克讼,复即命,渝安贞,吉。

阳遇阳则窒,故不克讼。巽为命。即,就也,安也。初有应,言复初而安命也。渝,变也。讼则争,争则不安,不讼则变而为安贞矣,故吉也。

象曰:复即命,渝安贞吉,不失也。

失与轶通。荀子哀公篇:其马将失。即其马将轶也。轶,突也,过也。左传隐九年:惧其侵轶我也。说文:车相出也。即从后出前也。不轶即不前出也,释安贞之义也。与随初、比二、小畜初同。

九五,讼元吉。

五位极尊,故曰元。五中正,故讼吉。

象曰:讼元吉,以中正也。

有中而不正者,有正而不中者。中且正,无不吉。

上九,或锡之鞶带,终朝三褫之。

说文:鞶,大带也。锡,命也。上应三。三巽为带,乾大,故曰鞶带。乃巽为陨落,故终朝三褫之。褫,夺也。坤为夜,乾为朝,上居乾终,故曰终朝。与乾三终日同义。上应三,三体离,离卦数三(此数失传,只易林、洞林、邵子用之),故曰三褫。先儒不知巽为陨落(象本左氏,后只易林用之),褫之故,全在巽,故无得解者。岂知中孚初九云:有它不燕。以应四巽也。姤九四包无鱼,鼎九四鼎折足,大过九四有它吝,皆以应初巽也,例甚明也。释文:褫,郑本作拕。惠氏栋据淮南人间训,盗拕其衣被,高诱注云:拕,夺也。是仍与褫同。乃宋项安世周易玩辞引郑注曰:三拕,三加之也。后杨慎、臧琳、朱芹等,颇祖述其说,谓三拕其绅,以为夸耀,故象曰不足敬。但论语之拖绅,因孔子病卧,君来视,故加绅于朝服,以为敬。今非病卧,曰束绅、垂绅皆可,曰拖绅似不合也。

象曰:以讼受服,亦不足敬也。

乾为敬。旋得旋失,故不足敬。

卷　三

师卦第七

䷆

师,贞,大人吉,无咎。

师,众也。坤舍于坎,俱居子方,坤坎皆为众,故曰师。犹乾舍于离,俱居午,为同人也。贞,卜问也。大人,正义作丈人。子夏传作大人,崔憬、李鼎祚从之,是也。此与困贞大人吉同,皆谓二。乾九二云:利见大人。利见故吉。陆绩、郑、王等皆读为丈,谓震为长子,丈者长也,故曰丈人。岂知二得中,临御万民,大人之事。以二为大人,于象方合。丈人则于卦名不类矣。陆谓丈人为圣人,王谓丈人为庄严之称,皆曲说也。且子夏传为韩婴所作(臧庸据七略,谓婴字子夏。今按艺文志有韩氏二篇,注曰名婴,其篇数与隋、唐志子夏传卷数同,疑即子夏传),与田何同时,皆秦遗老,其所据当无误也。

象曰:师,众也;贞,正也。能以众正,可以王矣。刚中而应,行险而顺,以此毒天下而民从之,吉又何咎矣!

震为帝为王,故曰可以王。二应五,坎险坤顺,震为行,故曰行险而顺。易林以坤为害,坎为毒,震为从。干宝云:毒,荼苦也。按列子:宋阳里华子病忘,阖室毒之。注:毒,苦也。师旅之兴,不无所苦,然非师旅不能安天下,故民从之而吉也。吴语云:吾先君阖庐,以与楚昭王毒逐于中原柏举。义与此同也。马融训毒为治,与行险而顺,义不相应。行险即毒,顺即民从也。他若王弼之训毒为役,崔憬训为亭毒,俞樾训为督,皆不协。是皆因坎毒之象,人不尽知,故众说纷纭也。岂知噬嗑六三云:遇毒。以坎为毒,象甚明也。

象曰:地中有水,师;君子以容民畜众。

地中所容畜,莫多于水,故君子法之。

初六,师出以律,否臧凶。

坎为律。律,法也。臧,善也。否臧,即失律也。失律故凶。

象曰:师出以律,失律凶也。

坎为失,故曰失律。

九二,在师中吉,无咎,王三锡命。

居下卦之中,故曰在师中吉。失位宜有咎,在师中,故无咎。震为王、为言,故曰命。震数三。锡,予也。王三锡命者,言王以官爵或车服器物,锡予有功,而告命之也。曲礼:一命受爵,二命受服,三命受车马。言二为卦主,抚驭万邦,而日有所锡予也。旧解谓六五为君,锡命于二,于卦义全背。只荀爽谓王指二为得解。

象曰:在师中吉,承天宠也。王三锡命,怀万邦也。

五天位,言二必升五,为群阴所承也,故曰承天宠。坤为万邦。言二临万邦,而有所锡予者,正所以怀念万邦。坎为怀也。故夫旧解谓六五锡二者,不惟于经背,于象传亦背矣。

六三,师或舆尸,凶。

坎为尸,震为舆。管辂以坎为棺椁,故曰舆尸。夫陈师而出,舆尸以还,其无功甚矣,故曰凶。盖坤为死,三失位无应,以阴遇阴得敌,故凶如是。

象曰:师或舆尸,大无功也。

大无功,即太无功。

六四,师左次,无咎。

次,舍也。震为左,故曰左次。古人尚右,左次则退也。四前临重阴,阴遇阴得敌,其行难矣。知难而退,故无咎也。

象曰:左次无咎,未失常也。

未失常者,言四当位,量力自处,故不改其常。

六五,田有禽,利执言,无咎。长子帅师,弟子舆尸,贞凶。

田,猎。禽,获也。释文云:徐本作擒。王陶庐云:说文无擒字,其见于经传者,皆作禽。展获字禽,不从手,是其证。下应二阳,故有禽获。二震为言。利执言者,言师出有名。如汤武历数桀纣之罪,汉高讨杀怀王者是也,故无咎。五应二,二震主爻,震长子,居师中为主,故曰长子帅师。二亦坎主爻,坎为震弟、为尸,故曰弟子舆尸。舆尸,故贞凶。贞,卜问也。言五宜与震,不宜与坎,与坎则使不当矣。

象曰:长子帅师,以中行也。弟子舆尸,使不当也。

　　二居中为震主,故为群阴之帅。二坎陷于阴中,不可使,使则有舆尸之祸也。宋衷、虞翻谓弟子指六三,非。是皆因三爻有舆尸字而误。

上六,大君有命,开国承家,小人勿用。

　　大君指二震。震为君、为言,故曰大君有命。坤为国,二升五居坤中,故曰开国。坎为室、为家,二升五仍坎体,群阴承之,故曰承家。小人指上六。二升五虽开国承家,上六独居五后,乘阳势逆,不顺承五,比之后夫凶即此爻也,故戒曰勿用。宋衷、虞翻解开国承家是矣。然二升五,于上六何涉?即以勿用为戒,必有故也。不申其故,只以坤为小人,笼统说之,胡可乎?惠栋知其不安,仍不能得其故,竟谓小人指初、三,益淆乱矣。

象曰:大君有命,以正功也。小人勿用,必乱邦也。

　　二升五位正,故曰正功。坤为邦、为乱,上六反君道,故曰必乱邦。

比卦第八

比,吉,原筮,元永贞,无咎。不宁方来,后夫凶。

　　比,亲也,辅也。坎坤同舍于子,故曰比。唐以前,先天象失传,故卦名不得解。清毛大可、黄宗羲等知之而不认,后学不察,相率以言先天为戒,而自命为汉易,岂知康成注月令,于季夏云：未属巽辰，又在巽位。巽若不在西南，未能在巽位乎？
是先天方位，郑且明言之。九家注同人云：乾舍于离，与日同
居。荀爽注同人云：乾舍于离，相与同居。注阴阳之义配日月
云：乾舍于离，配日而居；坤舍于坎，配月而居。已一再言之
乎！比之义，即以坎坤同居也。原者，田也。左传僖二十八
年：原田每每。注：高平曰原。周礼太卜原兆注：原，原田也。
按古皆井田，每每者，井与井相间之形。坤为拆，象原田，故曰
原筮。坎为筮，坤为原，原筮，犹言野筮也。曲礼云：外事以刚
日。郑注：外事，郊外之事。仪礼士丧礼：筮于兆域。兆域在
郊外，即原筮也。而干宝因周礼三卜，一曰原兆，即训原为卜，
可谓大谬。按，周礼：太卜掌三兆之法，一曰玉兆，二曰瓦兆，
三曰原兆。注：言龟兆似玉瓦原之璺罅。然则原者原田，田必
有璺罅，象龟兆之形，故曰原兆。岂以原为卜乎！故原指坤。
干训卜固非，孔颖达谓原为原究，朱子谓原为再，王夫之谓原
为本，俞樾谓原为始为本，益浮泛不切。故夫说易而不求象，
未有能当者也。元谓九五，永贞者永定也。坤为乱，故曰不
宁。方，诗小雅：方舟为梁。汉书韩信传云：今井陉之道，车不
得方轨。注皆训方为并。方来，谓下四阴并来归五也。旧解
不求卦象，训方为将，为四方，皆失之。艮为夫，上六独居艮
后，故曰后夫。下四阴皆承阳，独上六乘阳不顺，故凶。此卦
因原象、筮象、夫象失传，故自汉迄今，无得解者。

彖曰：比，吉也。比，辅也，下顺从也。原筮元永贞无咎，
以刚中也。不宁方来，上下应也。后夫凶，其道穷也。

　　上谓五，下谓四阴。上六居卦之极，故曰道穷。

象曰:地上有水,比;先王以建万国,亲诸侯。

　　先王谓五,坤为万国。国必建侯,坤多故曰诸侯。五南面称尊,抚临天下,故王者取以为法。亲,即比也。

初六,有孚比之,无咎。有孚盈缶,终来有它,吉。

　　坎为孚,五为卦主,故亦孚于初而比之。初失位,本有咎,比五故无咎。坤为缶,初居缶之最下,去五虽远,然坎雨下注始于四,以次及初,至初而缶盈矣,故曰有孚盈缶。阳性上升,五升上剥,剥穷上反下,则初阳复矣,故曰来。以其有待,故曰终来。有它,谓有应于他方也。大过九四曰有它吝,谓应初也。中孚初九曰有它不燕,谓应四也。此两卦皆有应,而皆不吉者,以得敌为害也,故不安,故吝。此曰有它吉者,以阳来反初,当位有应,故吉。荀爽以非应释有它,清易家多从之。岂知大过、中孚皆有应,而亦曰有它,则夫有它之不指非应甚明。虞翻谓初动成屯,得正故吉。岂知此谓之变,不谓之来,更不得谓之终来。曰终来,固确有所指。且果如虞说,初动之正,乃初爻自变,益不得谓之有它,理甚明矣。虞亦知其说之有镤,复申曰在内称来。夫爻在外曰往,在内曰来,如需、讼之往来得中,否、泰之大小往来皆是。兹曰终来,若仅在内称来,复何有始终之可言乎!失经旨矣。它,古蛇字。易林以坤为它。损之比云:大它当路,使季畏惧。以比下坤为它。不读为谁他之他。系辞云:龙它之蛰,以存身也。龙谓乾,它谓坤,言蛰于戌亥也。林所本也。而巽亦为蛇,故大过九四、中孚初九亦曰有它。后儒颇有用焦说者,又一义也。

象曰:比之初六,有它吉也。

六二,比之自内,贞吉。

二应五,故曰自内。言自内比五也。二当位中正,故曰贞吉。

象曰:比之自内,不自失也。

言自内比五,不敢安逸也。失通佚。诸家作得失诂,非。

六三,比之匪人。

虞氏逸象乾为人。六三不当位无应,承乘皆阴,行失类,故曰比之匪人。言不得阳也。

象曰:比之匪人,不亦伤乎!

三独失实,故可伤。

六四,外比之,贞吉。

四承五,外比即从上。贞吉者,卜问则吉也。

象曰:外比于贤,以从上也。

阳为贤,指五。

九五,显比。王用三驱,失前禽,邑人不诫,吉。

九五伏离,当阳得位,向明而治,故曰显比。王谓五。三驱,猎礼也。汉书五行志:田狩有三驱之制。注:三驱之礼,一为干豆,二为宾客,三为君庖。又晋书五行志:登车有三驱之制。又刘聪传:校猎上林,将军负戟前导,行三驱之礼。艮数三,故曰三驱。前禽,谓下四阴。上为后,故知前为下。失、逸古通。逸前禽者,喻人皆来比,无所诛杀,任其逸也。坤为邑。不诫,谓王师宽大,所至之邑,百姓仍安居乐业,人人亲附,不惊诫也。说文:诫,敕也。广韵:言警也。左传桓十一年:郧人军其郊,必不诫。言无备虞也。

象曰:显比之吉,位正中也。舍逆取顺,失前禽也。邑人不诫,上使中也。

九五中正,故显。逆,迎也。下四阴皆逆我者也。逆而来归,理应舍之,故曰逸前禽。如纣师之倒戈归周是也。王注:禽顺行背我而走者,则射而取之。按顺行与我同向,同向即背我,上六是也,故取之。此四字只王注得解。虞翻谓舍逆指上六,前禽指初。岂知后夫如得舍,尚何云凶? 初有孚盈缶,即孚于五,又安得独不及初? 而后儒皆从之,异已! 上使中者,言五所遗师徒,合乎中道,故无过举,得不诫也。唐郭京举正,称得辅嗣真本,以舍逆取顺,在失前禽下。朱芹引李清植曰:考象传,屡以禽与东部字韵,屯三爻禽与穷韵,恒四爻禽与容韵,此又与中韵,郭京所改,显失易韵。今按诗小雅:呦呦鹿鸣,食野之苓。韵与此同。焦氏易林用韵如此者尤多。而履之夬以禽与功韵,与象传尤符。盖古音原如此。今晋人读禽为轻,正与古音合。郭京所称辅嗣本,无论真伪,不可从也。

上六,比之无首,凶。

坎为首。首谓五也,而五为坎主。上六乘阳,首为所蔽,故曰无首。大过上六曰灭顶凶,既济上六曰濡其首,与此义同也。而复于此爻,更曰反君道,无首即反君道,反君故凶。荀、虞皆不知首指五,故说皆不切。清惠士奇更实指曰首指上,谓木一在下为本,一在上为末,末即首,意谓上六为末爻,故为首也。说尤穿凿。

象曰:比之无首,无所终也。

道穷,故无所终。

小畜卦第九

☰

小畜,亨。密云不雨,自我西郊。

卦上下皆阳,一阴止于内,故曰小畜。畜,止也。太玄拟之曰敛,云阳气大满于外,微阴小敛于内,是其义也。旁通豫,坤为云,上下皆坤爻,故曰密云。兑为雨,乃兑雨前遇巽风,为风吹散,云过日出,故不雨也。兑为西,伏坤为我,乾为郊,故曰自我西郊。言密云起自西郊,过而不留也。旧解多从虞翻,以半坎为云。既曰半坎,于密义似不合也。人知坎为云,不知坤亦为云。易林困之泰云:阴云四方,日在中央。以泰上坤为云也。人知坎为雨,不知兑亦为雨。上系云:润之以风雨。风谓巽,雨谓兑也。睽上九往遇雨,亦以兑为雨。

象曰:小畜,柔得位,而上下应之,曰小畜。健而巽,刚中而志行,乃亨。密云不雨,尚往也。自我西郊,施未行也。

云下降方为雨,尚往者,言云气为风所吹,散而往上,故不能雨。又离火上炎,将密云冲散,不能下落为雨,故膏泽未施也。上往纯对下施言。

象曰:风行天上,小畜;君子以懿文德。

懿,美也。乾为德,离明,故曰文德。离明照天下,巽风散布四方,故曰懿文德。

初九,复自道,何其咎? 吉。

　　复,来也。初为阳本位,阳来初,故曰复。来初当位,故曰复自道。乾为道也。初前临重阳,行难,宜有咎。然当位有应,遯世无闷,故无咎也。

象曰:复自道,其义吉也。

　　义者,宜也。言行谊如此,宜其吉也。

九二,牵复,吉。

　　复,来也。伏艮手,故曰牵复。玉篇云:牵,速也。礼学记:君子之教喻也,道而不牵。姤九三象云:其行次且,行未牵也。皆训牵为速。牵复者,速来也。言来居二得中也。若作阳复解,则九二失位,何复之有? 又按九二失位无应,承乘皆阳,本不吉,兹曰吉者,徒以得中也。

象曰:牵复在中,亦不自失也。

　　二虽不当位而在中,故吉。清儒多从虞翻,以五牵二,令二变阴应五为说。若然,则各卦非先变既济,不能说也。惑乱后学,莫此为甚。失、佚古通。速复,故曰不自佚,言不自安逸也。

九三,舆说輹,夫妻反目。

　　輹,正义作辐。而马融以为车下缚,郑玄训为伏兔,则皆作輹。兹从马、郑。伏坤为舆,伏震为輹。輹者舆所恃以行,乃舆在内而輹在外,则舆脱輹矣。乾为夫,坤为妻。巽得坤之初爻,故亦为妻。巽为白眼,卦二至上正反巽,白眼与白眼相反,是反目也。三上无应,下乘重阳,故有是象。震輹象失传。左传僖十五年,筮遇归妹之睽,曰车脱其輹。夫归妹之睽,即震变离,震变离则震象毁,故曰车脱其輹。輹,伏兔。上承车箱,下轭车轴。子夏传、释名,皆以輹为车屐,因在箱下,有若履然。故左传以震为輹。屐,震象也。虞氏改作腹,非也。

象曰:夫妻反目,不能正室也。

坎为室,坎伏不见,故曰不能正室。言夫无如妻何也。

六四,有孚,血去惕出,无咎。

四卦主,五阳孚之,故曰有孚。释文:血,马云当作恤,忧也。是马以血为恤之省文。而荀爽、王弼等,直读为血,非也。坎为恤、为惕,乃坎伏不见,故曰恤去惕出,言不忧惧也。四当位有应,上承重阳,故无咎。

象曰:有孚惕出,上合志也。

上,谓五上。五上皆阳,四承之,阴遇阳得类,故曰合志。此与升初六之上合志义同也。巽为志。易林姤之小过:心志不亲。小过中爻正反巽,故心志不亲。又蒙之升:成子得志。亦以升下巽为志。盖心志在内,而巽为伏,故巽为志。

九五,有孚挛如,富以其邻。

孚,谓孚于四。四卦主,阳喜阴,故下三阳亦孚于四。挛,引也,牵也。言阳皆孚四,有若牵引连接也。九家谓五孚下三爻,虞翻强命二变谓五孚二,并非。阳于阳不孚也。五天子位,巽为利,五乘之,故富。伏震为邻。富以其邻,言五之所以富,以邻于四也。九家谓五以四阴作财,与下三阳共之,故曰不独富。深得经旨。

象曰:有孚挛如,不独富也。

不独,义见前。

上九,既雨既处,尚德载。妇贞厉,月几望。君子征凶。

云上往,至上九而极。兑为雨,兑覆向下,是雨已下施也,故曰既雨。既,已也。诗召南江有汜:其后也处。毛传:处,止也。既处者,言雨已止也。德者,雨泽也。尚德载,言雨泽下降,乾施坤受,地得载其德泽也。巽为妇。柔之为道不利远,高处在上,非妇德所宜,故妇贞得此爻者,厉也。兑为月,互离为日,月西日东,相望。几,孟、荀作既。孟云:既望,十六日也。纳甲法,十五日夜乾象,月盈甲;十六日平明巽象,月退辛。上九处巽之终,正既望也。既望则阳将消,又三无应,故征凶。自兑月象失传,小畜、归妹、中孚之月几望,旧解皆以坎为月。岂知易之言月,十九皆谓兑。说卦象,与经所用象不尽同也。易林复之临云:月出平地。以临上坤为地,下兑为月也。又家人之小畜云:呆呆白日,为月所食。以小畜互离为日,兑为月。兑月侵入离体之半,故曰为月所食。兑月象,后惟邵子知之,而清易家皆不信。岂知邵子所用,与易林合,与易合哉!

象曰:既雨既处,德积载也。君子征凶,有所疑也。

吴先生曰:古得、德同字。德积载,即雨泽得为大地所载也。巽为疑。下无应,阳遇阳,故疑。

履卦第十

䷉

履虎尾,不咥人,亨。

尔雅释言:履者,礼也。故太玄即拟为礼。礼莫大于辩上下,定尊卑。卦上天下泽,尊卑判然。人之行履,莫大于是,故曰履。乾为虎,四虎尾,兑在乾后,故曰履虎尾。履,蹑也。言三蹑乾后也。乾为人,兑口为咥。人在外,故不受咥。象传曰:柔履刚。言三步乾刚之后也。荀爽谓三履二,只以下卦为说。岂知卦名皆合上下卦取义,无取一卦者。且三履二,是柔乘刚,与卦义正相背,非也。

彖曰:履,柔履刚也。说而应乎乾,是以履虎尾,不咥人亨。刚中正,履帝位而不疚,光明也。

说而应乎乾,谓三应上也。五下履巽,巽为病,宜有疚。疚即病也。然而不疚者,以五履帝位而中正也。互离为日,故光明。人知坎为病,不知巽亦为病,故说疚象无有合者。岂知巽为陨落,当然亦为病。易林巽之鼎云:病伤不治。以鼎下巽为病。兑之蛊云:疮痍多病。以蛊上艮为疮痍,下巽为病也。由易林推之易,遯九三云有疾厉,丰六二云往得疑疾,易原以巽为疾病。故易林本之也。(集解荀注,多利贞二字,兑秋乾冬正合。然他本皆无。)

象曰:上天下泽,履;君子以辨上下,定民志。

谦坤为民为志,艮止为定。民志之所以不定者,以不知上下也。上天下泽,尊卑显然,故君子法之,以定民志。<u>周公</u>制礼,是其事也。

初九,素履,往无咎。

四无应,二阳,阳遇阳得敌,宜有咎。然而无咎者,以能素位而行也,故曰素履。言屏去浮华,安常蹈素,循分自守也。能如此,故往无咎。

象曰:素履之往,独行愿也。

得敌无应,故曰独行。甘于独行,故无咎也。先儒于同性相违之义知者鲜,故独行之故,无有详者。

九二,履道坦坦,幽人贞吉。

伏艮为道路。比阴得中,故坦坦。坦坦者,宽平也。兑为昧,无应,故曰幽人。居中故贞吉。

象曰:幽人贞吉,中不自乱也。

象多释贞为正。此以不乱释贞,明贞有正、定二义也。

六三,眇能视,跛能履。履虎尾,咥人凶。武人为于大君。

说文:眇,一目小也。兑为小,离目,故曰眇能视。震为履,二三半震,故曰跛能履。眇而视,跛而履,皆力不足而不止之象,故象曰不足以有明,不足以与行也。三正在乾虎后,故曰履虎尾。彖言不咥,此言咥者,盖以上下卦言,乾虎在外,兑在后,故不咥;而以爻言,四虎尾,上虎首,三应在上,上必来三,虎首回噬,故三独受咥而凶也。伏震为武人,乾为大君,三承乾,故曰武人为于大君。言武人忠于大君。阴顺阳,代终事,与讼三之从王事同。**象**释曰志刚,刚即谓大君,志刚即释为义也。<u>虞翻</u>谓三失位,变得正成乾,直以武人变为大君,失之。近师<u>俞荫甫</u>谓此与坤、讼六三之或从王事同义,略露曙光。特又以三升乾上释为字,仍误也。震武之象,<u>国语</u><u>重耳</u>筮遇贞<u>屯</u>悔<u>豫</u>,皆有震,曰车有震武。武,足迹也。震健,故震为武。<u>易林</u>本之,遇震即言武。于是<u>履</u>及<u>巽</u>之武人,象始大明。

象曰:眇能视,不足以有明也。跛能履,不足以与行也。咥人之凶,位不当也。武人为于大君,志刚也。

三承重阳,故曰志刚。言志在顺阳而行,即坤六三、讼六三之所谓从王事也。巽为志。

九四,履虎尾,愬愬终吉。

<u>子夏传</u>:愬愬,恐惧也。四当乾末,正为虎尾。乾为惕,故为惧。然下孚于三,三阴,阳得阴志行,故终吉。<u>小畜</u>九五云有孚,谓孚于四阴,此与同义。又<u>大有</u>上九吉,<u>随</u>九四有孚,皆以下乘阴而吉。昔贤不究阴阳相孚之理,但云惧则吉者,非也。

象曰:愬愬终吉,志行也。

阳孚阴故曰志行。巽为志。

九五,夬履,贞厉。

夬,决也,绝也。言五承乘皆阳,上下应予绝也。贞,卜问。厉,危也。五居互巽之上,巽陨落,故危。<u>否</u>九五云其亡其亡,<u>兑</u>九五云孚于剥有厉,亦皆以居巽上,故危也。

象曰:夬履贞厉,位正当也。

五正当巽上,故贞厉。

上九,视履考祥,其旋元吉。

视履谓三。祥,吉凶之朕兆。上处履之终,故可回视已往之行事,而察其善恶之征祥。三上相上下,上来三,则皆当位,故曰其旋元吉。旋,复也,来也。元吉,大吉也。祥,荀作详。祥、详古通。

象曰:元吉在上,大有庆也。

五阳独上有应,故大有庆。

卷 四

泰卦第十一

䷊

泰,小往大来,吉,亨。

阳性上升,阴性下降。乃阴在上,阳在下,故其气相接相交而为泰。泰,通也。阳大阴小,爻在外曰往,在内曰来,故曰小往大来。泰寅月卦,阳长故亨。

彖曰:泰,小往大来吉亨,则是天地交而万物通也,上下交而其志同也。内阳而外阴,内健而外顺,内君子而外小人。君子道长,小人道消也。

阳上升,阴下降,故气交。坤为万物,为心志。交则万物气通,心志和合,故曰同。坤志象失传。易林屯之益云:心劳且忧。益互坤,以坤为心。又需之否云:毛羽憔悴,志如死灰。以否下坤为志为死(详焦氏易诂易象补遗)。内阳外阴,内健外顺,内君子外小人,将老氏宗旨,括尽无余。乾为君子,坤为小人。泰本候卦,阳长故阴消。

按上经始乾坤,终水火,而以否泰为枢纽。明否泰剥复,皆天地自然之法象,循环之原理,君子所宜居而安也,静之象也。下经始咸恒,终既未济,而以损益为枢纽。明吉凶失得,进退变化,全在人为,君子所以自强不息也,动之象也。而否泰损益,皆序于第十卦后者,数至十则盈,盈则变也。

象曰:天地交,泰;后以财成天地之道,辅相天地之宜,以左右民。

财、裁同。释文:荀作裁。释言疏:财、裁音义并同。汉时臣工上疏,裁察每作财察,是其证。财成,即裁成也。互震为左,互兑为右,坤为民。以左右民者,孔疏:左右,助也,以助养其民也。虞翻谓坤富称财,非。

初九,拔茅茹,以其彚,征吉。

初应在四,四坤为茅茹。此象失传。易林剥之坤云:荻芝俱死。以坤为荻芝。又同人之屯云:蓬蒿代柱,大屋颠倒。屯互艮为屋为柱,互坤为蓬蒿。故坤亦为茅茹。茹,菜属也。诗郑风:茹蘆在阪。前汉食货志:菜茹有畦。茅,说文:菅也。茹与茅为二物。以其彚者,言茅与茹同拔,连类以及也。四有应,故征吉。

象曰:拔茅征吉,志在外也。

初应在四,故曰志在外。外坤为心志。

九二,苞荒,用冯河,不遐遗。朋亡,得尚于中行。

释文云:荒本亦作𣲰。说文引同,许云:水广。虞云:大川也。晁氏云:汉易皆作𣲰,象辞𣲰、河是一事。象数无田秽之荒,作荒始于王弼。按,晁说是也。𣲰、河为对文。王弼盖以坤为乱,改作荒。岂知坤为水,㐬与河皆坤象也。苞,今本作包,唐石经增改作苞,释文亦作苞。二应在五,五坤为大川,为河。言二必上升,有苞括大川,冯涉长河之势,断不以其辽远而不及也。阴以阳为朋。亡,往也,去也。朋往者,言二必往五,得尚居中正之位也。旧诂因坤水象及朋义失传,故无有得解者。(礼记少仪:有亡而无疾,晋语:请从此亡,注皆训为去。)

象曰:苞荒得尚于中行,以光大也。

五位尊,故曰光大。

九三,无平不陂,无往不复。艰贞无咎,勿恤其孚,于食有福。

陂,倾也。复,返也。阳息至三,天地分,故曰平。然三居卦终,乾三云:终日乾乾,反复道也。言阳至三而盈,将反初成巽也,故曰无平不陂,无往不复。(巽陨落,故倾。)平陂往复,虽相循环,然三本当位,能艰贞自守,必无咎也。坤为忧恤(临六三云:既忧之无咎。以坤为忧。易林大壮之损云:使母忧叹。以损互坤为忧也。详焦氏易诂),三临之,孚于群阴,故无恤。兑口为食,坤多,故曰于食有福。乾为福也。

象曰:无往不复,天地际也。

广韵:际,边也,畔也。三应在上,三上居天地之极,极则返始,释平必陂、往必复之故也。宋衷曰:三位在乾极,应在坤极。以极诂际字,最为明晰。乃惠栋、李道平等解释宋注,竟从小尔雅,谓际者接也,天地际即天地交接也。岂知乾极坤极,正释际义。际若为交接,与无往不复之义何与哉?失宋义矣。其他更无有能解者。易理之失传,更甚于易象矣。

六四,翩翩,不富,以其邻不戒以孚。

　　震为飞,故曰翩翩。坤虚,故曰不富。以,与也。震为邻。以其邻不戒以孚者,言四及五上,皆有应予,下孚于阳也。阴得阳应必吉,故曰不戒以孚。戒,告诫也。震飞之象,易林屡用之。同人之坎云:出于幽谷,飞上乔木。以坎互震为飞也。证之易,明夷初九云:明夷于飞。易即以震为飞。旧解以离为飞,若泰无离象也。

象曰:翩翩不富,皆失实也。不戒以孚,中心愿也。

　　坤为心志。(按,益九五云:有孚惠心。以互坤为心也。否初象云:志在君也。以坤为志也。易林以坤为心志,证尤多。旧解皆以坎为心志。自得此象,凡易言心志者,始皆得解。)中心愿者,言阴喜应阳也。阳为实,失实言无阳。

六五,帝乙归妹,以祉元吉。

　　震为帝,坤贞乙,故曰帝乙。兑为妹,震为归。妇人谓嫁曰归,归妹谓嫁妹也。正中交震兑象也。祉,福也。以祉元吉者,言二升五,五来二(来二即归),各当其位,永为俪耦,故元吉也。象释曰中以行愿,即谓五愿归居二也。帝乙或谓为成汤,或谓为纣父。

象曰:以祉元吉,中以行愿也。

　　五位尊,故曰元吉。中以行愿,即谓五愿归二也。

上六,城复于隍。勿用师,自邑告命,贞吝。

复、覆通。诗：陶复陶穴。说文引作覆，是其证。艮为城。
兑为隍，城池也。三至上艮覆，正当兑泽，故曰城覆于隍。九
家云：城覆于隍，国政崩也。崩即谓艮覆。京房于复卦朋来无
咎，朋作崩，与此义同也。又易林归妹之泰云：倾夺我城，使家
不宁。城倾，即谓泰三至上艮覆，释此爻也。坤为师。震为
言，为告命。坤阴下降主退，故曰勿用。吴先生曰：邑，挹之省
文。挹，损也。言自挹损其告命，如后世之下诏罪己也。贞
吝，言卜问不吉。泰极将返否故也。

象曰：城复于隍，其命乱也。

坤为乱，其命乱者，言泰极返否，为天地自然之命运，无可
避免。此命字与告命异，诸家混同之，非。

否卦第十二

否之匪人，不利君子贞。大往小来。

阳上升，阴下降。乃阳即在上，阴即在下，愈去愈远，故天
地不交而为否。否，闭也。泰上六象传云：其命乱也，言泰极
反否，乃天地自然之命运，必至之理，非人力所能为。此曰否
之匪人，仍其义也。阳往外而诎，阴来内而信，故不利君子贞。
贞，卜问。其以正为说者，无论若何斡旋，皆不能通。

**象曰：否之匪人，不利君子贞，大往小来，则是天地不交
而万物不通也，上下不交而天下无邦也。内阴而外阳，
内柔而外刚，内小人而外君子。小人道长，君子道消也。**

　　天气本上腾而在外,地气本下降而在内。愈去愈远,故气不交;气不交,故万物不通而死矣。坤为万物,为邦国。乾上坤下,君民不亲,上下闭塞,而邦必乱,故曰无邦。否七月卦,阴长阳消,故曰小人道长,君子道消。

象曰:天地不交,否;君子以俭德辟难,不可荣以禄。

　　乾为德。俭,约也。坤闭,故曰俭德。言敛抑自守也。互巽为伏,故曰辟难。坤为患,为难。言遁世不出,以避世难。乾为禄,艮为荣,巽伏故不可荣以禄位。言当否之时,遁入山林,高隐不出也。

初六,拔茅茹,以其汇。征吉,亨。

　　阴皆有应,故辞与泰同。泰茅茹象,指应爻,此则用本象也。

象曰:拔茅征吉,志在君也。

　　坤为志,乾为君。志在君,言上应四也。

六二,苞承,小人吉,大人否亨。

　　苞,今本作包。依唐石经及释文,下同。包、苞古通用。禹贡:草木渐包。注:包,丛生。释文:字亦作苞。是包、苞古不分。尔雅释言云:苞,稹也。疏:孙炎曰,物丛生曰苞。诗唐风:集于苞栩。亦以苞为丛。是苞有多意,众义。坤为众。苞承者,言下三爻皆承阳有应也。小人谓二。二得中有应,故小人吉。凡阴得阳应必吉,阳得阴应不皆吉。而否卦阳气上腾,不能下降,故大人否亨。大人谓五。否,不。言五虽得二应而不亨也。朱升释承为脀。卦既无此象,荀爽谓二为四所包,朱

震谓二为五所包。夫四五若能下施包二,则大人不否亨矣,
非也。

象曰:大人否亨,不乱群也。

坤众,故曰群。坤为乱。乱,杂也。不乱群,言五不能下
施应二,俾天地相杂也,故否亨。虞翻谓坤三阴,乱弑君,大人
不从,故不乱群。岂知不乱群,即仍天地不交之义,言五不能
交二也。群义即释苞义也。

六三,苞羞。

此苞字与上同义,仍坤众、坤群象也。羞,说文:进献也。
左传隐三年:涧溪沼沚之毛,可荐于鬼神,可羞于王公。杜注:
羞,进也。国语楚语下:于是乎每朝设脯一束,以羞子文。注
亦作进。苞羞者,众进也。否本阴长之卦,故群进而消阳也。

象曰:苞羞,位不当也。

六三不当位,进至于四,或与上相上下,则当位矣。言所
以进者,以不当位也,释苞羞之故也。自荀爽释为羞耻,朱升
释为膳羞,位不当之义,皆莫知所指矣。

九四,有命无咎,畴离祉。

命,说文:使也。广韵:召也。有命,言有所使命也。巽为
命。周语:襄王锡晋文公命。盖四履群阴之上,万民(坤为民)
顺承,故有所锡命。四不当位,宜有咎;得群阴使命,故无咎。
颐上九云:利涉大川。与此义同也。畴、俦同。荀子劝学篇
云:草木畴生。注:畴,同俦。前汉韩信传:其畴十三人。义亦
同俦。俦,众也。下坤为众。离,附著。祉,福。畴离祉者,言

众阴同附阳,得主而受福也。孔疏训畴为匹,匹谓初,言初得
阳应而受福。然象释曰志行,荀爽谓志行于群阴,固统三阴
言,不专指初也。

象曰:有命无咎,志行也。

四履重阴,得行其志,故曰志行。

九五,休否,大人吉。其亡其亡,系于苞桑。

说文:人依木则休。休者,憩息也。休否者,言当否之时,
而休息以俟也。盖初四、三上相上下,则既济成。五当位居
中,宜静俟也。旧解释为休美,与其亡义背,似非也。九五为
大人,故曰大人吉。九五巽体,巽为桑,坤为多,故曰苞桑。陆
绩京氏易传注云:苞桑,则丛桑也。巽为绳,为系,故曰系于苞
桑。乃巽为陨落,五虽居中得正,而风陨在下,故有其亡之惧。
盖系在大木,方能巩固;桑而丛生,其柔可知,系于柔木,其危
可知。其亡其亡,系于苞桑者,言时时虑亡,如系于苞桑之不
足恃也。王陶庐云:唐石经初刻作包,后增改作苞。按禹贡:
草木渐包。传释为丛生,仍与苞同。自风陨象失传,后儒不知
危亡之故在五履巽,于是旧解皆以坚固为说,遂与易象不协矣。

象曰:大人之吉,位正当也。

五位尊而中正,故曰位当。

上九,倾否,先否后喜。

侯果曰:倾,覆也。上应在三,三巽为陨落,故曰倾否。言
倾否而出之尽也。然当未覆之先,则仍否也,故曰先否。上反
下则成震,震为乐为后,故曰后喜。

象曰:否终则倾,何可长也!

否终则倾,言否终则泰复,不能长否。

按否、泰云:大小往来。无平不陂,无往不复;终则曰:城复于隍,其命乱也。否则曰:否之匪人。皆言天地否泰之运,循环往来,自然如此,不假人为,为上经天地水火之枢纽。明天道本如斯,不可易也。至下经第十卦之损、益,则曰:损益盈虚,与时偕行。曰:损刚益柔。曰:损下益上,损上益下。曰:见善则迁,有过则改。所言皆履世之大经,修治之极轨,无丝毫委心任运之意,以为咸、恒、既、未济之枢纽,明人事宜如斯也。尽人事,听天命,斯学易之功也。

卷　五

同人卦第十三

☲

同人于野,亨,利涉大川,利君子贞。

　　荀爽曰:乾舍于离,相与同居。九家曰:乾舍于离,同而为日。天日同明,故曰同人。是乾之居南,汉儒已言之矣。又荀爽注阴阳之义配日月云:乾舍于离,配日而居;坤舍于坎,配月而居。不惟乾南,且言坤北。而惠徵君以为此汉儒言先天之铁证也。而欲灭其迹,曰荀氏用鬼易,以乾归合离,坤归合坎释之。按乾归为大有,坤归为比,而荀氏所言者,则同人、师,乃离归、坎归也。于游归恒例,尚不能知,而欲灭其证,其谁信之?故夫同人卦义,舍九家、荀爽说,无有当者。伏坤为野。正义云:野以喻宽广,言和同于人,宜无远弗届也。易林、九家、荀爽皆以乾为河为海,是乾亦为大川。利涉谓五,中正有应,故传释为乾行。乾为君子,故利君子贞。贞,卜问也。

象曰:同人,柔得位得中而应乎乾,曰同人。同人曰,同人于野亨,利涉大川,乾行也。文明以健,中正而应,君

子正也。唯君子为能通天下之志。

坤为天下,五应二,故能通天下之志。详解在焦氏易诂中。

象曰:天与火,同人;君子以类族辨物。

易以阴阳相遇为类。(王引之繁称博引,释类为比。岂知皆非易之所谓类。)族,正义云:聚也。聚居一处,故曰同人。然所以能聚者,以其类也。设失类而为纯阳或纯阴,则不能聚矣。类族方能合异为同。乾阳物,坤阴物,同一物也,而分阴阳。辨,别也,明也。同人五阳一阴,阴虽少,然五阳之所类也,即五阳之所同也。同则不分。然阴物阳物,判然不同,辨而明之,方知同之中有异。易之道,同性相违,异物相感。自类字失诂,义遂不明。

初九,同人于门,无咎。

初于二阴独近,故曰同人于门。象曰:出门同人。亦谓二近初,初出门即遇也。虞翻以乾为门,命四变阴以应初,若卦为家人者。而惠栋、姚配中皆宗之。朱汉上强命初变,以艮为门,若卦为遁者。而毛奇龄、焦循宗之。是皆曲说害理。二坤爻,坤亦为门户也。

象曰:出门同人,又谁咎也?

谁咎,谓无咎。

六二,同人于宗,吝。

乾为主为宗,二五正应,故同人于宗。但卦五阳皆同于二,今二独亲五,则三四忌之,致吝之道也。下系云:远近相取,而悔吝生。远谓应,近谓比。远取应,则不能近取比。如无妄六二往应五而利,则不系初。近取比,则不能远取应。如中孚六四绝类上则不应初,而马匹亡,是也。是故远近万不能兼取。同人六二远应五,则有近不承阳之嫌,近承阳则失远应,故吝也。彼夫咸六二、遯六二皆有应,象皆与此同。乃咸六二曰居吉,遯六二曰执之,皆戒其动,俾远近皆不取。不取则悔吝免也。旧说皆不知其故在三四,故鲜有得解者。

象曰:同人于宗,吝道也。

许慎五经异义云:易曰同人于宗吝,言同姓相取,吝道也。按,此皆不明易理,不知吝之故何在,而为此穿凿之说。同人二与五,与大有五与二同也。乃大有五应乾,无同姓之嫌,此独曰同姓,尚能通哉?

九三,伏戎于莽,升其高陵,三岁不兴。

巽为伏,为寇盗(象失传,详焦氏易诂),为草莽,故曰伏戎于莽。乾为山,为陵(象失传,详焦氏易诂),巽为高,乾为行,故曰升其高陵。乾为岁,离卦数三,故曰三岁。三阳遇阳,得敌,其行塞,故升高不兴也。

象曰:伏戎于莽,敌刚也。三岁不兴,安行也。

敌刚,即阳遇阳。安行,谓行难。

九四,乘其墉,弗克攻,吉。

巽为墉,四居巽上,故曰乘其墉。乘墉据高,故不能攻之。然此爻不当位,无应予,承乘皆阳,困极矣。爻辞曰吉,则不得其义。象曰困而反则,似亦不得的解,而为此无可奈何之解。独虞翻命四变阴,当位有应,承乘皆阳,人人皆知其吉矣。然四变阴,则巽墉象毁,四居坎上,而谓乘其墉则不合矣。

象曰:乘其墉,义弗克也。其吉,则困而反则也。

则,法也。反则,言循分自守也。

九五,同人,先号咷而后笑,大师克相遇。

此与屯六二义同。屯二欲上应五,而为三四同性之阴所隔,故屯邅不进。然与五为正应,十年乃字,终必合也。同人九五欲应二,而为三四同性之阳所阻,故先号咷。然与二为正应,终必相遇,故后笑。伏震为笑,为后。虞翻以互巽为号咷。卦伏坤,故曰师。相遇,谓遇二也。从前不能相遇者,以三四之伏戎为害也。后克而胜之,故与二相遇。

象曰:同人之先,以中直也。大师相遇,言相克也。

端木国瑚曰:同人先天乾二中直,五无应,故号咷。后天离中虚,五得应,故后笑。以先后天解同人之先后及中直之义,虽未确切,较胜于旧解。

上九,同人于郊,无悔。

居外卦之上,故曰同人于郊。乾为郊。上乘阳无应,远居郊外,旷莫与俦,故曰志未得。伏坤为志。

象曰:同人于郊,志未得也。

大有卦第十四

大有,元亨。

离乾皆居南,故曰大有。与同人义同也。元亨,谓五也。

五得尊位,故曰元。上下应,故曰亨。坤五曰元吉,比五曰元
永贞,损五、益五、鼎五皆曰元吉,是其证。

**彖曰:大有柔得尊位,大中而上下应之,曰大有。其德刚
健而文明,应乎天而时行,是以元亨。**

五天位,二应之,故曰应乎天。离为夏,万物相见,故曰
时行。

象曰:火在天上,大有;君子以遏恶扬善,顺天休命。

离为恶人,乾为善。二五相应予,而皆不当位,九二云:有
攸往。是二必往五也。二往五,是扬善也;二往五则五下居
二,是遏恶也。乾为天为命,阴承乾,故曰顺天休命。休,美也。

初九,无交害,匪咎。艰则无咎。

初无应,阳遇阳失类,故无交。无交故无害。然须艰贞自
守,方无咎也。

象曰:大有初九,无交害也。

九二,大车以载,有攸往,无咎。

伏坤为大车,为载。按考工记车人:大车,牛车也。两辕,
牛在辕内。凡载物皆用大车,与马车迥异。马车皆小车,一
辕,两服在左右,专备人乘。若载物必大车也,故曰大车以载。
上有应,往则得位,故无咎。

象曰:大车以载,积中不败也。

二得中,承乘皆阳,故曰积中。乾为实,故为积也。阳上
升,故曰大车以载。义则本爻,象则用伏。(卢氏以乾为大车,
乾似无此象。)

九三,公用亨于天子,小人弗克。

三为三公,兑为亨。天子谓五,小人谓四。四不中不正,失位无应,故曰小人。三兑体,可受亨于五。然而弗能者,以四亦阳害之也。

象曰:公用亨于天子,小人害也。

九四,匪其彭,无咎。

释文云:彭,子夏传作旁,虞作尪。云作彭、作旁,声字之误。王陶庐云:诸家易俱不作尪,此仲翔故生异说,与先儒为难。按说文云:彭,鼓声也。释名:彭,旁也。然则彭之与旁,音义并同。诗鲁颂:以车彭彭。毛传:有力有容也。齐风:行人彭彭。毛传:多也。集韵云:强盛也。然则彭之义,为声容盛大无疑。兑为刚鲁,故曰彭。离为文,故曰匪。考工记:且其匪色。注:匪,采貌也。少仪:车马之美,匪匪翼翼。注:行而有文也。匪其彭者,言文采之盛大显著也。

象曰:匪其彭无咎,明辨晢也。

明辨晢,即释文盛之义。盖离为嘉会为礼,有礼则有文,上下秩然,明辨以晢,故无咎也。

六五,厥孚交如,威如,吉。

孚,信也。五阳全孚于五,故曰交如。离南面向明而治,故曰威如。

象曰:厥孚交如,信以发志也。威如之吉,易而无备也。

五孚于诸阳,得行其志。孚即信,故曰信以发志。伏坎为信为志也。居尊位,人皆敬之,左右咸宜,故不必有所戒备。

上九,自天祐之,吉无不利。

五天位。祐,助也。王弼云:余爻皆乘刚,上独履柔,故吉利也。

象曰:大有上吉,自天祐也。

谦卦第十五

䷎

谦,亨,君子有终。

山本高而在地下,故曰谦。谦,不自足也。三承乘皆阴,故曰亨。艮为君子,坤为终,故曰君子有终。谦、嗛同。汉书艺文志:易之嗛嗛。尹翁归传:温良嗛退。注皆云同谦。嗛,不足也,少也。故象传以盈为对文。

彖曰:谦亨,天道下济而光明,地道卑而上行。天道亏盈而益谦,地道变盈而流谦,鬼神害盈而福谦,人道恶盈而好谦。谦尊而光,卑而不可逾,君子之终也。

艮为天,为光明。(象本易林。实易以艮为天、为光明之处甚多,详焦氏易诂。荀爽谓阳来成坎,日月之象,故光明,非。)居下卦,故曰下济。济,止也。言一阳止于三而成艮也。艮,止也。坤为卑,居上卦,故曰卑而上行。互震为行也。天道亏盈四句,申有终之原理。变,毁也。坤为亏,为毁,为害,为恶,为鬼。震为神(象失传,详焦氏易诂),为人。艮一阳在上,故尊(艮为官,为君子,人知之,乃为尊又不知,只易林以艮为贵为尊)而光。卑谓居下卦。虞翻谓三位贱,故卑。非也。

卑不可逾者,艮为山,艮止坎险,故虽卑退而不能逾越,终获福也。

象曰:地中有山,谦;君子以捊多益寡,称物平施。

捊,王弼本作裒。释文云:郑、荀、董、蜀才皆作捊,取也。捊、裒音同通用。阳来内故曰益,艮手故曰取。说卦坤为众,故为多。剥下五阴,互三坤,多极矣;今上来益三,居中以界上下。坤为物。下物虽寡,阳来益之,上下物等,故曰称物。坎为平,物称故施平。(虞因艮多节,谓艮为多。非。多白眼、多心、多眚,多字若可取象,则巽、坎皆可为多,不只艮也。)

初六,谦谦君子,用涉大川,吉。

初临坎水,坎险坎陷,本不易涉。然初居下卦之下,谦而又谦,卑以自牧,故可用以涉此大川,而无不吉也。

象曰:谦谦君子,卑以自牧也。

扬子方言:牧,司也,治也。

六二,鸣谦,贞吉。

玉篇:鸣,声相命也。震为鸣,二承之,三阳为二友。损一人行则得其友,是也。诗小雅:嘤其鸣矣,求其友声。言二得承三,遂其所愿,故得意而鸣也。二当位,故贞吉。

象曰:鸣谦贞吉,中心得也。

中心得,申鸣谦之故也。卦体坎,坎为中、为心。

九三,劳谦,君子有终,吉。

坎为劳卦,故曰劳谦。艮为君子,艮成终,故曰君子有终。

象曰:劳谦君子,万民服也。

三临群阴,坤众,故曰万民服。

六四,无不利,捹谦。

释文:捹、麾同,指捹也。

象曰:无不利捹谦,不违则也。

则谓三。言四顺三,而发捹其谦德也。阴顺阳,故无不利。子夏传:捹谦,化谦也。盖化于三而不违之也,则纯指三言。各家泛论之,非也。

六五,不富(句),以其邻,利用侵伐,无不利。

坤虚,故不富。震为邻,为侵伐。以,与也。言五与四顺三以征不服,无不利也。震为威武,故为侵伐,为征。李鼎祚谓六五离爻,离为戈兵,故为侵伐。毛奇龄、惠栋用之,非也。

象曰:利用侵伐,征不服也。

上六反君道,故曰不服。荀爽谓指五,似非。

上六,鸣谦,利用行师,征邑国。

俞樾云:六二鸣谦,传曰中心得,此曰志未得,何相反若是?疑鸣当作冥,与豫、升上六同例。按俞说是也。豫上六冥豫,释文云:郑读为鸣。鸣、冥古盖同声相假,犹捋之作哀也。坤为师为邑国,震为征为行,人众势强故利。然以冥谦行之,昧于事情,故难得志,宋襄公是也。

象曰:鸣谦,志未得也。可用行师,征邑国也。

上应在三,三坎为志。志未得,言上为四五所阻,应三难也。

豫卦第十六

䷏

豫,利建侯行师。

雷出地上,得众志行,故豫。豫,和乐也。归藏作分。言震雷上出,与地分离也。又一阳界于五阴之间,使上下分别。与周易义异。震为君,故曰建侯,与屯同义。坤为师,顺以动,故利行师。

彖曰:豫,刚应而志行,顺以动豫。豫顺以动,故天地如之,而况建侯行师乎?天地以顺动,故日月不过而四时不忒。圣人以顺动,则刑罚清而民服。豫之时义大矣哉!

艮为天,坤为地,艮为日,坎为月。顺,故不过不忒。坎为刑罚,坤为民。坤顺,故刑罚清而民服。艮为时,震卦数四,故曰四时。坎为圣(虞氏逸象)。李鼎祚以震为圣,非。

象曰:雷出地奋,豫;先王以作乐崇德,殷荐之上帝,以配祖考。

震为乐,为仁德,为帝,为荐。荐,进也。殷,盛也。艮为祖考。(象失传,只易林知之。实小过六二过其祖,即以艮为祖。详焦氏易诂。)古帝王作乐,皆以象其功德,用以郊天,使祖考配享。雷出地奋,声容象之,故先王取以为法。震为王。

初六,鸣豫,凶。

初应四,四震为鸣,故曰鸣豫。爻在此而象在应,如蒙三之金夫、泰二之包荒、凭河，及此，为易之通例。自此例不明，于是明夷初九之飞及翼，皆以离为象矣。初六得敌，不能应四，故凶。

象曰：初六鸣豫，志穷凶也。

穷者，极也。初为二三所隔，应四难，故曰志穷。

六二，介于石，不终日，贞吉。

释文云：介，古文作砎。郑古八反，云磨砎也。马作扴，云触小石声。案说文：扴，刮也。古黠切。广韵：揩扴物也。音戛。揩扴即磨砎，皆触坚不相入之声。又庄子马蹄篇：加之以衡扼，齐之以月题，而马知介倪。陆云：介，徐古八反。亦音戛。介者触，倪睨同。介倪者，即马因感触月题等物之磨砎，因而睥睨也。是庄子亦以介为触。然则砎、扴、介音义并同，盖非触坚，不能有磨戛之声。然则介于石即触于石。艮为石，二前遇之，故触于石。易之道，异性为类，同性相敌，二五无应，承乘皆阴，如触于石之不相入。触石不入，故君子见几而作，不俟终日也。旧解诂砎字是，而义则不详。须知砎于石，乃危辞，以形容二之失类，故系云：介如石焉，宁用终日，断可识矣。艮为终日。易林大过之艮云：终日至暮，不离其乡。以艮为终日，坎为暮也。夫居中位，而又能危惕自警，故贞吉也。宋翔凤以说文无砎字，有扴，便谓砎为讹字。岂知晋孔坦答刘聪求降书曰：何知几之先觉，砎石之易悟。桓温传亦曰：砎如石，所以成务。不止郑作砎也。

象曰：不终日贞吉，以中正也。

二当位，故中正。

六三,盱豫,悔,迟有悔。

说文:盱,张目也。尔雅:盱,忧也。又诗小雅:云何盱矣。郑笺:病也。艮为视(象失传,只易及易林用之,详焦氏易诂),坤为病,故曰盱。诸爻独三得承阳,然失位,故睢盱上视,有忧悔也。艮止故迟。有、又通。迟有悔者,言迟疑不决,又有悔也。盱豫句。悔一字句。

象曰:盱豫有悔,位不当也。

位不当,释盱豫之故。

九四,由豫,大有得,勿疑。朋盍簪。

孟子:由由然与之偕。注:由由,自得之貌。由豫者,从容和乐也。坎为疑,上下四阴附之,阳遇阴则通,故曰大有得,勿疑。阳以阴为朋。盍,合也。簪与笄同,所以括发。朋盍簪,言群阴归四,有若簪之括发也。臧庸云:象盍簪者,取一阳横贯于五阴之中。可谓观象独深。又杜诗:盍簪喧枥马。言群马絷于一杠之上,故以盍簪为喻。此语解易,可谓明白如画矣。艮为簪。易林恒之咸云:簪短带长。以咸艮为簪。复之节语同,亦以节之互艮为簪。凡易林象,无不本于易。子夏传为韩婴作,在汉易为最古,即作簪。故焦氏亦读为簪,与子夏传同。至东汉则多改字,其详皆在焦氏易诂中。(后之人于笄簪括发之形象,茫昧失考,故于易象维妙维肖之朋盍簪三字,皆不知其故。而尤以谓汉以前无簪名者为失考。仪礼:簪衣于裳。韩非子:周主亡玉簪。李斯谏逐客:宛珠之簪。谓汉以前无者非也。)

象曰:由豫大有得,志大行也。

　　志谓坎。上下五阴皆孚于四,故曰志大行。

六五,贞疾,恒不死。

　　坎为疾,震生故曰不死。五以阴柔处尊位,乘刚势逆,故
常疾。然久而不死,以处中位也。如齐田得民,姜亦不遽
亡也。

象曰:六五贞疾,乘刚也。恒不死,中未亡也。

　　中未亡之故,以得中故也。

上六,冥豫,成有渝,无咎。

　　冥昧不事事,功之成者必渐隳矣,故曰成有渝。然当位,
目前虽无大咎,久则祸至,故象曰何可长。

象曰:冥豫在上,何可长也!

　　何可长,言不足恃。

卷　六

随卦第十七

䷐

随,元亨利贞,无咎。

　　归藏曰马徒。马徒,即周礼太仆职所谓前驱。越语:勾践
亲为夫差前马。注:前马,前驱,在马前也。按震为马,互艮为
徒隶。马徒皆随贵人马,前行以辟道;而兑为口,为传呼,于卦
象颇合。兹周易名随,似取随时之义。震春,故曰元亨;兑秋,
故曰利贞。言春而夏可赅,言秋而冬可赅。元亨利贞,即春夏
秋冬,周而复始,循环不穷,故曰随。随时而动,不过不忒,故
无咎。

彖曰:随,刚来而下,柔动而说。随,大亨贞无咎,而天下
随时。随时之义大矣哉!

　　王肃本,随时皆作随之,将卦义全失。朱子从之,过矣。
故夫读易以明理为先也。

象曰:泽中有雷,随;君子以向晦入宴息。

　　艮为君子,艮止故宴息。兑为昧,为晦。震往,往而遇兑,

故曰向晦。巽伏,故君子法此象,以向晦入宴息。

初九,官有渝,贞吉。出门交有功。

官,蜀才作馆,见释文。惠栋云:官,古文馆。以穆天子传,官人陈牲为证。按作馆是也。艮为馆,下卦艮覆,故曰馆有渝。渝,变也。初至四为正覆艮。象覆即于覆取义,易通例也。自覆象失传,渝之故旧解皆不能说其所以然。而用覆之辞,如蒙象,如中孚之二、三爻,诂皆误矣。渝而得位,故贞吉,与下贞凶为对文。艮为门,初临之,而震为出,故曰出门。出门则有交接,阳遇阴则通,故有功。凡阳临重阴者无不吉,此其一也。

象曰:官有渝,从正吉也。出门交有功,不失也。

失与佚通用。佚,逸也。震动故不佚,言不敢安逸也。此与比六二不自失,小畜九二亦不自失,皆读为佚。与吉韵。义详比九五失前禽注。

六二,系小子,失丈夫。

此爻旧解,淆乱至今者,一由卦象失传,二由同性相敌之理不明也。初震为小子,四艮为丈夫。二近初,故系小子。为六三所隔,不能承四,故失丈夫。易林家人之巽云:孩子贪饵。以伏震为孩子也。孩子即小子。是焦氏以震为小子,义即本此也。又复之剥云:夫亡从军。以剥上艮为夫。是艮为丈夫,焦氏仍本之易。盖以二人言,初生者长,后生者少,故说卦以震为长子,艮为少子。而以一人言,则初少,上老,故经以震为小子,艮为丈夫。先儒不知经取象往往与说卦不同,不敢直认。岂知象传所释至明也。

象曰:系小子,弗兼与也。

二居初四之间,近初远四,故曰弗兼与。<u>虞翻</u>谓二应五,以五为小子。五为少女,焉能为小子?失之远矣。

六三,系丈夫,失小子。随有求(句),得(句),利居贞。

三近四承阳,故上系丈夫。为二所阻,故下失小子。<u>象</u>谓志舍下,是明以震为小子,艮为丈夫也。随有求句,与下随有获对文。艮为求,阴承阳故有得。巽为利。<u>咸</u>六二云:居吉。兹云利居贞,似亦以动为戒。盖上无应,静而承阳则吉,动则不利。旧解谓之正应上,于居义相背,非也。

象曰:系丈夫,志舍下也。

下谓初。经以艮为丈夫,以震为小子,可谓明白矣。

九四,随有获,贞凶。有孚,在道以明,何咎?

下乘重阴得民,故有获。不当位,前遇敌,故贞凶。然下孚于众,光明正大,遵循正道,亦无咎也。艮为道,为光明。<u>虞</u>氏命三四全变成离,取明象,迂曲失经旨。(<u>大畜</u>象传曰:刚健笃实辉光。刚健谓乾,辉光谓艮。是艮为光明,<u>易</u>有明文。)

象曰:随有获,其义凶也。有孚在道,明功也。

其义凶者,谓四本不凶,而凶者以不当位也。(<u>大畜</u>、<u>颐</u>上九皆下孚于阴而吉。)

九五,孚于嘉,吉。

<u>易林</u>每以震为嘉,盖本此也。嘉指二。五孚于二,二震体,故曰孚于嘉。

象曰:孚于嘉,位正中也。

二五皆当位,故曰正中。

上六,拘系之,乃从维之。王用亨于西山。

伏艮为拘,为山。兑西,故曰西山。兑口,故曰亨。王谓
五。三至上正反巽,巽为绳,故曰系,曰维。虞翻曰:两系称维
(正反两巽)。诗所谓絷之维之也。卦以随为义,六穷于上,五
恐其去,拘系之,从维之,或即其隐居之处而宴享之。言六无
所随,而五必随之也。(西溪易说云:先儒说易,遇西山、西邻,
皆曰文王事也。可谓大谬。)

象曰:拘系之,上穷也。

穷,尽也。

蛊卦第十八

䷑

蛊,元亨,利涉大川。先甲三日,后甲三日。

左传:皿虫为蛊。而归藏作蜀。诗豳风:蜎蜎者蠋。蠋,
葵中蚕也。诗诂蜀已有虫,再加虫,俗字。然则蜀亦虫,与蛊
义同也。蛊,败也,坏也。卦上山、震木,为材木之所出;乃下
卦为巽,巽陨落,故败。又巽为虫,虫蠹物朽腐。大过曰:栋
桡。易林旅之履云:木内生蠹。蠹即蛊。皆以巽也,故坏。礼
王制:执左道以乱政。疏云:蛊者损坏之名。周礼秋官庶氏:
掌除毒蛊。郑注:毒蛊,虫物而病害人者。又剪氏:掌除蠹物,
凡庶蛊之事。注:蛊,蠹之类。又史记:秦德公二年,初伏,以
狗御蛊。注:蛊,恶气。是蛊之为蠹、为腐坏甚明。又左传云:

女感男,风落山,谓之蛊。女感男,男败;风落山,山败。亦以
败坏说蛊。苟爽谓蛊为事。朱子盖以为不安,又曰坏极而有
事。夫卦名皆由卦象而生,诂蛊为事、为惑,皆正训不误。而
此则义为败坏,亦卦象所命也。彖曰巽而止蛊,亦以败坏为
说。若必拘序卦而训为事,则此句义难通矣。阳得阴则通。
坤为大川,为事,刚往坤上,下履重阴,容民得众,故曰利涉大
川,曰往有事。乾元为甲,蛊之先为泰,乾为日,三爻故曰先甲
三日。乃由泰反否而蛊为之始,初爻上为蛊,二三随上成否,
甲之在下者反上,先甲变为后甲矣,故又曰后甲三日。蛊旁通
随,随者由否反泰之始,上爻下成随,四五随下成泰,甲之在上
者反下,后甲又变为先甲矣。否泰相循环相终始,来往诎信,
天道固如是也。

彖曰:蛊刚上而柔下,巽而止蛊。蛊元亨,而天下治也。
利涉大川,往有事也。先甲三日,后甲三日,终则有始,
天行也。

行,道也。泰者随之终,蛊者否之始,故曰终则有始。

象曰:山下有风,蛊;君子以振民育德。

风止山下,气郁不通,故蛊。蛊则不生育。振而作之,所
以救蛊而育德也。象义有因卦象而取法者,有反省者。兹则
反省者也。

初六,干父之蛊,有子考,无咎,厉终吉。

初虽不当位,然上承重阳,与上合志,与升初六同,故吉。
易林以震巽为父母(详焦氏易诂),朱汉上以复、姤为小父母。

复、姤仍震巽。初伏震,故曰父,曰子。幹,正也。能正父蛊,故曰有子考。逸周书谥法云:考,成也。左氏襄十三年祢庙疏:考,成也。言有成德也。有子考者,即谓有子能成就先业也,故无咎。风陨故厉,承阳故终吉。马融、王肃读考字绝句。王注作考无咎,非也。

象曰:幹父之蛊,意承考也。

　　意承考,谓初上承重阳,能承继先德也。承,顺也。巽象。

九二,幹母之蛊,不可贞。

　　巽为母。贞,定也。不可贞,言二宜升五也。

象曰:幹母之蛊,得中道也。

　　二五得中。

九三,幹父之蛊,小有悔,无大咎。

　　三震体,故亦曰父。按九三上虽无应,然当位,前临重阴,与大畜九三象同,当吉。乃大畜九三利往,此云小悔无大咎者,以体下断也。凡巽体上爻多不吉,先儒不知其故在本弱,故多误解。

象曰:幹父之蛊,终无咎也。

　　九三前临重阴,利往,故终无咎。

六四,裕父之蛊,往见吝。

　　裕,宽也。虞云:不能净父过也。前遇敌,阴遇阴则窒,故往吝。

象曰:裕父之蛊,往未得也。

六五,幹父之蛊,用誉。

得中有应,上承阳,而艮为名,故可致闻誉。

象曰:幹父用誉,承以德也。

德谓阳。承以德,言上承阳也。

上九,不事王侯,高尚其事。

三震为王,为诸侯,上不应之,故曰不事王侯。言不事王侯之事也。高居物表,逍遥事外,故曰高尚其事。

象曰:不事王侯,志可则也。

则,法也。不事王侯,若共伯和、吴季札之流是也。作奉事者非。

临卦第十九

䷒

临,元亨利贞,至于八月,有凶。

释诂:临,视也。榖梁哀七年:有临天下之言焉。注:临,抚有之也。卦以震君临四阴,正抚有也,故曰临。临辟丑,阳息卦,故曰元亨。左传云:不行之谓临。行而不已,则至八月而凶矣。故又曰利贞,言利于贞定也。月卦始子复,至未遯正八月,故郑、陆、虞皆以八月为遯。而虞氏以弑君父说凶义则非。弑君父皆否、遯所同有,胡独八月凶乎?按易林恒之临云:神之在丑,破逆为咎。不利西南,商人休止。临辟丑,震为神,故曰神之在丑。乃行至未而破丑,故曰破逆为咎。又按汉书翼奉传:平昌侯三来见臣,皆以正日加邪时。孟康曰:谓乙丑之日。丑为正,日加未而来,未破丑,故曰邪时。陆绩易传至于八月凶注曰:建丑至未也,入遯。亦以未破丑说凶义。徒以弑君父为说,何以解于其他消卦乎? 凡易言八月、七日,皆言爻数。后儒往往以殷正周正为说,皆梦呓语也。

彖曰:临,刚来浸而长,说而顺,刚中而应,大亨以正,天之道也。至于八月有凶,消不久也。

遯消卦,故曰不久。

象曰:泽上有地,临;君子以教思无穷,容保民无疆。

震兑皆为言,故曰教思无穷。坤为民,震为仁,故曰容保民。坤广大,故曰无疆。

初九,咸临,贞吉。

咸,感也,初二爻皆有应,故皆曰咸临。贞,卜问也。

象曰:咸临贞吉,志行正也。

坤为志。应在坤,皆当位,故曰志行正。

九二,咸临,吉,无不利。

阳遇阴则通,故曰无不利。

象曰:咸临吉无不利,未顺命也。

二必升五,得尚于中行。而卦以不行为义,故曰未顺命。

六三,甘临,无攸利。既忧之,无咎。

说文:甘,美也。三独近二,阴顺阳,言甘于顺二也。然不当位,无应,故无所利。坤为忧。知无所利而忧之,故无咎也。

象曰:甘临,位不当也。既忧之,咎不长也。

不长,谓不久。

六四,至临,无咎。

虞翻曰:至,下也。谓下应初。当位有实,故无咎。

象曰:至临无咎,位当也。

六五,知临,大君之宜,吉。

知音智,言宜知几也。震为大君(象失传,详焦氏易诂)。九二震主爻,应在五,二五相上下,皆当位,故曰大君之宜。言二宜升五也。

象曰:大君之宜,行中之谓也。

二五皆中位,故曰行中。知临者,言宜知几,与二相上下也。

上六,敦临,吉,无咎。

阳息即至三,上稍止即有应,故曰敦临。敦与屯、与顿皆通,有止意、待意。义详复卦。言稍待即有应,故曰志在内。内谓三也。故复六五亦曰敦复,言五少迟,阳即息至二有应,与此同也。旧解训敦为厚,非。

象曰:敦临之吉,志在内也。

言顿止之故,因阳息即至三,有应也。易之道贵将来,将来有应,故吉。不然内无应,何吉之有?凡云志在内、志在外者,皆谓应爻。九家谓志在二升五,清儒皆宗之,由误解敦字故也。

观卦第二十

观盥而不荐,有孚颙若。

　　五得尊位,下临万民;艮为庙堂,万民瞻仰,故曰观。易林以艮为观,为视(象失传,详焦氏易诂),盖即本此也。国之大事,在祀与戎。礼之可观,莫盛乎宗庙。宗庙之可观,莫盛乎祭祀。初盥,降神也。马融云:进爵灌地以降神也。卦巽为白茅,茅在地上,坤水沃之,缩酒之象也。灌地降神,其诚敬之心,孚于神明。颙,敬也。及至荐牲则礼简略。孔子曰:禘自既灌而往者,吾不欲观之矣。与此义同也。

彖曰:大观在上,顺而巽,中正以观天下。观盥而不荐,有孚颙若,下观而化也。观天之神道,而四时不忒。圣人以神道设教,而天下服矣。

　　坤为天下。天下化则服矣,此圣人所以以神道设教也。观亦候卦,故曰四时。临曰元亨利贞,亦四时也。

象曰:风行地上,观;先王以省方观民设教。

　　坤为方、为民,艮为观,故曰省方,曰观民。巽为命,故曰教。先王巡狩四方,观风问俗,宣布教化,亦若风行地上也。

初六,童观,小人无咎,君子吝。

　　释文:马云童犹独也,郑云稚也。而虞翻以艮为童,诂与郑同。按马说是也。太玄玄冲云:童寡有也。而易林每以坤为寡。初坤体,上无应,阴遇阴失类,孤寡极矣,故曰童观。其在小人,独行踽踽,尚可无咎;若君子则狭隘为病矣,故吝。盖童之象不在艮,而在坤。初何以孤寡?则以上无应而行失类也。

象曰:初六童观,小人道也。

道,行也。

六二,窥观,利女贞。

说文:窥,闪也。倾头门中视也。二应五,坤为门。二在门中,上窥九五,而坤为闭为羞,故羞缩不敢正视而窥观也。圣人取象之精,非注视卦象,不知其微妙如此也。窥观乃妾妇之行,故利女占。若在丈夫,则可丑矣。

象曰:窥观女贞,亦可丑也。

丑谓不庄。

六三,观我生,进退。

凡我生皆谓应与。诗小雅:虽有兄弟,不如友生。易以阴阳相遇为朋友,故谓应与为我生。三应在上,故曰观我生。进退,上巽为进退。进退者上下也,三与上相上下。谓三宜进居上,上宜退居三,各当位也,故象曰不失道。

象曰:观我生进退,未失道也。

道,行也。

六四,观国之光,利用宾于王。

艮为国,为光。四独近五,故曰观国之光,曰宾于王。王谓五,巽为利。言利于朝觐天子,作宾王家也。巽为旅客,故曰宾。

象曰:观国之光,尚宾也。

尚宾者,言宾于上也。

九五,观我生,君子无咎。

此我生谓二。五应在二,二坤为民,故象曰观民。九五为观之主,亦艮之主。艮为君子,下观万民,抚恤教养,故无咎也。

象曰:观我生,观民也。

观民即指二,二坤为民。

上九,观其生,君子无咎。

诸家或释生为出、为性、为道,一人前后,诂即不同,似非。按,其谓五,生指三。上应在三,三坤体,坤民下附,皆五之民也。上贵而无位,高而无民,宜高尚其事矣;乃犹不忘情,欲应三而观其生焉,故象曰志未平。

象曰:观其生,志未平也。

巽为志。

噬嗑卦第二十一

噬嗑,亨,利用狱。

噬,啮也;嗑,合也。亨,通也。夫上下之不能相合者,中必有物间之;啮而去其间,则合而通矣。国家之有刑狱,亦复如是。民有梗化者,以刑克之,则顽梗去而上下通矣,故曰利用狱。震为口,颐利求口实是也。为口故曰噬。雷电合居于东,故曰合而章。震为口,初至四正反震口合,上离正反兑口合,故曰噬嗑。自覆象失传,及震为口之象亡,噬嗑之义遂晦而不明。卦一阴一阳,刚柔交,故曰亨。坎为狱。折狱之道,不明则人不服,不威则众不从,今威明并济,故利。

彖曰:颐中有物曰噬嗑,噬嗑而亨。刚柔分,动而明,雷

电合而章。柔得中而上行,虽不当位,利用狱也。

有物谓四。四在颐中,故曰有物。颐上下阳,中四爻皆阴,阴顺阳,故求得口食。今四阳横互于中,阳遇阳为仇为敌,不顺;啮去此物,则合而通,故曰噬嗑而亨。卦阳爻与阴爻相间,故曰刚柔分。雷电合居于东,故曰合而章。五不当位,然文明以中,断制枉直,不失情理,故利用狱也。

象曰:雷电,噬嗑;先王以明罚敕法。

罚、法皆坎象。敕,正也,威之用。明则离之用也。

初九,屦校灭趾,无咎。

震为趾,坎为校。初临重阴,利往;往而遇坎,坎在震上,故曰屦校。校,械也。屦,贯也。言以械贯于震足之上,足不见,故曰灭趾。初当位,故无咎。

象曰:屦校灭趾,不行也。

此言人初有过,其过尚微,故罚亦从轻,使有所惩,而不至积累其罪,以至于诛。所谓小惩大戒也。初本利行,行而遇险,故不行。

六二,噬肤灭鼻,无咎。

震为噬。二艮体,故曰肤,曰鼻。言艮肤艮鼻,为震口所噬。隐伏于坎水之下,故曰灭。二乘刚,故有是象。按灭趾有类于刖刑,灭鼻有类于劓刑。皆初犯罪,刑之轻者,皆冀其有所惩于后也。二得中,故可免于咎。

象曰:噬肤灭鼻,乘刚也。

乘刚不顺。

六三,噬腊肉,遇毒。小吝,无咎。

说文:腊,干肉也。艮坚故曰腊。坎为肉,故三爻四爻五爻皆言肉。坎为毒,遇毒者,坎在前也(坎肉象,详焦氏易诂)。然有应,故小吝,无咎。王弼曰:噬以喻刑人,腊以喻不服,毒以喻怨生。按三不当位,以斯用刑,民必不服;岂惟不服,怨毒以生。言小民不知惩戒,仍积恶不悛也。

象曰:遇毒,位不当也。

三阳位。

九四,噬干胏,得金矢。利艰贞,吉。

胏,玉篇:肉带骨也。离艮皆为火,坎肉居中,故曰干胏。艮为金,坎为矢(详焦氏易诂)。四艮主爻,故曰金。亦坎主爻,故曰金矢。坎陷,故利艰贞。按周礼大司寇:以两造两剂,禁民狱讼,入束矢钧金,然后听之。兹云得金矢,仍寓止讼之意。夫令民入金矢,原欲止其狱讼,兹曰得金矢,是讼者不止,而益深其罪也。

象曰:利艰贞吉,未光也。

坎隐伏故曰未光,升五则光矣。

六五,噬干肉,得黄金。贞厉,无咎。

离火,故仍曰干肉。离色黄,五履艮金上,故曰得黄金。贞,卜问。失位,故贞厉。得中,故无咎。按五位虽尊,然不当位。以斯噬物,物亦不服,其坚有如噬干肉之难。夫据尊位,能行其戮者也,乃物仍不服,不知诚惧,则其怙恶不悛,顽坚难化也明矣,故曰得黄金,言其坚愈进也。得黄金非吉辞,如吉则下不曰贞厉矣。

象曰:贞厉无咎,得当也。

得当者,得中也。

上九,何校灭耳,凶。

坎为校,为耳。上应在三,三坎体亦艮体,艮为背为何。坎校在艮背上,耳则遮矣,故曰灭耳。易爻在此,而象全在应者,此其一也。王弼曰:处罚之极,恶积不改者也。罪非所惩,故刑及其首。及首非诚,灭耳非惩,凶莫甚焉。正义曰:罪未及首,犹可戒惧归善;罪已及首,性命将尽,非复可戒,故云及首非戒也。校既灭耳,将欲刑杀,非可惩改,故云灭耳非惩也。

象曰:何校灭耳,聪不明也。

灭耳则有害于聪,故曰不明。

贲卦第二十二

䷚

贲,亨,小利有攸往。

归藏作荧惑。荧惑,火星。史记:察刚气以处荧惑,曰南方火,主夏日,丙丁是也。卦上艮为星,离亦为星;下离为火,艮亦为火。离主夏位南,艮纳丙亦南,故曰荧惑,于象恰合。至周易作贲。贲,释文云:傅氏作斑,文章貌;郑云:文饰貌。太玄拟作饰。按卦一阴一阳相杂,相杂则有文,故曰斑,曰文饰。又按尔雅:龟三足曰贲。卦离、艮皆为龟,而震为足,数三,正龟三足也。初、二曰其趾、其须,九三云濡如,六四云皤如,言其形也。上九云白贲,言其色也。杂卦云:贲无色也。艮为黔,坎为隐伏、为黑,亦无色,无色即不明。不明,故象言无敢折狱。盖山下有火,与地下有火略同。地下有火明夷,山下有火等耳。故孔子筮得贲不乐,以与明夷同也。后人谓山下有火,明不及远,皆读下为旁,故其义永不能通。前一义旧解从之,后一义鲜有述之者。故引信其义,以俟深于易理者定夺焉。

亨谓二。离夏故亨,传所谓柔来文刚也。小谓五。分泰二居上,五得中承阳,故曰小利有攸往。言利往五也。唐郭京举正,谓小为不,非。

彖曰:贲亨,柔来而文刚,故亨。分刚上而文柔,故小利有攸往。天文也。文明以止,人文也。观乎天文以察时变,观乎人文以化成天下。

卦刚柔相杂,故曰文。离日坎月,艮星震辰,天文。离礼震乐,人文。离夏震春坎冬,故曰以察时变。震为生,艮为成、为天,故曰化成天下。朱子云:先儒说天文上,当有刚柔交错四字。

象曰:山下有火,贲;君子以明庶政,无敢折狱。

山下非山旁。火在山下,与地下同,直明夷耳。后儒谓明不及远者误也。艮为君子。明庶政,象每以相反见义,如同人曰类族辨物,无妄曰时育万物,蛊曰振民育德皆是。兹因贲不明,君子反以明庶政。坎为狱。折狱须明,离在下不明,故无敢折狱。而无敢折狱,尤贲为无色无明之确征。

初九,贲其趾,舍车而徒。

初应在四,四震故曰趾。坎为车,初在车下,当然不乘而徒也。盖初九正当勿用之时,安于徒步,以遂其志者也。

象曰:舍车而徒,义弗乘也。

徒谓徒步。义弗乘者,言志行高洁,不肯苟乘也。

六二,贲其须。

艮为须(象失传,详焦氏易诂)。艮须在上,下离文之,故曰贲其须。其,指上卦。言六二之须,谓上艮也。泰二往上成艮,故曰兴。二因得当位居中,故曰与上兴。侯果谓三至上有颐象,二在颐下,故有须象。虽巧切,不知艮即为须也。

象曰:贲其须,与上兴也。

兴,起也。与上兴,即喜上兴也。

九三,贲如濡如,永贞吉。

坎水,故曰濡如。阳贞于三当位,前临重阴,故曰永贞吉。

象曰:永贞之吉,终莫之陵也。

之,往也。三应在上,上艮为陵。乃上不应,故终莫之陵,永贞于三吉也。又前临重阴,皆顺三,无有陵越之患也。

六四,贲如皤如,白马翰如,匪寇婚媾。

左传宣二年:皤其腹。疏:皤,腹貌。卦三至上互大离,离为大腹,故曰皤如。释文:皤,荀作波;郑、陆作蟠,音烦。按皤通番,番音烦,郑、陆读烦声是也。凡易如此等辞,往往用韵,疑番与翰协。诗大雅:申伯番番,徒御啴啴,戎有良翰。番与翰协,与此同也。陆绩云:震为白,为马。按震为羽翰(翰象失传,详焦氏易诂)。翰如马行貌,言疾如羽翰也。四乘坎,坎为寇,疑其逼己。岂知四当位,下有正应,三无能害之,终得与初婚媾也。

象曰:六四当位,疑也。匪寇婚媾,终无尤也。

疑谓疑三。坎为疑。

六五,贲于丘园,束帛戋戋。吝,终吉。

艮为丘园。坤为帛,乾圜约其两端,故曰束帛。子夏传:五匹为束。三玄二纁,象阴阳。戋戋,马训为委积,虞作多。易林旅之丰云:束帛戋戋,赙我孟宣。似亦以盛多为训。俗解因戋通残,便训戋戋为薄物,又或作残落者,非也。仪礼士冠、士虞礼,周礼大宗伯注,皆以束帛为十端,每端丈八尺,两端合卷,总为五匹。皆与子夏传同。然则束帛五匹者,乃先王之定制。戋戋乃形容束帛之盛,谓薄物固非,残落尤谬也。下无应,故吝。上承阳,故终吉。彖谓小利往,以此。

象曰:六五之吉,有喜也。

五承阳,故有喜。

上九,白贲,无咎。

贲而曰白,其为物也明矣。若训为饰,为文,为斑,为黄白色(范望太玄视首上九注),为色不纯(高诱吕览贲字注),此二字皆不能通。诸儒据绘事后素,曲为之说,无当也。盖艮为贲,贲无色,故曰白贲。

象曰:白贲无咎,上得志也。

下乘重阴,故曰得志。言阳得阴而通也。大畜上九曰道大行也,损上九曰大得志,益九五曰大得志,颐上九曰大有庆,与此义皆同。乃二千年旧解,少能知其故者,真可喟也。

卷 七

剥卦第二十三

䷖

剥,不利有攸往。

　　剥候卦,时当九月,阴消阳,柔变刚。杂卦云:剥,烂也。盖阴消阳,柔变刚,皆以渐而及,非猝然为之,有似于树木老皮之剥落。归藏作仆。仆与扑通。庄子人间世:蚊虻仆缘。仆缘即扑缘。扑,击也。而豳风:八月剥枣。传:剥,击也。是仆与剥义同也。不利有攸往,谓阴不宜再长也。传曰:小人长。阴长则阳消,故往不利。

彖曰:剥,剥也,柔变刚也。不利有攸往,小人长也。顺而止之,观象也。君子尚消息盈虚,天行也。

　　艮为视,为观(象失传,详焦氏易诂)。观卦,即顺而止。今一阳在上,下观群阴,仍观象也。剥本消卦,然相对者必息。一消一息,一盈一虚,天道循环本如此,不足异也。

象曰:山附于地,剥;上以厚下安宅。

　　上谓上九。坤为厚,为下。艮为宅,为安。

初六,剥床以足(句),蔑(句),贞凶。

初震位,故曰足。以,及也。周语:太宰以史祝。管子服制:官吏以命士。盐铁论大论篇:呻吟槁简,诵死人之语,则有司不以文学。以义皆同及。剥床以足,即剥床及足也。艮为床。易林比之贲云:展转空床,内怀忧伤。以贲艮为床也。剥全体艮象,故屡言床。虞翻不知此象,以坤消乾初,成巽为床。而惠栋又谓巽为木,坤西南卦,设木于西南奥,乾人藉之,床之象也。故夫一象之失传,可使名家易,迂曲至于如此,真可叹也!蔑,释文云:荀作灭。象曰灭下,盖荀之所本。王陶庐云:蔑、灭古通。周语:而蔑其人民。文选邻里相送方山诗:音尘慰寂蔑。注皆作灭。故王注云:犹消也。惟灭属下读,似难为句。灭,说文:尽也。剥床以足蔑者,言床足被剥尽也,故卜问凶。虞翻下属为句,训为无,谓初失位,故曰蔑贞。谓失正也。然二爻当位,亦曰蔑贞,则不合矣。而清易家多从之,非。

象曰:剥床以足,以灭下也。

灭下,即释蔑义。

六二,剥床以辨(句),蔑(句),贞凶。

释文云:辨,徐音办具之办,足上也。马、郑同。薛虞云:膝下也。王弼亦云足上。按马、郑、王等似皆以二在初上,故云足上。虞翻谓为指间。王引之读为蹁。蹁,膝头也。俞樾谓辨通胖。胖,胁侧也。似皆未安。按周礼天官小宰:六曰廉辨。注:杜子春云,廉辨或作廉端。故贾疏云经本作廉端。是辨、端音近通用。端,首也。剥床以端,是剥及床头也。剥之而尽,故贞凶。

象曰:剥床以辨,未有与也。

> 未有与,言上无应。

六三,剥,无咎。

> 释文:一本作剥之无咎,非。按之字,乃从象辞而衍,无者是也。三处五阴之中,独能从善,不党于上下二阴,故曰失上下。

象曰:剥之无咎,失上下也。

六四,剥床以肤,凶。

> 四艮体,艮为肤,故曰剥床以肤。足、辨、肤,皆指床言,肤犹言床面也。人卧床,身与床切,剥及于是,故言近灾。自王肃以肤指人身言,岂知剥及人身,则灾及矣,胡得曰近?乃后儒惑之,谓床不能称肤。王引之谓:王弼云剥床之足、剥床之辨,下文亦可曰剥床之肤乎?夫床既可曰足,曰辨,又何不可称肤?似皆惑于肃说,故拘泥若是。

象曰:剥床以肤,切近灾也。

六五,贯鱼以宫人宠,无不利。

> 坤为鱼(象失传,详焦氏易诂),除易林外,后唯郭璞知之。洞林:璞筮迁徙,得明夷,曰:嗟呼黔黎,时漂异类;桑梓之邦,其为鱼乎。明夷上坤为鱼、为邦,震为桑梓,故曰桑梓之邦,其为鱼乎。剥重坤,故曰贯鱼。艮为宫,为宠。以宫人宠者,周礼九嫔注云:女御八十一人当九夕,世妇二十七人当三夕,三夫人当一夕。是天子之宫人进御,每夜九人或三人,故曰贯鱼以宫人宠。言宫人之宠御,以次而进,若贯鱼也。即五率群阴

以承阳,鱼贯而进也。诗邶风:宴尔新婚,不我屑以。笺:以,用也。以宫人宠,即用宫人宠也。蒙之用说桎梏,益之利用为依迁国,皆与此以字义同也。此与豫九四之朋盍簪,皆为易象之最神妙,而最难于形容者。王陶庐云:易辞有非注视卦象不能解者。此等是也。而二千年来,因簪象、鱼象之失传,遂改簪为戠、为攒,以求与坎象合;命剥五变巽,以求与鱼象合,而易理遂亡于解说矣。杜甫云:盍簪喧枥马。鲍照云:鱼贯度飞梁。皆此二句之确诂。而杜诗尤非真知易者,不敢如此道也。(宋蔡弼注杜诗,遂误为宴朋友。)

象曰:以宫人宠,终无尤也。

五得承阳,故无尤悔。

上九,硕果不食,君子得舆,小人剥庐。

艮为果蓏。硕,大也。孤阳在上,故曰硕果。震为食,震覆故不食(震食象失传,详焦氏易诂)。卦一阳未消,剩余在上,是其义也。艮为君子,坤为大舆、为载。艮在坤上,乘舆之象也,故曰得舆。坤为小人,艮为庐。候卦阴终消阳,故曰剥庐。君子得舆,由上视下取象。小人剥庐,由下视上取象。

象曰:君子得舆,民所载也。小人剥庐,终不可用也。

坤为民,艮为终。

复卦第二十四

䷗

复,亨。出入无疾,朋来无咎;反复其道,七日来复。利有攸往。

阳反,故曰复。出入反复,皆对姤言。复者姤之反,若舍姤不言,则复何所自乎?入者入巽,出者出震。坤为疾(象失传,详焦氏易诂)。阳通故无疾。阴以阳为朋,剥穷上反下,故曰朋来。阳遇阴,故无咎。阳自姤而消,消至剥上,六日,反复则七日。自复而息,息至夬上,六日,反姤仍七日。循环不已,故曰反复其道,七日来复。复阳长,故曰利有攸往。

象曰:复亨,刚反。动而以顺行,是以出入无疾,朋来无咎。反复其道,七日来复,天行也。利有攸往,刚长也。复其见天地之心乎!

震动坤顺,故曰动而以顺。天行,天道也。言阴阳刚柔往来消长,天道固如斯也。此天地之心也。坤为心(象失传,详焦氏易诂)。此以爻数括天地间之公例公理。其谓卦气起中孚,至复为七日,不惟于数不合(只六日七分),且于理大谬。是皆执于自姤至复为七月,经言七日,故疑也。岂知易辞皆举一例,包括万有(十日数至七必相反,辰数亦然)。即以日言,豳诗云:一之日,二之日。日皆谓月,侯果已言之矣。阴阳相遇为朋。自此象失传,皆用卦变,侯阳息至二成兑,二阳为朋,虞氏之说讹误至今。

又五行志:京房易传曰,复崩来无咎。读朋为崩。是用覆象,谓剥艮覆在下为山崩。而易林遇此象,亦往往曰山崩。京所受也。其详皆在焦氏易诂中。覆象久失传,后惟惠栋用此说。实易言覆象者,不止此也。

象曰：雷在地中，复；先王以至日闭关，商旅不行，后不省方。

曰至日，则兼二至言也。姤云：施命诰四方。即诰戒商旅将闭关也。易林晋之解，所谓二至之戒也。盖古最重二至。汉书薛宣传：日至休吏，所繇来久。后汉鲁恭传：易五月姤用事，先王施命令止四方行者。是夏至亦休息，与冬至同。坤为门户，故曰关。震为商旅。坤闭，故曰闭关，曰不行。坤为方，震为王。

初九，不远复，无祗悔，元吉。

复在内，故曰不远复。严元照云：祗从氏，非，此当从氏。氏、是同用，故王肃作提。坎祗既平，京房亦作提。王陶庐云：唐石经即作祗。氏、是古同部，故得同用。若氏则另为一部，不同部者不相假，古之例也。然则今作祗者误也。祗，郑云：病也。段玉裁云：郑盖借祗为疧。按祗之训病，诗小雅何人斯：壹者之来，俾我祗也。毛传：祗，病也。兹训为病，正本毛传。段谓借祗为疧，非。病犹灾也。复出入无疾，故无灾悔。乾元通，故元吉。

象曰：不远之复，以修身也。

坤为身。阳微，故宜修养以待。

六二，休复，吉。

休者，俟也。俟阳息至二，故吉。

象曰：休复之吉，以下仁也。

仁者，初也。阳主生，故曰仁。以下仁者，言下阳即息至二,静俟则吉也。

六三,频复,厉,无咎。

虞翻曰:频蹙也,三失位,故频复。按频古文颦字,故云频蹙。三失位,承乘皆阴,又无应予,失类极矣,故频复厉也。知其危厉而振奋焉,则无咎矣。

象曰:频复之厉,义无咎也。

六四,中行独复。

文言乾九四云:中不在人。中谓三四,居一卦之中也。又系辞云:其初难知,其上易知;若夫杂物撰德,非其中爻不备。中爻谓中四爻,即下所谓二与四、三与五也。四居卦中,独与初应,故曰中行独复。虞翻谓四不在二五,何得称中行?岂知三四称中爻,易固有明例也。

象曰:中行独复,以从道也。

道谓初,从道谓应初。

六五,敦复,无悔。

敦与屯通。诗大雅:铺敦淮濆。笺:敦当作屯。扬雄甘泉赋:敦万骑于中营兮。注:敦与屯同。又按豳风云:敦彼独宿。即屯彼独宿也。屯者止也,次也。而敦又与顿同。尔雅释丘:丘一成为敦丘。疏:即卫风之顿丘。顿亦止也。史记王翦传:三日三夜不顿舍,是也。是敦有止意、待意。敦复者,言五应在二,阳即升二,五稍待即有应也。故临上六亦曰敦临,以上六亦稍待,阳即息三,有应也。旧诂皆训为敦厚,非。

象曰:敦复无悔,中以自考也。

向秀曰:考,察也。五中位,应在二,亦中位;阳息即至二,五有应,故无悔。中以自考者,释敦之故。易之道贵将来,言顿止以待中二之阳息,自考省也。与临上之志在内义同。

上六,迷复,凶,有灾眚。用行师,终有大败。以其国君凶,至于十年不克征。

凡上六多不吉。上穷也,坤为迷、为死丧,故有灾眚。坤为众,故为师。坤为死丧,故行师终有大败。坤为国,震为君(象失传,详焦氏易诂),故曰国君。坤为十年,震为征。不克征,言不能兴起也。比上六后夫凶,师上六小人勿用,皆以其不承阳也(他爻皆可承阳,独上六不能)。不承阳则背叛君命,而殃及国君,故曰以其国君凶。君者国之本,国君受胁,根本动摇,故其凶至于十年也。

象曰:迷复之凶,反君道也。

反君道,即谓上六不承阳。旧解皆以不顺君命为反君道,然上六之何以独反君道,其故无能明者。此与六五敦复,及临之敦临义晦同也。

无妄卦第二十五

无妄,元亨利贞。其匪正有眚,不利有攸往。

震、巽为草木、为禾稼,下艮为火,故焦、京、王充皆以无望为大旱之卦。而乾为年,巽为入,年收失望,故曰无妄。元亨者,谓乾元通也。初当位,前临重阴,五中正,故乾元以通。利贞者,利于贞定也。正亦定也。匪正谓三上,三上不当位,妄动,故有眚。眚,病也。巽为疾病。其匪正有眚者,言不能贞定而躁动,即有眚也。不利有攸往,仍以动为戒也。震为决躁。躁动于内,外与刚健遇,必无幸矣,故曰不利有攸往。妄,释文云:马、郑、王肃皆作望,谓无所希望也。按此训最古。史记春申君传云:世有毋望之福,又有毋望之祸;今君处毋望之世,事毋望之主。是自战国即读为望。归藏作毋亡。亡,古文妄之省。王陶庐云:妄、望同音相借。大戴礼文王篇:故得望誉。望誉即妄誉。史迁受易于杨何,固无误也。又按杂卦云:无妄灾也。故太玄拟无妄为去。汉书谷永传:遭无妄之卦运。应劭云:天必先云而后雷,雷而后雨,今无云而雷;无妄者无所望也,万物无所望于天,灾异之最大者也。后汉崔篆传:值无妄之世。王充论衡:易无妄之应,水旱之至。蔡邕邓皇后谥议:消无妄之运。举两汉之人,无作虚妄及失亡解者。无妄,犹孟子所谓不虞也。六爻爻辞皆不虞之事。又无妄灾也,以艮火象失传之故,皆莫知灾之自来。而焦、京以无妄为大旱(易林屡见,详焦氏易诂)之卦,其故自荀、虞莫明矣。(卞斌云:匪正宜作匪贞,经无作正者。)

　　虞翻知巽为禾稼,而不知艮火象,故不知大旱之义,斥京氏为非,诂为亡失,不亡失则卦吉矣。然何以解于杂卦之无妄灾及象传?象传曰:无妄之往,何之矣? 天命不佑,行矣哉! 无妄若为吉卦,而曰天命不佑,曰无所往,有是理乎? 虞翻最忌郑学,郑作望故驳之。其所谓俗儒,殆即指郑。(后崔憬、何妥竟作虚妄解,益与传背。世岂有忠信之人,天命不佑,往无所合者哉？害理乱道，莫斯为甚。）

彖曰：无妄，刚自外来，而为主于内。动而健，刚中而应，大亨以正，天之命也。其匪正有眚，不利有攸往，无妄之往，何之矣？天命不佑，行矣哉！

震为主，谓初也。先儒谓遯上来初，故曰自外来。震为躁卦，躁动于内，而外遇乾刚，故所之不合。五刚中，二有应，故曰刚中而应。大亨者，元亨也。以正者，利贞也。元亨利贞，循环来往，天命固如斯也。乾为天，巽为命也。临传云：大亨以正，天之道也。天命与天道同也。故时当元亨而动，时当利贞即不宜动。不宜动而强动，违天者也。违天而行，天所不福。佑，福也。何之者，言时值无望，无往而可也。盖易之旨，阳刚不宜在外，在外则气穷，有阳九之厄。故卦辞以行为戒，以贞定为主。

象曰：天下雷行，物与无妄；先王以茂对时育万物。

与，举也。天下雷行，万物震恐，举失其求望。茂与懋通，勉也。对，答也。言因雷而勉答天威。傅亮文云：祗服往命，茂对天休。潘岳秋兴赋：览花莳之时育兮。是茂对连文，时育连文，古读如是。释文作茂对时，非也。艮为时，震、巽皆为草莽，而震为生，故曰时育万物。即严畏天命，顺时育物也。象有以相反为义者，如蛊曰振民育德，剥曰上以厚下安宅，明夷曰用晦而明，及此皆是也。虞仲翔不知此旨，据象言时育，证万物皆死之非。审如是也，将蛊曰振育，亦可谓之不蛊；剥曰安宅，亦可谓之非剥，尚可通乎？

初九,无妄,往吉。

阳遇阴则通,故往吉。

象曰:无妄之往,得志也。

得志,谓往遇二阴也。大畜九三云:上合志。涣九二云:得愿。上皆无应,皆以前遇二阴。虞翻不知此为易不刊之定理,命四爻变阴,初得应,释得志。清儒从之,讹误至今。

六二,不耕获,不菑畬,则利有攸往。

获,说文:刈谷也。诗小雅:于此菑亩。疏:菑,灾也。始灾杀其草木也。故说文云:不耕田也。畬,说文:三岁治田。诗周颂:如何新畬。传:一岁曰菑,二岁曰新田,三岁曰畬。尔雅同。独郑康成及虞翻谓田二岁曰畬(皆以在二爻)。岂知诗明曰新畬,是第一年菑田,第二年便为新田,然尚未柔和也,故第三年为畬田。观诗不曰畬新,而曰新畬,郑、虞误也。盖二居艮震之间,震为耕、为菑;乃前遇艮,艮止,故不耕不菑。艮手为获,艮成终,为畬。不耕而获,不菑而畬,为必无望之事,故象以未富为释。据坊记引,则,为凶字。又据说文引,畬下多田字,段玉裁以为即凶之形讹字。然则,则为凶字无疑。乃王注谓不耕而获,不菑而畬,只代终,不造始,臣道固如是也,故利往。如王诂,是亦获亦畬也,与象未富之义不合。按易林无妄之讼云:不耕而获,家食不给。谓既不耕,获必无得,故家食不给。读虽与王同,而义则与小象不背矣。又礼坊记引此,郑彼注云:言必先耕乃得获,先菑乃得畬,安有无事而取利者乎?皆正诂,宜从。二有应,故利往。此自为一义,与上二句不相属,与困象同。

象曰：不耕获，未富也。

六三，无妄之灾，或系之牛，行人之得，邑人之灾。

无妄之灾，犹不虞之灾也。艮为牛（象失传，详焦氏易诂补遗）。巽为系，故或系之牛。震为行、为人，巽为盗，故行人之得。艮为邑，艮火故曰灾。言或系之牛，被行人牵去，居者反有盗嫌，遭诘捕之祸也。爻辞取象，神妙已极。乃自艮牛、艮火象失传，自虞翻以来，皆用卦变，致妙用全失。盖三不当位，而巽伏为盗（象失传，详焦氏易诂补遗），故有是象。灾之无妄，莫过于是。

象曰：行人得牛，邑人灾也。

九四，可贞，无咎。

阳遇阳则窒，下又无应，不宜于动，故曰可贞。贞，定也。然得重阴履之，故亦无咎。

象曰：可贞无咎，固有之也。

固有，即谓二阴。虞翻亦用卦变说之，非。

九五，无妄之疾，勿药有喜。

巽为疾；为草莽，故为药。无妄之疾，言疾之愈已失望，乃勿药而愈，其喜可知。五应在二，震为笑乐，故有喜也。勿药者，言巽药为艮火所焚也。

象曰：无妄之药，不可试也。

不可试，言此为事之偶然，非所期望，不可尝试。盖五虽当位有应，然承乘皆阳，未为全吉。

上九，无妄，行有眚，无攸利。

上应在三。巽为疾病,为眚,为利。然四五遇敌,故行有眚而无所利也。

象曰:无妄之行,穷之灾也。

大畜卦第二十六

☶

大畜,利贞,不家食吉。利涉大川。

乾为大。乾阳上升,为艮所止,故曰大畜。阳为艮畜,故利于贞定也。兑为食,艮为家,皆在外,故不家食吉。坤为大川,上居坤水之颠,下履重阴,得行其志,故曰利涉大川。与颐上九之利涉大川同也。

象曰:大畜,刚健笃实辉光,日新其德,刚上而尚贤。能止健,大正也。不家食吉,养贤也。利涉大川,应乎天也。

刚健笃实,谓乾。辉光谓艮。艮为日,故曰日新。艮为君子,故曰尚贤,曰养贤。五天位,上孚于五,故曰应乎天。

象曰:天在山中,大畜;君子以多识前言往行,以畜其德。

识,论语:女以为多学而识之者欤。注:识,记也。乾为前,为言,为行,为德。艮止于下,故多识前言往行,以畜其德。艮为君子。

初九,有厉,利已。

厉,危也。已,止也。初有应,似利往,然二三皆阳遇敌,故曰有厉。初勿用,故利已。言往应四则有灾也。旧解皆不知有厉之故在二三,于是虞氏命二变成坎,四在坎体,以取灾象。经义之晦,至于如此,真可叹也!

象曰:有厉利已,不犯灾也。

不犯灾,释利已之故也。灾即厉,指二三。

九二,舆说輹。

伏坤为舆,震为輹。二应在五。五震体,乃舆在内,輹在外,故曰舆脱輹。车之行全恃輹,輹脱则车不能行。二承乘皆阳,阳遇阳则窒,故有是象。旧说以二应五,便谓利涉大川指二者,非也。如二能利涉,焉与此象哉?然爻辞无吉凶,无咎悔,故象曰中无尤。言无尤之故,以得中也。

象曰:舆说輹,中无尤也。

九三,良马逐,利艰贞。日闲舆卫,利有攸往。

乾为良马,震为逐。三多惧,故利艰贞。乾为日。尔雅释诂:闲,习也。诗秦风:游于北园,四马既闲。传亦训闲为习。震为舆卫。日闲舆卫者,言车马已闲习,利于行也。三临重阴,故行利。

象曰:利有攸往,上合志也。

三遇重阴,阳遇阴则通,故曰上合志。上谓四五。此与升初六之上合志同。初六之上谓二三,阴遇阳则通,与阳遇阴同也。虞翻谓上为上爻。故易本一失,说无不误。

六四,童牛之牿,元吉。

释文:童牛,无角牛也。按太玄更次五云:童牛角马,不今不古。即谓牛无角也。牿,释文云:陆作角;刘云牿之言角也;

九家作告,云牛触,角著横木,所以告人。按刘、陆作角者是
也。牿、角音同通用。艮为牛(象失传,详焦氏易诂),艮少故
为童牛。而艮为角,四居艮初,有若初生之角,言小牛角初生
也。四应初,故吉。

象曰:六四元吉,有喜也。

应在初阳,故有喜。(卢浙云:说文:牿,牛马牢。牛在牢
则范而不越,故吉。于艮止义亦合。)

六五,豶豕之牙,吉。

尔雅释兽:豕子猪豯豶。注云:俗呼小豶猪为豯子。是豶
豕为小豕。艮少象也,二兑为牙,五应之,故曰豶豕之牙,言小
豕初生牙也。按艮为黔喙,兽之黔喙者莫过于豕,疑艮或有豕
象。又姤以巽为豕,大畜三至五伏巽,或仍以巽为豕也。(李
鼎祚深知豶豕二字皆由象生,然求之不得,谓五应二,二坎爻
为豕。非。又卢浙云:埤雅:以杙系豕,谓之牙。牙者,系之者
也。系而不去故吉。亦与艮止义合。)

象曰:六五之吉,有庆也。

六五承阳,故有庆。晋六五、睽六五,皆上承阳,皆曰往有
庆。兹与之同。

上九,何天之衢,亨。

艮一阳在上为天。又为背,故曰何。艮为道路,故曰何天
之衢。左传昭二年:尸诸周氏之衢。注:衢,道也。又尔雅释
宫:四达谓之衢。何天之衢者,言阳在上不为所畜,通达之甚。
象曰道大行,亦释衢为道。大行即谓其通达。虞翻释何为当。

王弼竟释何为何乃,朱子取之,益非。盖皆以天衢如何负何为疑。岂知易辞皆摄取象之精神,而不能执其解,执则易辞无一可通。

象曰:何天之衢,道大行也。

艮为天。易林豫之旅云:入天门。随之蹇云:戴瓶望天。皆以艮为天。

卷 八

颐卦第二十七

䷚

颐,贞吉。观颐,自求口实。

　　郑玄曰:颐者,口车辅也。震动于下,艮止于上,口车动而上,因辅嚼物以养人,故谓之颐。按左传:辅车相依。注:辅,辅颊;车,牙车。凡物入口,牙车载之,故曰车。辅在上不动,车在下动而上,故曰因辅嚼物。颐上艮,辅也,不动者也。下震,牙车也,动而上,因辅以嚼物者也。故郑释最得卦义。颐能养人,故贞吉。艮为观,为求。震为口,坤为物,故曰口实。实者,食也,言口含物以自养也。虞翻谓离为目,郑玄谓二五皆离爻,故能观。岂知艮一阳在上为光明,为目,为观(象失传,详焦氏易诂),不必用卦变及爻位也。

象曰:颐贞吉,养正则吉也。观颐,观其所养也。自求口实,观其自养也。天地养万物,圣人养贤以及万民。颐之时大矣哉!

　　天地谓初上。坤为万物,为民。艮为君子,为贤。伏乾为圣人。

象曰：山下有雷，颐；君子以慎言语，节饮食。

艮为君子。震为言，为食。正反震言语相背，有相讼意，慎则讼息。饮食者人之所欲。震为口，正反艮手相对，有争意，节则饮食平。慎与节皆艮止象。此易用覆象，最为神妙之语。旧说惟易林能阐其义（说详焦氏易诂）。

初九，舍尔灵龟，观我朵颐，凶。

离为龟，以刚在外。艮亦刚在外，故颐、损、益皆以艮为龟。此其义，唯易林知之。屯之震云：龟鳖列市。以震互艮为龟。泰之节云：龟厌河海。以节互艮为龟。虞翻用卦变，以晋离为龟。易取象无此迂曲也。初爻艮覆，故曰舍尔灵龟。朵，释文云：动也。人食物则颐动。初应在四，四当颐中，故曰观我朵颐。言初当位，拥有群阴，贞静自养，斯亦足矣；乃舍其自有之灵宝，而窥观他人之宠禄（四艮体，艮为贵为官），则躁竞贻讥，而殃咎或至，故曰凶。按初当位有应，前临重阴，阳遇阴则通，本无凶理。随初出门有功，益初利用为大作，其证也。此则凶者，以艮震相反覆，内动外止，故宜静不宜动。屯初云利居贞，是其义也。屯初至五，亦颐也。由此悟随初有功者，以外兑，兑悦震喜。益初利用为大作者，以外巽，同声相应。故皆动而吉。独屯初利居贞，以外坎，坎为险难，故宜贞定。其故全在外卦。颐外艮，艮止故不宜动。旧解皆不详凶之故何在，则易理失传，不能观其会通也。

象曰：观我朵颐，亦不足贵也。

言初本可贵，反因妄动而不足贵也。

六二,颠颐,拂经于丘颐,征凶。

颠与圓通。礼玉藻:盛气颠实。注:颠,读为圓。而圓与寔通。前汉游侠传:人无贤不肖圓门。注:圓与寔字同。寔,塞也。三四五皆阴,故曰寔颐。丘,前汉息夫躬传:寄宿丘亭。师古云:丘,空也。经,常;拂,违也。丘颐,空颐也。盖颐以空为用,今乃寔塞,违颐之常,故曰寔颐,拂经于丘颐。前得敌,故征凶。其以颠颐拂经为句,或以拂经于丘为句者,非。

象曰:六二征凶,行失类也。

二无应,前遇重阴,阴遇阴则窒,故曰征凶。阴阳相遇方为类,今六二不遇阳,故曰失类。象义如此明白,乃二千年易家,皆以阴遇阴为类。于是文言之各从其类,坤象传之乃与类行,系辞之方以类聚,及此皆失解。与朋友同(说详焦氏易诂)。

六三,拂颐,贞凶。十年勿用,无攸利。

吴先生曰:拂颐,犹不可口也。贞,占也。坤为十年,三不当位,承乘皆阴,故十年不用,无攸利也。按三有应,阴得阳应多吉;此独不吉者,以四五得敌,应上甚难,故曰无攸利。

象曰:十年勿用,道大悖也。

艮震皆为道路,乃艮震上下象皆相反,故曰道大悖。玉篇:悖,逆也。言艮震皆有覆象相逆也。(艮震皆为道,乃上卦覆震,与下震相逆;下卦覆艮,与上艮相逆。象下一悖字,寻味无穷。)

六四,颠颐,吉。虎视眈眈,其欲逐逐,无咎。

六二无应,以阴实颐,故凶。六四有应,实颐以阳,故吉。艮为虎,为视。眈眈,视貌。说文云:视近志远。坤为欲。逐逐,言所欲在初,乃为二三所阻,不能遽遂其欲,故逐逐不已。

象曰:颠颐之吉,上施光也。

初阳应四,故曰上施光。三有应不当位,故凶。四当位有应,故吉。然四虽有应,为二三所隔,难以下施,故须初上施而吉也。

六五,拂经,居贞吉,不可涉大川。

拂经,王注作拂颐。五不当位,故拂颐。居,安也。安居五位,顺上承阳,故贞吉。若下涉坤水,阴遇阴则窒,故不可也。

象曰:居贞之吉,顺以从上也。

上阳,故当顺从。

上九,由颐,厉吉,利涉大川。

由,自得也。义详豫九四。九四下乘重阴,故曰由豫;此亦下乘重阴,故曰由颐。然高居万民之上,恐逸豫随之,故振厉方吉也。坤为大川,阳遇阴则通,故利涉大川。此与五爻旧解所以全误者,一由坤水象失传,必用虞翻再三变之法,始得坎为大川;二由类字失诂,故不知利涉不利涉之故何在也。

象曰:由颐厉吉,大有庆也。

大有庆,谓上九乘重阴。

大过卦第二十八

▤

大过,栋桡。利有攸往,亨。

过,失也。谓中四阳陷于阴中,失其用也。说文:栋,极也。尔雅:栋谓之桴。郭璞云:屋脊也。易林以坎为栋,为屋极。大过本大坎也,坎以中爻为栋,大过以三四为栋。桡,释文云:曲折也。兑毁折,巽陨落,故栋桡。以易理言,阴承阳则利。利有攸往,应指初。升初六曰允升,曰上合志。大过初与升初同,而四有应,故往利也。虞翻知阳爻无利往者,乃谓二变应五,故利往。如虞说,传云栋桡本末弱,本谓初,初亦失位可变也,尚何弱之有哉?乃自宋朱震以来,即承其说。甚矣其不思也!

象曰:大过,大者过也。栋桡,本末弱也。刚过而中,巽而说行,利有攸往乃亨。大过之时大矣哉!

卦气图:大过十月卦。闭塞成冬,故曰大过时。

大过过字,彖传未明释。后儒或以过往为说(先天位兑左巽右,中过乾),或以过盛为说(此说尤不协,四阳五阳卦多矣,胡此独盛?),皆有可疑。愚按太玄拟大过为失,言四阳为阴所锢,失其用也。故汉人皆谓大过为死卦。易林明夷之大过云:言笑未毕,忧来暴卒。又大壮之大过云:道绝不通,商旅失意。又既济之大过云:身加槛缆,囚系缚束。太玄又拟为剧。剧,甚也,病也,皆谓阴大贼阳,阳失其用。与易林说合若符契。

象曰:泽灭木,大过;君子以独立不惧,遁世无闷。

不曰泽中有木,而曰泽灭木,此汉人死卦之说所由来也。灭者人之所惧,君子则独立不惧。巽为寡故曰独,乾为惕故曰惧。兑悦故不惧。阳陷阴中,隐伏不出,故曰遁世。遁世宜有忧矣,乃君子则遁世无闷,以兑悦在终也。大象每反以见义,此亦其一也。

初六,藉用白茅,无咎。

藉,荐也。凡以物承物曰藉。曲礼:执玉,其有藉者则裼,无藉者则袭。注:藉,藻也。疏:执玉必有藻以承玉。巽为伏,初在下,故曰藉。巽为白,为茅。茅柔物,初阴,故曰藉用白茅。又祭时藉茅于地,用以缩酒。而巽为漏(井九三瓮敝漏),于象尤切。

象曰:藉用白茅,柔在下也。

初柔在下,承阳故无咎。

九二,枯杨生稊,老夫得其女妻,无不利。

巽为杨,为陨落,为枯。易林泰之咸云:老杨日衰,条多枯枝。噬嗑之否云:朽根枯树。是以咸、否互巽为枯也。稊,郑作荑,木更生。按诗卫风:手如柔荑。传云:如荑之新生。然则荑为木新生之条。盖稊、荑同字。庄子知北游云:在荑稗。释文云:荑本又作稊。是其证。乾为生,巽为木,巽柔,故曰枯杨生稊。伏震为老夫,巽为女妻。女妻者,少妻。二下孚于阴,故无不利。巽为利也。易林遇震即曰老夫,遇巽即曰少齐、曰少姬,本此也(详焦氏易诂)。虞翻以乾老为枯,岂知乾实虽老不枯。又以乾老为老夫,兑为少女,创二应上、初应五之例,以圆其说。是贞悔不必拘,而应与常例可破也!乃清儒翕然从之,异已!（只俞樾以虞说为不通,知用旁通,打破二千年之谬误,为功甚伟。特又以大过二五与颐二五相升降以取象。岂知巽即为少妻,兑即为老妇,易林有明征,不必如是穿凿也。故夫象一失传,虽以俞氏之深识旁通,且洞明阳顺阴逆之理,亦无如何也。）

象曰:老夫女妻,过以相与也。

过以相与,言其不当。非谓初可过四应五,二可过五应上也。

九三,栋桡,凶。

初爻本弱,故栋桡。上虽有应,然四五皆阳,得敌,九三不能应上,故曰不可以有辅。

象曰:栋桡之凶,不可以有辅也。

辅,佐助也。

九四,栋隆吉,有它吝。

巽为高,四居巽上,故曰栋隆吉。有它吝者,言四应在初,四若它往应之,则为二三所忌,而致吝矣。四与三不同,三与初同体,本弱无如何。若四只不与初应,则吉也。

象曰:栋隆之吉,不桡乎下也。

不桡乎下,即不应初。

九五,枯杨生华,老妇得其士夫,无咎无誉。

兑为反巽,故仍曰枯杨。兑为华。易林否之咸云:华落实槁。以咸上兑为华。需之剥云：老妇亡夫。以剥伏兑为老妇。又否之中孚：老妾据机。以中孚下兑为老妾。伏艮为士夫，故曰老妇得其士夫。五比阴志行故无咎，下无应故无誉。虞翻以五应初，巽为老妇，易无此例也。盖易有伏象，伏即旁通，即对象，人知之。而旁通之原理，鲜能明之。文言云：旁通情也。情者感也，言阴阳不能相离也。故夫茅茹坤象也，泰初爻亦言之；云雨坤坎象也，小畜亦言之。（否初言茅茹，小过言云雨，则用正象。）易林本之，正伏象常不分。略如见一男子，可推知其家必有妇；见一妇人，可推知其家必有夫也。然非以夫为妇，以妇为夫，使男女无别也。易系辞取象可用伏，而义则正也。彼夫王引之讥虞翻用旁通，致阴阳无别。是皆于旁通情，情字失诂，故于易理隔阂如斯也。大过老夫、士夫，皆在对象。而自荀、虞以来，皆苦于本象求之，胡有得乎？

象曰：枯杨生华，何可久也？老妇士夫，亦可丑也。

匹配失宜，故可丑。

上六，过涉灭顶，凶，无咎。

乾为首，故为顶；泽水在上，故灭顶。与比之无首义同也。灭顶则死，故凶。大过之为死卦在此。然上六当位有应，凶则有之，咎则无也，故象曰不可咎。

象曰：过涉之凶，不可咎也。

不可咎，言致命遂义，杀身成仁，属于天者虽凶，而咎则未有也。

颐、大过四象，在先天处四隅，而包天地水火于其中。天地水火四正卦，上经首尾也，亦即离坎也。而即列于离坎之前,以结上经,最耐寻味。

坎卦第二十九

䷜

习坎,有孚,维心亨。行有尚。

归藏曰荦。李过曰:荦者,劳也。以万物劳于坎也。黄宗
炎曰:物莫劳于牛,故从牛。按,说文:荦,驳牛也。坤为牛,阳
入坤中,色不纯,故曰荦。而牛为物之最劳者,故取于驳牛。
周易名坎,则取于陷险二义。上下坎,故曰习。罗汝怀云:习
当为褶。礼玉藻:帛为褶。注:衣有表里而无著也。急就篇
注:褶,谓重衣。皆重复之义。而褶又假袭。礼:裼袭。书:卜
不袭吉。故习当作袭。彖曰重险,象曰水洊至,即释习坎之
义。自注有便习之说,后儒多从之。夫谙练于行事,此事理之
常,岂有谙练于行险者哉? 按罗说是也。彖传、象传,皆有明
释。王注及正义,诂为便习,此所以有野文之讥也。孚,信也。
有孚,谓二五居中遇阴,阳孚于上下阴也。旧解不知孚之故在
阳遇阴,故说皆不当。坎为心。亨,通也。心亨亦谓二五,传
所谓刚中也。行有尚,则专谓五。五往外得尊位,故曰有尚,
曰有功。

**彖曰:习坎,重险也。水流而不盈,行险而不失其信。维
心亨,乃以刚中也。行有尚,往有功也。天险不可升也,
地险山川丘陵也,王公设险以守其国。险之时用大
矣哉!**

水流若盈,则非坎矣。既曰坎则不盈也。坎为失,为信;阳居中,故不失其信。五天位,居坎中,故曰天险。艮止,故不可升。二地位,居坎中,故曰地险。艮为山,为丘陵,坎为川,故曰山川丘陵也。震为王公。艮为国,为守,为时,为天。

象曰:水洊至,习坎;君子以常德行,习教事。

洊,再也。重坎,故曰再至。艮为君子。震为德行,为言,故曰教。习则教之不已,而德行有常矣。

初六,习坎,入于坎窞,凶。

说文:窞,坎中更有坎。王肃云:坎底也。字林云:坎中小坎,一曰旁入。案王肃说是也。初居坎之最下,故入于坎底。

象曰:习坎入坎,失道凶也。

震为大涂,故曰道。初于震无应,故曰失道凶。

九二,坎有险,求小得。

二失位,故有险。阴为小。二居中,孚于上下阴,故曰求小得。

象曰:求小得,未出中也。

象曰未出中,言五无应,故曰未出。有应则上升五而当位,所得大矣。

六三,来之坎坎,检(从郑、向本)且枕。入于坎窞,勿用。

三居上下坎之间,来内为坎,之外亦坎,故曰来之坎坎。孟子:狗彘食人食而不知检。赵岐云:检,敛也。又释名云:枕,检也,所以检项也。然则枕与检义同。检且枕,仍承来之坎坎言,言内外俱受检制。既检且枕,仍与初爻之入坎窞同。
夫前检后枕,来往既陷于险境,其不能用也必矣,故曰勿用。

象曰:来之坎坎,终无功也。

勿用,故曰无功。艮为枕。易林需之大壮云:婚姻配合,
同枕共牢。大壮通观,以艮为枕。坤众故同枕。

六四,樽酒,簋贰用缶,纳约自牖,终无咎。

坎为酒,震为尊,故曰尊酒。震为簋。簋,祭器,以盛黍
稷。中爻正覆震,故曰簋贰。贰、二同。曲礼:虽贰不辞。注:
贰谓重殽。此簋贰与损之二簋同。缶,说文:瓦器。簋贰用缶
者,言用瓦簋。周礼:旅人为簋。疏:祭宗庙用木簋,今用瓦,
祭天地尚质,器用陶匏。郊特牲亦云:器用陶匏,象天地之性。
王夫之谓缶瓦也,与礼经合,得其义矣。约,神约也。周礼秋
官司约:掌六约,治神之约为上,治民之约次之。爻辞言尊簋,
则祭神也。故知此约为神约。注:神约,命祀郊社群望及祖宗
也。汉书高帝纪:约先入关者。注:约,要也。吕览淫辞:秦赵
相与约。注:约,盟也。艮为牖,震为言,故曰纳约自牖。言诏
明神而要誓,荐其盟祝之载辞于牖下也。又春官诅祝:作盟诅
之载辞,以叙国之信用。坎为信,故要誓于神也。四承阳当
位,故无咎。艮为终,故曰终无咎。酒、缶、牖、咎为韵。

象曰:樽酒簋贰,刚柔际也。

四承阳,故曰刚柔际。际,说文:会也。

九五,坎不盈,祇既平,无咎。

坎不盈,义见前。祇,京、虞作提,曰安也。郑云当作坻,

小丘也。按易字不能定者,当定之以象。郑于复卦无祇悔,训祇为病,兹又训为坻,诚以坎不盈与祇既平为对文,则祇为实字无疑。又五为艮主爻,艮山故曰坻。而坻与氏通。说文:氏,巴蜀名山。岸胁之堆,旁箸欲落墒者,曰氏。氏崩声闻数百里。扬雄赋:响若氏隤。而文选解嘲作坻隤。应劭云:天水有大坂名曰陇坻。韦昭云:坻音若是理之是。是坻与氏通。俞樾云:祇既平,即氏隤之氏。氏隤即平矣。古本易盖止作氏既平,后人误加示耳。案郑诂为坻,盖即疑祇为氏,俞说正与郑合。而韦昭音坻为是。由是证祇、坻、提音皆由氏得,从氏者误也。王引之谓郑作宛在水中坻之坻为误,岂知郑并未作坻。坻,毛传云:小渚。释水云:小洲曰渚。兹曰小丘,明非渚也。以郑作坻与解嘲同,与说文同也。不然,郑岂不知仍诂为病,使前后一律哉?坎为平,故曰坻既平。坎不盈为一事,坻既平又为一事,上下对文。诂祇为安者固非。仍诂为病,于象虽合,于义未安也。

象曰:坎不盈,中未光大也。

阳陷阴中,虽得中而未光大。

上六,系用徽纆,置于丛棘,三岁不得,凶。

刘表云:三股为徽,两股为纆,皆索名,以系缚罪人。虞翻云:徽纆,黑索也。徽纆之象,虞用卦变,以观巽为绳,非也。盖坎为矫,物之能矫者,莫过于绳,故以徽纆取象。坎为棘,上坎下坎,故曰丛棘。置、示通,周礼朝士郑司农注,及穀梁宣二年范宁注引,皆作示于丛棘。而诗鹿鸣:示我周行。郑则云:示当作寘。寘,置也。置于丛棘,旧解皆谓以黑索系罪人,置于狱,或议于九棘之下也。三岁不得,言三年不得出也。茹敦和云:坎为三岁。

象曰:上六失道,凶三岁也。

上六应在三,三震为道。乃三不应上,故曰失道。

案以丛棘为狱者,虞说也。虞谓狱外种棘。张惠言以不知所本而疑之矣。以周礼秋官朝士为本,使公卿议于九棘之下而定罪者,郑说也。然不曰九棘,而曰丛棘。文王演易之时仍殷制,殷是否有三槐九棘之制不可知,则亦可疑也。况爻词曰三岁不得,不得者,不能遂其愿也。象曰上六失道,失道者,言所为不当也。不当故不得。于入狱词意皆不合。按列子说符篇:臣有所与共担纆薪菜者,曰九方皋。是徽纆可以约薪菜。扬雄酒箴云:子犹瓶矣,居井之湄,不得左右,牵于纆徽。是徽纆可为井索。胡为必束缚罪人?若以丛棘为疑,诗云:园有棘,其实之食。又云:墓门有棘,斧以斯之。是棘常生于墓门及园囿。羽猎赋:斩丛棘,夷野草。吴志诸葛恪传:升山赴险,抵突丛棘。是丛棘常生于山林。安在必为狱?故易林需之坎云:凿井求玉,非卞氏宝;名困身辱,劳无所得。上二句谓所施不得地,释置于丛棘,及失道之义也。下二句谓徒劳无功,释置于丛棘,三岁不得之义也。依易林此释,似言徽纆所以系物,然施于丛棘,则权枒刺激,难于施设,故久不得。不得之故,则由于所置失道也。如是,则不得与失道之故,与上文皆协洽矣。徽纆,皆绳索名耳,系物之用甚多。必谓专系罪人,无乃执乎!

离卦第三十

离,利贞,亨,畜牝牛吉。

乾交坤为坎,坤交乾为离。坎为隐而离则明矣。凡相对之卦,其义皆对。二五中正,故利贞。二五丽于阳中,故亨。坤为牛,离得坤中爻,故亦为牛。俞云:说文,牝,畜母也。牝牛即母牛。虞翻谓以离为牝牛为俗说,岂知左传昭五年明云纯离为牛。由是证虞翻未见左氏。

象曰:离,丽也。日月丽乎天,百谷草木丽乎地。重明以丽乎正,乃化成天下。柔丽乎中正,故亨。是以畜牝牛吉也。

五为天位。离日兑月(象失传,详焦氏易诂),皆在五,故曰日月丽乎天。礼王制:邮罚丽于事。注:丽,附也。言日月附于天也。二四互巽,为百谷,为草木,而二为地位,故曰丽乎地(从王肃不作土)。两象,故重明。万物得日以化成。

象曰:明两作,离;大人以继明照于四方。

向明而治,故曰大人。重明,故曰继。

初九,履错然,敬之(句),无咎。

王注:错然,敬慎之貌。处离之始,故宜慎所履,以敬为务,避其咎也。按初为震爻,震为履。错然,盖又有郑重不苟之意,故曰敬。以敬之连无咎读者,非。

象曰:履错之敬,以辟咎也。

六二,黄离,元吉。

坤色黄,离得坤中爻,故曰黄离。得中,故大吉。

象曰:黄离元吉,得中道也。

九三,日昃之离,不鼓缶而歌,则大耋之嗟,凶。

三居离终,故曰日昃,故象曰不可久。此爻全用伏象。伏震为鼓,为缶,为歌。伏艮为坚,故易林常以艮为寿、为老。释言:耋,老也。盖三居下卦之终,时已迟暮,故曰不鼓缶而歌。诗:坎其击缶。缶固古乐也。而三居互艮之初,艮为大耋,言不及时行乐,则将有衰老之嗟也。震为乐,震反为艮则嗟矣。此与中孚六三之或鼓或罢,或泣或歌,皆正覆象并用。与杂卦震起艮止,兑见巽伏之义同也。而能识此旨者,在古则左传,在西汉则易林,后则无知者。

象曰:日昃之离,何可久也!

九四,突如其来如,焚如,死如,弃如。

九四虽失位,然其凶不至如此之甚。盖此爻之义,仍取覆象。自覆象失传,故说者皆莫明其故。离二至四巽,巽顺;三至五巽覆,即不顺矣。兑刚卤,故突如其来如。突与㐬同,亦作㐬。说文云:不顺忽出也,从倒子,易曰突如其来如,不孝子突出,不容于内也。云亦作㐬者,说文㐬下云:或从倒古文子,即易突字。按古文子作𠙽,倒之即为㐬。惠栋校集解,竟改为㐬。然说文明曰即易突字,是古本易作突,与今同。改作㐬,非也。巽覆故不顺,子体倒故曰不孝子,不孝子无所容于世。体离,故焚如。兑毁折,故死如,弃如。说文:弃,捐也。从㐬,㐬不孝子也。故匈奴传:王莽造焚如之刑。如淳云:焚如死如弃如者,谓不孝子也。不畜于父母,不容于朋友,故烧杀弃之。按如淳及许慎之说,皆与象传无所容义合,盖古义如此也。

象曰:突如其来如,无所容也。

六五,出涕沱若,戚嗟若,吉。

目汁出曰涕。五离为目,兑为雨水。(夬九三:往遇雨。革传:水火相息。)水出自目,故曰涕沱。沱,说文:水别流。言涕被面而支溢也。清儒皆以伏坎为涕,于卦象之神妙全失。兑口为嗟。若者,语辞。象本不吉,然而云吉者,以丽于阳中也。

象曰:六五之吉,丽王公也。

乾为王为公,谓四上。

上九,王用出征,有嘉,折首,获匪其醜,无咎。

此与大有、鼎上九义同也。大有上九云:自天右之,吉无不利。鼎上九云:大吉。盖大有、鼎中爻皆不利,凡中爻不通利者,上九必利。大畜中爻为艮所畜,至上九忽亨,则以上九高出庶物,不为所畜也。大有、鼎、离与大畜理同也。茹敦和云:离有征伐象。明夷九三曰:南狩,得其大首。晋上九曰:维用伐邑。皆为离上爻。盖一阳突出兑说之上,而兑为斧钺,离为甲兵,故曰王用出征。兑为毁折,乾为首。先儒皆谓坎折坤,则离亦折乾也(皆以中爻),故离有杀象。既济云东邻杀牛是也。折首,谓杀敌。于思泊云:虢季盘,折首五百,执讯五十,不𡢁𣪘,女多禽折首,执讯。征之金文,皆谓杀敌,非谓魁首。按于说是也。匪与分古通。周礼地官廪人：以待国之匪颁。注：匪读为分。获匪其醜者，谓匪颁所获醜虏于有功，以为奴隶也。

象曰：王用出征，以正邦也。

　　征，正也。折首获醜，皆正邦之事。邦象未详。诸家皆以坤为邦。按三至五伏艮，艮为邦。

下　经

卷　九

咸卦第三十一

咸，亨，利贞，取女吉。

　　咸，感也。归藏曰钦。诗秦风：忧心钦钦。传：思望之，心中钦钦然。盖以少男仰求少女，有钦慕之情。是钦亦有感意，与咸义同。六爻皆有应，故曰亨利贞。少女在前，少男在后，而艮为求，兑为悦，艮男求女，兑悦应之，得婚姻之正，故曰取女吉。

彖曰：咸，感也。柔上而刚下，二气感应以相与。止而悦，男下女，是以亨利贞，取女吉也。天地感而万物化生，圣人感人心而天下和平。观其所感，而天地万物之情可见矣！

　　否三上交，故曰柔上而刚下。山泽通气，故曰二气感应以相与。艮止兑悦，故曰止而悦。兑上艮下，故曰男下女。天地感即阴阳和合，和合则万物生。圣人感人则仁义兼施，仁义浃则天下和平。盖天地万物之事，莫不由感而通，由感而成，而其所以能感之故则情也,故曰其情可见。

象曰:山上有泽,咸;君子以虚受人。

艮为君子。艮男下兑女,卑以自牧,故曰以虚受人。虞翻曰:否坤为虚,乾为人。今坤虚三受上,故以虚受人。

初六,咸其拇。

拇,释文:马、郑、薛云,足大指也。初在下震爻,故曰咸其拇。感及拇,则欲行矣。

象曰:咸其拇,志在外也。

外谓四。初应在四,初四相上下,则各当其位。足者人所恃以行,今感在拇,故欲之外也。巽伏,故亦为志。见易林,亦失传象也。

六二,咸其腓,凶,居吉。

胫腓所恃以行,感及于腓,则欲前进。乃进而凶者,何也?按二当位,承阳有应,与革二至上同。革六二征吉,此应与之同。然而凶者,以革义取革新,故利于征;若咸则义取阴阳相感,感在五为正应,乃三四亦阳,二独与五,则为三四所忌,故动凶居吉。此与同人六二同。二同于五,原为正应,然而吝者,以三四亦阳,二不与同而独同五,则招忌也。其故皆在三四。近比三则失五之正应,远应五则有近不承阳之嫌。遯六二紧以牛革,亦戒其动,以遯二与同人、咸体同也。腓,说文:胫腨也。腨,说文:腓肠也。段玉裁云:腓肠谓胫骨后之肉。腓之言肥,似中有肠者,故曰腓肠。按段释腓肠,至为明晰,即今俗所谓腿肚也。庄子天下篇:禹腓无胈。注:胈,细毛也。

腓因劳受摩揩，故胈不生。然则腓为胫肚明矣。人之行恃胫，感及于胫，必前进矣。进则有咎，故曰凶。居则不动而承阳，故曰居吉。此爻凶义，鲜有详其故者。崔憬谓二应五，失艮止义。惠栋谓二比三，失五正应。义皆未备。

象曰：虽凶居吉，顺不害也。

二承阳有应，当位，本无凶理。象词恐人生疑，故释其故。言爻辞虽云动凶居吉，然阴顺阳为天职，六二但上承诸阳，亦无害也。传意似重近取，不必远应也。翼经之大，莫过于是。

九三，咸其股，执其随，往吝。

巽为股。股在腓上，故感及于股。阳遇阳则窒，上虽有应，不能往也，往则为四五所忌而吝生矣。若初、二，则随三者也，三下履重阴，止于是可矣。执者，止也。止于三，下比于阴，不必前进。否则吝穷也。

象曰：咸其股，亦不处也。志在随人，所执下也。

股所以行，故曰不处。巽为志，乾为人。言初、二志在随三，故三之所执，宜于下也。

九四，贞吉，悔亡。憧憧往来，朋从尔思。

四不当位，承乘皆阳，故必贞定无为，方免悔吝。朋谓初，尔谓四。憧憧，思不定也。盖四来应初则三害之，初往应四则二害之，故初、四不宜动宜静。然阻愈多则感愈切，朋从尔思者，言初不得应阳，而慕思四也。

象曰：贞吉悔亡，未感害也。憧憧往来，未光大也。

下系云：凡易之情，近而不相得则凶，或害之。三近四，二近初。然三亦阳,为四敌;二亦阴,为初敌,故二三为初四害。知其害而不动,害斯免矣,故曰未感害也。初四相上下成离,离为光大;今不能相上下,故曰未光大。

九五,咸其脢,无悔。

脢,说文:背脊肉也。郑、虞同。伏艮,艮为背,故曰咸其脢。当位得中,故无悔。脢居人身之上,故象曰志末。末谓上六。言九五感上,近而无阻,故无悔也。案五正应在二,而舍二感上者,以三四害之也。

象曰:咸其脢,志末也。

大过云:本末弱。以上为末也。兹曰志末,谓五为三四所阻,不能应二,故舍远取近,感在上也。

上六,咸其辅颊舌。

虞翻曰:耳目之间曰辅颊。按说文:辅,人颊车也。颊,面旁也。左传:辅车相依。注:辅,辅颊。车,牙车。正义云:易以辅颊舌三者并言,则三物也。故郑注颐卦云:颐者,口车辅也。震动于下,艮止于上,口车动而上,因辅嚼物以养人。按郑所谓口车,即牙车。牙车在口下,故曰动而上。辅在口上,故曰因辅嚼物以养人。是辅与牙车对,在口中。颊在面旁,居口上,与颐连。不过颊在上,颐在下;颊以骨言,颐以肉言耳。是辅与颊确为二物,又皆为口之属,故与舌并言。兑为口为言,辅颊舌皆兑象,所用以言者。感及于是,则言说多矣,故象曰滕口说。来矣鲜云:舌动则辅应而颊随之,三者相须用事,皆所以言者,皆兑象。

象曰:咸其辅颊舌,滕口说也。

　　释文:滕,达也。九家作乘。虞作媵。郑云:送也。按郑、虞说非也。朱子云:滕与腾通,即达也。李鼎祚本正作腾。

恒卦第三十二

☳☴

恒,亨,无咎,利贞,利有攸往。

　　咸男下女,男求女,得婚姻之正。夫妇之道既立,则长男在前,长女在后,夫倡妇随,终身以之,故受之以恒。恒,常也,久也。卦六爻皆有应,故亨利贞。易林大畜之未济云:乾坤利贞,乳生六子。利贞者,和合也。二五应初承重阳,四临重阴,故曰利有攸往。虞翻谓终变成益者是也。

象曰:恒,久也。刚上而柔下,雷风相与,巽而动,刚柔皆应,恒。恒亨无咎利贞,久于其道也。天地之道,恒久而不已也。利有攸往,终则有始也。日月得天而能久照,四时变化而能久成,圣人久于其道而天下化成。观其所恒,而天地万物之情可见矣!

　　泰初四相上下,成震巽,故曰刚上而柔下。震巽相反覆,乾坤者震巽之终,震巽者乾坤之始,故曰终则有始。蛊先甲三日,后甲三日,终则有始,与此理同也。夫妇者天地也,天地之道循环往来,恒久不已。乾为日,兑为月,日月久照,恒也。震为春,巽为夏,兑秋,乾冬,四时反覆,无有穷期,恒也。乾为圣人。震巽为草木,故曰万物之情。

象曰:雷风,恒;君子以立不易方。

雷风同声相应,可常可久。立而易方,则不恒矣。故此卦六爻皆有应,而爻辞皆不取。论语:有勇知方。注:方,义也。立不易方,即蹈义而行,无或违也。

初六,浚恒,贞凶,无攸往。

浚,深也。虞翻云:乾初为渊,故深。深谓阳。乃泰初阳上居四,四阴下居初,虽皆失位,而仍有相求相交之象,故曰浚恒。乃四阳为二三所隔,不能应初,若初则可应四也。惟初远应四,则有近不承阳之嫌,为二三所忌,故曰贞凶,无攸利。贞,卜问。巽为利也。

象曰:浚恒之凶,始求深也。

爻在初称始,宜静不宜动。况阴居初失位,尤不宜动,以违恒久之义。乃初六求与四阳交,不知二三之有厉,故曰浚恒之凶,始求深也。言凶之故在初六求与四交也。焦氏易林泰之恒云:蔡侯适楚,流连江滨;逾日历月,思其后君。巽为草莽,故为蔡。丛木为楚,故震为楚。言初求四,故曰蔡侯适楚。乾为江海,初在乾下,故曰流连江滨。乾为日,兑为月,初前临乾兑,故曰逾日历月。初求交四,震为君,故曰思其后君。林词专释此爻与四之关系。而曰思其后君,释求深之义,尤为明白。故本焦义以为诂。

九二,悔亡。

二不当位,前临重阳,宜有悔矣。然得中位,进虽不利,中正自守,亦无悔也。

象曰：九二悔亡，能久中也。

乾为久。为三四所隔，不能应五，故久于中。卦以恒为义，久中故悔亡。

九三，不恒其德，或承之羞，贞吝。

乾为德。三承乘皆阳，宜静不宜动。倘亟于应上，而四或害之，则羞吝生矣，故贞吝也。又三居巽上，下桡，进退不定，亦不恒之一因也。

象曰：不恒其德，无所容也。

乾为德。承乘皆阳，进退有阻，故曰无所容。

九四，田无禽。

震为田猎。禽，获也。下应初，三二遇敌为阻，故无禽。按四前临重阴，例之豫四、大壮、解、丰，四爻皆吉，兹独不吉者，卦以恒久贞定为义，故不取利往也。

象曰：久非其位，安得禽也？

乾为久。乾四失位，故曰久非其位。

六五，恒其德，贞妇人吉，夫子凶。

二五为夫妇，乾为德。六五下遇重阳，而正应在九二，通利极矣。阴得阳应，终身顺承，故贞妇人吉。乾为夫。大过九二老夫得女妻是也，故夫子谓九二。六五者九二之妇，本为正应，然二若应五而从妇，则三四遇敌，横犯灾难，故曰夫子凶。大畜初九曰不犯灾，需初九曰不犯难行，二卦初九皆有正应，而皆二三得敌，故曰灾难。兹与之同。

象曰：妇人贞吉，从一而终也。夫子制义，从妇凶也。

五应二,故曰从一而终。坤为义,乾制义者也。阳得阴应,本无足贵,况应之而犯灾难乎? 故曰从妇凶也。

上六,振恒,凶。

上六居动之极,故曰振恒。振,起也。卦以贞静恒久为义,振则于恒德或违,故凶。

象曰:振恒在上,大无功也。

爻至上而穷,不宜动。大谓三。三欲应上,为四所隔,故曰大无功。

卷　十

遯卦第三十三

遯,亨,小利贞。

　　遯,月卦辟未,阴长阳消,小人道长,君子道消。遯者,退
也,避也。当阴盛之时,势须退避,否则其祸有不可胜言者矣,
故曰遯亨。盖以行止论,洁身退隐,否所谓俭德避难也,无所
谓亨。而以祸福论,防微虑远,不事王侯,高尚其事,优游事
外,亨莫亨于是矣。故传曰遯而亨也。阳大阴小。小利贞者,
谓宜贞定也。传曰浸而长,谓阴方长,长则消阳,故利于静,不
利于动也。

象曰:遯亨,遯而亨也。刚当位而应,与时行也。小利
贞,浸而长也。遯之时义大矣哉!

　　五当位,二有应,故曰刚当位而应。然而不能不遯者,时
不可也,故曰与时行。遯太早则有过情之讥,如严光是也;太
晚则不能遯,沉溺于小人之中而不能免,如刘歆是也。行而宜
之之谓义,故夫子极叹时义之大。

象曰：天下有山，遯；君子以远小人，不恶而严。

凡卦皆合上下卦以立名。乾健艮止，皆无退义，然而遯者，以乾与艮先后天皆居西北也。西北者，幽潜无用之地，太玄谓曰冥。冥者，明之藏也，故曰遯。乾为君子，远遯在外，故曰远小人。五应二，故曰不恶。然以有阻隔故，绝难为与，故曰不恶而严。盖外不与绝，内实远之也。

初六，遯尾，厉，勿用有攸往。

爻象初为尾。初往应四，则为同性之二所阻，危厉之道也。勿往则免矣。

象曰：遯尾之厉，不往何灾也？

艮为止，在艮宜静。勿用有攸往，则无灾矣。

六二，执之用黄牛之革，莫之胜说。

艮为牛，无妄六三或系之牛是也。二居中，故曰黄牛。易林既济之艮云：伺候牛羊。同人之无妄云：负牛上山。皆以艮为牛。艮为皮革。执，持也，止也。艮手为执。言二得中正，宜贞定自持，如牛革之固，莫能胜我而说去也。仍小利贞之恉也。说、脱同。

象曰：执用黄牛，固志也。

巽为志。牛革者至固之物，持志如是，贞定极矣，故曰固志。固则不动，不动则不消阳。

九三，系遯，有疾厉。畜臣妾，吉。

巽为绳，故曰系。艮止，故曰系遯。言系恋而不即遯也。巽为疾。三无应，往遇敌，故有疾厉。然下有重阴，承顺于三，畜臣妾则吉。艮为臣妾也。巽疾象,详履卦象传注。艮臣象亦本易林。易林夬之坎云:君臣扰忧。坎中爻艮震,震为君,艮为臣,故曰君臣扰忧。又兑之艮云:臣围其君。亦以艮为臣。盖艮为僮为仆,故为妾。臣与仆古不分,故为臣。由是知蹇六二曰王臣蹇蹇,小过六二曰遇其臣,易原以艮为臣也。

象曰:系遯之厉,有疾惫也。畜臣妾吉,不可大事也。

广韵:惫,羸困也。陆绩云:大事,谓天下之政。潜遯之世,但可居家,畜养臣妾,不可治国之大事。

九四,好遯,君子吉,小人否。

虞翻曰:否乾为好为君子,阴称小人。按四与初有应,好遯者。外不与小人绝,当祸患未形之时,从容而遯也。然知几其神,惟君子能之,若小人则系恋而不去也,故曰君子吉,小人否。

象曰:君子好遯,小人否也。

否,不也。小人不肯退,不退则凶咎至矣。

九五,嘉遯,贞吉。

乾为嘉。五居中当位,下有应与,不必遯也;乃识微虑远,及此嘉时而遯焉,故曰贞吉。

象曰:嘉遯贞吉,以正志也。

五应在二。二互巽,巽为伏,故为心志。虞翻用卦变,谓四与初已易位,三已变成坎,上来之三,成坎为志。夫圣人观象系辞,其所用象,乃在三变之后,迂曲如此,使后学乌从测之哉?

上九,肥遯,无不利。

子夏传释肥为饶裕,虞翻以乾盈为肥,皆非。后汉张衡传注引淮南九师道训云:遯而能飞,吉孰大焉。易林需之遯云:去如飞鸿。节之遯云:奋翅鼓翼。王弼云:矰缴不能及。并皆读为飞。朱芹引姚宽西溪丛语云:肥古作肥,肥、蜚同字。是肥即蜚,蜚即飞也。盖上九居极上,高飞远引,无有阻隔,故无不利。而乾为行,故为飞,乾九五飞龙在天是也。

象曰:肥遯无不利,无所疑也。

上九逍遥世外,故无所疑。

大壮卦第三十四

䷡

大壮,利贞。

杂卦云:大壮则止。序卦云:物不可以终壮,故授之以晋,晋者进也。是亦训为止,故与进对文。太玄拟为格。格,阻也,亦止也。又拟为夷。夷,伤也。故马、虞皆训壮为伤。吴先生曰:伤则必止,二义相因。按说卦震为蕃,蕃有闭义。诗:四国于蕃。笺云:蕃,屏也。周礼大司徒:蕃乐。杜子春读蕃为藩,谓藩闭乐器而不用。是蕃与藩通。大壮之所以为止者,以震藩屏闭在前也。四不应初,二三遇敌,下阳全为四所格阻,故曰利贞。言利于贞定不动也,即止也。不止则伤,四五两爻是也。郑、王谓为强盛,然注莫古于十翼,莫精于太玄,皆不如是言,疑非易本旨。

彖曰:大壮,大者壮也。刚以动,故壮。大壮利贞,大者正也。正大而天地之情可见矣!

大谓乾。乾在下为四所格,故曰大者壮也。盖刚宜静,刚而动必多阻格,释壮之故也。利贞者,贞定。乾彖传云:各正性命,保合太和,乃利贞。天地之情,本如是也。

象曰:雷在天上,大壮;君子以非礼弗履。

震为履。震履乾,即卑履尊,非礼甚矣。陆绩曰:君子见卑履尊,终必消除,故以为戒。大象每相反为义,此其一也。

初九,壮于趾,征凶,有孚。

初应在四,四震为趾。乃四亦阳,初失应,故壮于趾。言趾有所阻格也。又二三亦阳,阳遇阳则室,故征凶。有,说文:有,不宜有也,春秋传日月有食之是也。依说文,有孚者,谓不宜于有也,即不孚也。正与象辞孚穷之义合也。

象曰:壮于趾,其孚穷也。

初得敌,无应,故孚穷。

九二,贞吉。

二得中,故贞吉。与下贞厉为对文。

象曰:九二贞吉,以中也。

二承乘皆阳,得敌,似不吉。然而吉者,以位中也。

九三,小人用壮,君子用罔,贞厉。羝羊触藩,羸其角。

三应在上,小人谓上六,君子谓三。乃上六欲应三,而为五所格,故用壮。三欲应上,而为四所格,故用罔。罔,无也。言三上皆失其用也,故卜问厉。中爻互兑,故曰羝羊。四震为藩。羸,缠绕也。三在下卦之上,于爻象为角。羝羊触藩,羸其角者,言三欲上升,为九四所阻格,若羝羊以角触藩而不能决,角反为藩所困也。荀爽以五为角。五为角,则藩已决矣,胡有羸象哉?震藩象。易林乾之丰云:藩屏周卫。同人之师云:藩屏汤武。皆以震为藩。而藩与蕃通。说卦震为蕃,即易林所本也。

象曰:小人用壮,君子罔也。

罔,犹否也。

九四,贞吉,悔亡。藩决不羸,壮于大舆之輹。

四前临重阴,利往,故贞吉无悔,故藩决不羸。震为舆,为輹。象曰尚往,是四往五也。四往五,震象毁,而兑为毁折,故曰壮于大舆之輹。盖卦以止为义,藩决则进,进则有伤,五爻丧羊相因而至矣。虞翻因不知輹象,改輹为腹,非。

象曰:藩决不羸,尚往也。

尚往,言上进居五。

六五,丧羊于易,无悔。

兑为羊,兑毁折,故丧羊。易,释文云:陆作埸,谓疆埸也。古文往往如是。说文:埸,田畔也。诗小雅:疆埸有瓜。丧羊于埸,言丧羊于田畔也。诸家作难易解,不辞甚矣。惟埸象无有详者。按震为阪。说文:阪,坡也,山胁也。诗小雅:瞻彼阪田。埸既为田畔,疑仍震象也。然虽丧羊,下有应得中,亦无悔也。

象曰:丧羊于易,位不当也。

位不当,释丧羊之故也。

上六,羝羊触藩,不能退,不能遂。无攸利,艰则吉。

卦全体兑象,故仍曰羝羊。上欲应三,而为五所格,五亦阴,得敌。三之藩在四,上之藩在五。故退欲来三,为藩所阻;进欲前往,而道已穷,故不能退不能遂。巽为利,巽伏故无攸利。然上当位有应,艰贞自守,终吉也。

象曰:不能退不能遂,不详也。艰则吉,咎不长也。

释文云:详,审也。审,慎也。言不能退不能遂之故,咎在不慎审于始而妄动也。郑、虞、王肃、王弼皆释详为善,于义亦通。三上为正应,终必和合,故曰咎不长。

晋卦第三十五

䷢

晋,康侯用锡马蕃庶,昼日三接。

离出地居五,南面向明而治,故曰晋。晋,进也。四诸侯。康,美也,大也。礼祭统:康周公。注:康,犹褒,大也。易林随之恒云:实沉参虚,封为康侯。康侯略如大侯,为诸侯之美称,犹诗之言齐侯,言平王也。坎为马,坤亦为马;坎为众,坤亦为众,故曰用锡马蕃庶。艮为手故曰锡。锡,予也。言康侯恭顺,来宾于王,锡赉众多。杂卦:晋,昼也。艮为手,数三,离为昼,故曰昼日三接。侯果曰:大行人职曰,诸公三飨三问三劳,诸侯三飨再问再劳,子男三飨一问一劳。即天子三接诸侯之礼也。昼日三接,即一昼三觌也。

彖曰:晋,进也,明出地上。顺而丽乎大明,柔进而上行,是以康侯用锡马蕃庶,昼日三接也。

明出地上谓离,顺谓坤,柔进而上行谓五。进居地上,得君位也。

象曰:明出地上,晋;君子以自昭明德。

明出地上,自然显著,德不求明而自明,故学易之君子,取法乎此,以自昭明德。言明德在己,自然昭朗,视能进与否耳。苟进而上行,未有不显著者。昭,正义云:周氏等作照。按昭、照古通,无异义也。

初六,晋如摧如,贞吉。罔孚,裕无咎。

初阴,二三亦阴,得敌,故进而见摧。有应,故贞吉。然初虽应四,以为二三所隔,应为甚难,故曰罔孚。裕,缓也。言初与四终为正应,缓以俟之,则无咎也。与屯六二,十年乃字,义同也。旧解皆不知得敌之理,虞翻以失位诂摧如,以罔罟诂罔孚,遂歧误百出矣。

象曰:晋如摧如,独行正也。裕无咎,未受命也。

初阴遇阴得敌,故曰独行。有应,故曰正。未受命者,言初居勿用之位,尚未膺官守之命也。

六二,晋如愁如,贞吉。受兹介福,于其王母。

二无应,进遇坎,坎为忧,故曰愁如。贞吉者,卜问吉也。介,虞、九家皆训为大。坤为母,伏乾为大、为福、为王,故曰受兹介福,于其王母。王母谓二,言二虽不宜于进,然得中为坤本位,必受此大福也。旧解谓王母指六五。六五亦阴,焉能福二?故夫阴遇阴、阳遇阳,敌应之理不明,说易无不误也。

象曰:受兹介福,以中正也。

言二所以受兹大福者,以得此中正之位也。若六五,则中而不正。各家因曰王母疑非五莫能当,岂知下坤方为母,伏乾故曰王母。易林此例甚多也。

六三,众允,悔亡。

施氏于升初六允升,读作粃。粃,进也,此允字当与之同。故吴澄亦读作众粃。众粃者,众进。坤为众。言群阴并进而承阳也,故曰悔亡。虞翻诂允为信,朱子从之,与象传上行之义不合。

象曰:众允之志,上行也。

坎为志。上行谓进而承阳,即释粃义,可见施读合也。

九四,晋如鼫鼠,贞厉。

释文:子夏传作硕鼠,云五技鼠也。古盖音同通用。艮为鼠,为穴。坎为盗。鼠居穴中,伺隙盗窃,昼伏夜动。四失位,前临夷主,下拥万民,而坎为隐伏,为畏怯,欲进居五,恐下民生疑;欲下应初,又恐失五位。进退周章,有类于鼫鼠,故贞厉也。

象曰:鼫鼠贞厉,位不当也。

位不当,即谓不中不正。

六五,悔亡,矢得勿恤。往吉,无不利。

六五得尊位,向明而治,故悔亡。矢,辅嗣作失。兹从孟、马、荀、虞、郑、王肃诸家。坎为矢,五坎体,是得矢也。坎为

恤,得矢为用,故勿恤。承阳,故往吉。坎矢象。噬嗑九四云
得金矢,以坎为矢也。易林常用,乃至汉末竟失传。

象曰:矢得勿恤,往有庆也。

　　往遇阳,故曰往有庆。虞翻强命五变得乾为有庆,岂知六
五上下皆乾阳,五居其中,往承阳故有庆。若五变为阳,往遇
阳得敌,尚能有庆哉?

上九,晋其角,维用伐邑,厉吉,无咎。贞吝。

　　爻例上为角,故曰晋其角。坤为邑。离上九云:王用出
征,有嘉折首。是离有征伐象。盖离为甲兵,故维用伐邑。然
下应柔爻,故必振厉方吉无咎。以不全吉,故贞吝。

象曰:维用伐邑,道未光也。

　　离为光明,至上光将熄矣。夫王道大光,则无用征伐。用
征伐,必未光也。

明夷卦第三十六

䷣

明夷,利艰贞。

　　郑云:夷,伤也。日出地上,其明乃光;至其入地,明则伤
矣。按二至四互坎,故曰艰。坤安,故曰贞。利艰贞者,言当
明夷之世,宜以艰苦贞定自守也。

**彖曰:明入地中,明夷。内文明而外柔顺,以蒙大难,文
王以之。利艰贞,晦其明也。内难而能正其志,箕子
以之。**

离文明,坤柔顺,离内坤外,故曰内文明而外柔顺。坎为难,故曰以蒙大难。坤为文,震为王,故曰文王。文王囚羑里,几经艰难,而后出之,故曰以蒙大难。坤为黑,坎为隐伏,明伏地下,故曰晦其明。坎在下,故曰内难。坎为志,为正,故曰内难而能正其志。震为子,为箕,故曰箕子。易林贲之屯云:章甫荐屦,箕子佯狂。以屯震为箕子也。箕子,纣诸父,故曰内难。纣囚箕子,箕子佯狂为奴,晦明不用,仅以身免,故曰箕子以之。以,用也。(易凡于人名、地名,无不从象生。除焦延寿外,无知此者。震箕象形,易林屡用。)

象曰:明入地中,明夷;君子以莅众,用晦而明。

坤为众,震为君子。莅众,谓三也。用晦而明,言君子处明夷之世,仍自昭明德也。

初九,明夷于飞,垂其翼。君子于行,三日不食。有攸往,主人有言。

此与师六五义同也,辞在五而象全在应。初应在四,四体震。震为飞、为翼,坤为下,故曰垂其翼。震为君子,为行;数三,离日,故曰三日。震为口、为食,坤闭,故三日不食。震为往,为主人,为言,故曰有攸往,主人有言。盖初虽应四,而为三所阻格,故飞则不能高,行则不得食,凡有所往,而为主人所恶,责让不安。左传僖十五年,晋筮遇归妹之睽曰:西邻责言。以归妹上震为责言也。震言外向,与我相背,故曰责言。兹曰有言,与责言义同也。易林同人之坎云:鼓其羽翼,飞上乔木。以坎中爻震为鼓,为飞,为羽翼。又易林蒙之艮云:攫饭把肉,以就口食。以艮中爻震为口、为食也。易颐象曰:自求口实。

以颐下震为口食也。乃震飞、震翼、震口之象皆失传,旧解皆以属之离。离在地下,且为初爻,胡能飞哉?若食象,益茫然不知所指。

象曰:君子于行,义不食也。

初潜龙勿用,况当明夷之世?方自晦之不暇,当然不得禄食也。

六二,明夷于左股,用拯马壮吉。

释文云:股,马、王肃作般。孙堂云:般,盘之省。汉碑盘字常作股,股常作般。然则马、王虽作般,义仍作股。以汉时般、股通用不分也。互震为左,巽为股,巽伏不见,故曰夷于左股。三震为马。拯,郑云承也。子夏传作抍,仍音承。用拯马壮吉者,言二承三,三阳,故壮吉也。旧解独惠栋谓马谓三;而谓三抍二故壮,则又非。承者顺,谓阴顺阳。象释曰顺,即释拯义也。

象曰:六二之吉,顺以则也。

则者法也,阴以阳为则。顺以则,谓阴顺阳,释拯马之义也。乃旧解皆不知其所谓,故愈说愈晦。岂知象以解经,顺即谓拯也。

九三,明夷于南(句),狩(句),得其大首。不可疾(句),贞。

三遇坤,坤为夜、为黑,震为南。左传成十六年,晋筮遇复曰:南国蹙。以坤为国,震为南也。三南遇坤,故曰明夷于南。震为狩、为大,坎为首、为获,故曰得其大首,言得其渠率也。

诗大雅:昊天疾威。传:疾,犹急也。不可疾,言虽得其大首,不可持之过急也。贞,谓宜安定也。疾与贞相对为义。旧读疾贞连文,九家谓不可疾正,最为害理。独项氏玩辞,以贞自为句,与经义合。又旧读以南狩连文,义亦不协。

象曰:南狩之志,乃大得也。

阳遇阴,故大有得。

六四,入于左腹,获明夷之心,于出门庭。

震为左。坤为腹,为门庭,为心。四坤体,故曰入于左腹。坤暗,故曰获明夷之心,于出门庭。震为出。言行至四入坤。悉明夷之故,正在于是也。四当位有应,故无吉凶。坤心之象,益九五云:有孚惠心。心谓二,二坤体也。又益九五象云:大得志。志亦谓坤。故易林需之否云:志如死灰。以坤为死,为志。人第知坎为心志,不知坤亦为心志,故易辞多误解。

象曰:入于左腹,获心意也。

坤为心意,故曰获心意。旧解多以三升五成坎为心意,穿凿无理,不可从。

六五,箕子之明夷,利贞。

震为箕子已见前。据易林,此箕子则孩子也。夬之中孚云:道路不通,孩子心愦。以中孚互震为孩子。又家人之巽云:孩子贪饵。以伏震为孩子。又损之大畜云:婴儿孩子,未有知识。以大畜上艮为婴儿,互震为孩子。凡易林取象,无不本之易。易他处无孩子象也。宋吴棫韵补云:古亥字音喜,亦音其。按亥字既读为其,则其字亦必读为亥。淮南子时则训:

爨其燧火。高诱注：其读为该备之该。即爨该燧火也。其既读为该，于是亥、孩、刻、荄，与其、箕常通用。书微子：我旧云刻子。论衡作我旧云孩子。孩子谓纣，言久知其愚蒙昏愦也。是应为孩子，而作刻子。墨子非攻篇：纣播弃黎老，贼诛孩子。是孩子即箕子。古之所谓诛，不尽是杀。贼诛孩子，即幽囚箕子也。是应为箕子，而作孩子。故此处六五之箕子，汉赵宾又作荄兹。夫墨子以孩子作箕子，则明夷六五之箕子，易林作孩子，正与墨子合，与论衡同。孩子皆谓纣也。孩、箕、刻、荄，皆非讹字，以音同古通用。犹磐桓之磐，或作盘，作槃，作般，皆非讹字也。易林云：婴儿孩子，未有知识。释孩子之义也。六五天子位，孩子之明夷，谓纣昏蒙。惟其指纣，故象传推及于文王、箕子。不然，象传之箕子，胡以无一异读哉？故易林姤之明夷云：西戎为疾，幽君去室。明夷六五君位，坤黑，故曰幽君。坎为室，六五在坎外，故曰幽君去室。幽君即释孩子之义。又困之明夷：遯作云，蒙覆大臣。坤为云，亦释昏蒙之义。又京房易传明夷云：君暗臣明，不可止。君暗谓六五，臣明谓六二，亦以五为君，不以为纣臣。又象传曰：孩子之贞，明不可息也。贞，正也。言孩子居天子之正位，天子一日万几，故明不可息。若箕子，已晦其明矣，有何不可息？古今释者千百家，于此语未有能通者。盖文王与微子，不欲明斥纣，故以孩子为代名，犹麦秀歌之谓狡童也。观墨子以箕子为孩子，则此之箕子，亦为孩子。易林之读，独得其真。自孩、箕音同通用之义弗明，竟作纣臣矣！岂知孩子即谓纣，与微子之孩子同。彼夫赵宾作荄兹，刘向、荀爽作荄滋，蜀才作其子，王弼作其

兹,惠栋作亥子,虽与象传义不合,然皆知作纣臣之必非。乃
孔疏不从王注,而从马融,竟作纣臣解,疏已。五本君位,马融
作纣臣解,亦知其不安,而以箕子演畴,有君德为解,益可证易
林以孩子为纣之精。五承乘皆阴,下又无应,故曰利贞。谓宜
艰贞自守不妄动也。

象曰:箕子之贞,明不可息也。

五为天子。天子一日万几,明息则政乱矣,故曰明不可息。

上六,不明晦。初登于天,后入于地。

明夷之初为晋,晋日在地上而为昼,故曰初登于天。乃晋
覆成明夷,日在地下而为夜,故曰后入于地。入地故晦而不
明。卦正如彼,覆则如此,此文王示序卦之义也。

象曰:初登于天,照四国也。后入于地,失则也。

坤为国,震卦数四,故曰四国。则,谓三。上为四五所格,
不能应三,故曰失则。此则字与六二顺以则,谦六四不违则义
同,皆谓阳。旧解皆不知失则之故何在,泛说之,非。

卷十一

家人卦第三十七

家人,利女贞。

归藏曰散家人。卦以一阳一阴散处于卦内,又上卦巽风,下卦火炎上,均有散意,故以为名乎?马融曰:家人以女为奥主,长女中女各得其正,故曰利女贞。然象传曰:男正位乎外。似家人兼男女言,特女贞尤利耳。又考太玄拟家人为居,云:蹊肤赫赫,为物城郭,万物咸宅。是以家人初上爻皆阳,故曰肤,曰城郭,而人宅其中,故曰家人也。义似较各家为优。二四得正,承阳有应,故利于女子之占也。

象曰:家人,女正位乎内,男正位乎外。男女正,天地之大义也。家人有严君焉,父母之谓也。父父,子子,兄兄,弟弟,夫夫,妇妇,而家道正。正家而天下定矣。

女正位乎内谓二,男正位乎外谓五。二五者夫妇,即天地也,即父母也。父母皆得正位,故曰严君。严君者,尊也。卦下五爻皆得正,故曰父父,子子,兄兄,弟弟,夫夫,妇妇。初震爻,震为子,为兄,为夫。三艮爻互坎,坎、艮皆为弟。巽为妇。父子兄弟夫妇皆得正,则家正。家齐则国治,故曰天下定。

象曰:风自火出,家人;君子以言有物,而行有恒。

巽木生火,火动生风,故曰风自火出。物,孔疏云:事也。按周礼地官司门:几出入之不物者。注:衣服视瞻,不与众同;及所操物,不如品式者。然则不物即违常,即不法也。言有物者,即言不离乎经常也。

初九,闲有家,悔亡。

释文:马云,闲,阑也,防也。离中虚外坚,故离有闲义。即太玄所谓为物城郭也。能闲其家,故悔亡也。荀、郑训闲为闲习,似非。

象曰:闲有家,志未变也。

初应在四,四体坎,坎为志。志未变者,言初与四为正应,无敢或渝,所谓行有恒而家道正也。其以遯为说者,皆因不得解而穿凿也。

六二,无攸遂,在中馈,贞吉。

礼月令:百事乃遂。注:遂,犹成也。公羊传桓八年:大夫无遂事。注:遂,专事也。坤道无成,六二应五承三,顺以巽可矣,不必专事也,故曰无攸遂。六二得中,故曰在中馈。馈,饷也。周礼天官:膳夫掌王之馈。注:进食于尊曰馈。在中馈者,言坤道顺从,无敢专事,职供中馈,酒食是议也。贞吉者,卜问吉也。

象曰:六二之吉,顺以巽也。

顺以巽,言承三应五也。

九三,家人嗃嗃,悔厉吉。妇子嘻嘻,终吝。

释文:嗃嗃,马云悦乐自得貌。荀作确确。按离外坚,荀读是也。嘻嘻,郑云:骄佚笑乐之意。然同在一爻,吉吝不同者,盖三居离上,离外坚,有坚确自守,安不忘危之意,故曰家人嗃嗃。嗃嗃则守正安常,故厉而吉也。而三前临巽风,巽为妇,为进退,为躁动,为声应,故曰妇子嘻嘻。嘻嘻则悦而淫矣,故曰终吝。嗃嗃之象下取离,嘻嘻之象上取巽。诚以同此一爻,或吉或吝,必有其故。而先儒无言者,探测如此。

象曰:家人嗃嗃,未失也。妇子嘻嘻,失家节也。

失、佚古通。未佚者,言不敢放逸也。若嘻嘻,则淫佚而不中节矣,故曰失家节。失,下读得失之失,上读佚,以与节韵。

六四,富家,大吉。

乾为富。四承重阳,当位有应;体坎,坎为室家,故曰富家大吉。凡上卦为巽,四当位,无不吉者。如小畜、观、益、巽、涣、中孚,六四皆吉。惟不当位者,虽临重阳,不尽吉也。此易例也。虞翻强命三变成艮,最为害理。三当位,胡为使失正哉?

象曰:富家大吉,顺在位也。

言富之故,以顺阳也。五得位,故曰顺在位。

九五,王假有家,勿恤,吉。

五天子,故曰王。假,释文:更白反,注至也。案虞书:格于上下。传:格,至也。是王弼、陆德明皆读假为格。与萃之王假有庙同。王假有庙,言王以至诚感格神明;王假有家,言王以至德感格家人。无有不正,故无所忧而吉也。

象曰:王假有家,交相爱也。

交相爱,谓二五交孚,即释格义。诸家皆释假为大,与交相爱之义相去甚远。故唯王注为得也。

上九,有孚,威知,终吉。

上九居家之上,为全家所翊戴,故曰有孚,曰威知。上居卦终,故曰终吉。

象曰:威如之吉,反身之谓也。

巽究成震,震为威。言震巽相反覆,故曰反身。虞翻命三变成阴,以说反身。三当位,胡能使变?乃惠栋不知其强说,谓塞上六志在内为反身。夫塞三、上,皆当位有应与。若家人则三上皆阳,艮传所谓敌应也,上胡能反三哉?

睽卦第三十八

䷥

睽,小事吉。

归藏作瞿。说文:鹰隼视也。礼玉藻:视容瞿瞿。注:惊视不审貌。夫惊而惧,视而不审,则视象必至乖违明矣。至周易曰睽,义与瞿略同。睽,乖也。说文:目不相听也。卦三至五两目相背,相背则视乖。听,从也。不相从,则一目视为彼,一目视为此,如三、上所言是也。盖卦之得名,全以卦象。六书故:睽,反目也。与说文义同。自反目之义失,旧解于三、上爻辞皆莫详其故矣。小谓阴。六五得中有应,故小事吉也。

象曰:睽,火动而上,泽动而下。二女同居,其志不同行。说而丽乎明,柔进而上行,得中而应乎刚,是以小事吉。天地睽而其事同也,男女睽而其志通也,万物睽而其事类也。睽之时用大矣哉!

火性炎上而即居上,水润下而即居下,愈去愈远,故二女同居不同行。坎为志也。然所以睽者,以同为女也。若夫天地男女,其形虽睽隔,而其功用无不和合而同也,其心志无不相感而通也。即推而至于万物,若繁赜不可计数矣,然只有物即有阴阳,有牝牡,阴阳牝牡则必合而为类无疑也。故睽亦有时有用也。

象曰:上火下泽,睽;君子以同而异。

同者同为女,异者不同行。君子法之,不拘于一。

初九,悔亡,丧马,勿逐自复。见恶人,无咎。

震为马。兑二折震,震毁,故曰丧马。震为复。二必升五,升五则下成震,故曰自复。离为恶人,初前遇之,兑见,故曰见恶人。盖初居潜龙之位,勿用之时,居易俟命,无所动作,故悔亡而无咎也。

象曰:见恶人,以辟咎也。

言无咎之故,在辟之也。

九二,遇主于巷,无咎。

五为卦主。丰九四云遇其夷主,是也。二应之,离为巷,故曰遇主于巷。有应得中,故无咎。离巷象失传。易林无妄之小畜云:鳍鰕去海,游于枯里;街道迫狭,不得自在。小畜上巽为鱼,故曰鳍鰕。乾为海,巽在外,故曰去海。离为枯,为里,为街巷。说文:巷,里道。诗郑风:巷无居人。传曰:巷,里涂。离上下阳,中虚,俨然里巷也。巷为里道,故象曰未失道。巷象失传,故旧解无不误,不足怪也。

象曰:遇主于巷,未失道也。

得应,故曰未失道。

六三,见舆曳,其牛掣,其人天且劓。无初有终。

兑为见,坎为舆,为曳。坎舆在前,而三居坎后,故曰见舆曳。互离为牛。掣,郑作挈,云牛角皆踊也。踊,起也。说文作觢,云角一仰一俯。子夏传作觢,云一角仰。案,挈、觢同字,皆音挚,义皆同。又易林大畜之睽云:伤破妄行,触壁觝墙。亦以角踊为说,不以滞隔为训。只王弼作掣,音与诸家同,义与诸家异,非也。其牛挈者,言牛角腾踊上出也。天,马融云:黥凿其额曰天。虞翻云:黥额为天,割鼻为劓。黥即古之墨刑。马云黥凿,殆误也。艮为额、为鼻,艮伏不见,故曰劓。兑上毁缺,故曰天。惟古刑无名天者。俞樾云:天为兀字。古文天作兲,以形近,故兀讹为天。庄子云:鲁有兀者。释文云:刖足曰兀。其人兀且劓,犹困九五曰劓刖也。按三震象半见,故曰刖足。俞氏之说或是也。又胡安定云:天当作而。古文相类,传写遂误。在汉法,有罪髡其鬒发曰而。又周礼梓人:作其鳞之而。亦谓髡其鬒发。按之而,注训为颊颔,释文云秃也。玉篇亦训颔为秃。贾疏亦无髡其鬒发之解。然颔之为秃,字书皆同。则而者秃也,秃则天然无发,不必受刑。似胡说不如俞说优也。三不当位,故初不吉。有应承阳,故曰有终。

象曰：见舆曳，位不当也。无初有终，遇刚也。

位不当故无初，遇刚故有终。

九四，睽孤，遇元夫，交孚，厉无咎。

坎为孤，为夫。虞翻强令四变成震，以取夫象。岂知左传襄二十四年，筮遇困之大过，坎变巽，曰夫从风。以坎为夫也。坎者乾元之精，故曰元夫。比曰元永贞，是其义也。四上下皆阴，故曰交孚。坎险，故曰厉。交孚则志行，故厉无咎。

象曰：交孚无咎，志行也。

坎为志。志行，言阳得阴则孚也。此爻旧解，皆用虞氏爻变取夫象，信汉儒不信左氏，岂不异哉！

六五，悔亡，厥宗噬肤，往何咎？

同人六二云：同人于宗。以五阳为宗。宗，主也。坤先迷后得主是也。兹以九二为宗。艮为肤，以刚在外也，故离亦为肤。二兑体，兑口逼近离肤，故曰厥宗噬肤。然二为正应，二五相上下，各得位，故往无咎。离肤象，易林师之井云：范子妙材，戮辱伤肤。井互离，兑毁折，故曰戮辱。离兑连体，故伤肤。是焦氏以离为肤也。井中爻亦睽也。

象曰：厥宗噬肤，往有庆也。

得阳应，故曰有庆。

上九，睽孤，见豕负涂，载鬼一车。先张之弧，后说之壶。匪寇，婚媾。往遇雨则吉。

睽为反目，目反故所见不同，一目见为豕，一见为鬼；一目见张弧而惧,一见说壶而喜;一见为寇,一见为婚媾也。见字统全爻而言,反目之精神全出。旧解若只见豕负涂者,由不知睽之取象在反目也。离为见。互坎为豕,为涂,为车,为鬼。坎数一,故曰一车。坎为弧,为矢,张弧则欲射我矣。离为壶。说,遗也。而坎为酒。遗我以壶酒,则意善也。坎为寇。三虽坎体,而应上九,则婚媾也,寇则非矣。兑为雨,上往居三,故曰遇雨。三上相上下,各当位,故吉。上之内,宜曰来。然睽五往外也,曰朋来;需三往上也,曰三人来,盖自本位言则曰来,去本位言则曰往,不能执也。壶,王弼作弧。兹从京、马、郑、王肃、翟子玄。说,释文:始锐反,音税。

象曰:遇雨之吉,群疑亡也。

坎为疑,疑之故全在坎。上往三成大壮,天雷一震,坎象消释,故曰群疑亡。坎为众,故曰群疑,即上所见诸象也。

蹇卦第三十九

䷦

蹇,利西南,不利东北。利见大人,贞吉。

重坎,故曰蹇。坤在西南,五往居坤中,得中有应,故曰利西南。艮居东北,三阳穷于上而多凶,故不利东北。大人谓五,往得尊位,故利于出见。传所谓往有功也。往五当位,居中,故贞吉。

彖曰:蹇,难也,险在前也。见险而能止,知矣哉!蹇利西南,往得中也。不利东北,其道穷也。利见大人,往有

功也。当位贞吉,以正邦也。蹇之时用大矣哉!

坎险艮止,故曰见险而能止。此卦义也。虞翻于利不利之故,盖茫然莫解,复以参同契月出庚之说解利西南,月灭癸之说解不利东北。岂知兹所谓西南确指坤位,坤为邦,五居坤中,故曰正邦。而翻则曰月生西南。夫月于三日出庚,庚岂西南哉? 真管辂所谓美而伪也。

象曰:山上有水,蹇;君子以反身修德。

见险而止,反身修德,以俟之而已。文言云进德修业,乾三云君子终日乾乾夕惕若,修德之事也。艮为身。反身者,反而求诸己,不徒止而不前也。艮身象,艮彖云:艮其背不获其身。以艮为身也。故易林需之坎云:名困身辱,劳无所得。坎中爻艮,艮为名,为身,坎隐伏,故名困身辱。虞翻用卦变,以坤为身,不知艮亦为身也。

初六,往蹇,来誉。

四不应,二至四坎,初临之,故往蹇。来居初,静而不动,则有誉也。艮为名,故曰誉。

象曰:往蹇来誉,宜时也。

宜时,正义作宜待。释文云:张氏作宜时。郑本作宜待时。虞同。兹从张氏。艮为时。宜时者,谓时宜如此也。阮校云:石经待也二字漫漶。而不言上有宜字。可见郑、虞读似非。

六二,王臣蹇蹇,匪躬之故。

艮为臣,五为王,二应五,故曰王臣。艮为僮仆,古臣、仆不分,故艮亦为臣。二临重坎,故曰王臣蹇蹇。蹇蹇,言劬劳也。艮为躬。匪躬之故,言所以劬劳如此者,乃从王事,匪为私也。艮臣象,损上九云:得臣无家。小过六二云:遇其臣。遯六三云:畜臣妾吉。皆以艮为臣也。

象曰:王臣蹇蹇,终无尤也。

有应,故无尤。尤古音怡,诗鄘风:大夫君子,无我有尤。与下之协。此与上时、下之协,与诗同。故正义上象作宜待非。

九三,往蹇,来反。

往遇险,反据下二阴则利也,故曰往蹇来反。

象曰:往蹇来反,内喜之也。

内谓下二阴,阴欲承阳,故曰内喜之。释来反之故也。

六四,往蹇,来连。

正义:马云连亦难也。王弼云:往来皆难,是亦训连为难。盖四居上下坎之间,故往来皆难。荀爽谓与至尊相连,朱子谓连于九三者,皆非也。又屯上六云:泣血涟如。淮南子引作连如。盖与此义同,亦连为难之一证。

象曰:往蹇来连,当位实也。

坎为实。当位实者,言四位当,惟所值上下皆实,故进退难也。坎刚中,故为实。易林屯之师云:李梅冬实。师震为李梅,坎为冬为实也。旧解皆以乾为实,致此句义不明了。岂知此实字谓坎。上下坎,方能明来往皆难之义也。

九五,大蹇,朋来。

当位居尊,故曰大蹇。阴以阳为朋,阳往阴中,故曰朋来。

虞翻以下卦伏兑为朋。岂知象传曰中节，即谓五居坤中，如合符节，释朋义也。

象曰：大蹇朋来，以中节也。

言五在阴中，阴阳相遇，如符节之合。

上六，往蹇，来硕。吉，利见大人。

上穷，故往蹇。来硕谓应三，三阳故曰硕。尔雅释诂：硕，大也。阳大，故曰硕。利见大人，谓顺五，五为大人。

象曰：往蹇来硕，志在内也。利见大人，以从贵也。

应三，故曰在内。三体坎，故曰志在内。五天子位，故曰从贵。

解卦第四十

䷧

解，利西南。无所往，其来复吉。有攸往，夙吉。

震出险，故曰解。归藏作荔。荔与离通。上林赋：苔遝离支。离支，即荔支。干禄字书：离支，俗作荔支。是离、荔音同通用。离即解也，义与周易同。坤位西南。四居坤初，前临重阴，阳得阴则通，故利西南。五得敌，故不利往。来复于二，各当其位，故曰其来复吉。有攸往，谓二往五。夙，早也。礼记孔子闲居：夙夜基命宥密。疏：夙，即昕也。昕，明也。二坎为夜，五震为晨，二往五则由夜及晨而天明矣，明故吉也。旧解于吉之故，皆言早往得位故吉，而王注诂夙为速尤误。岂知诗、书皆以夙与夜对言。夙为早者，言早晨也，非速也。

象曰:解,险以动。动而免乎险,解。解利西南,往得众也。无所往,其来复吉,乃得中也。有攸往,夙吉,往有功也。天地解而雷雨作,雷雨作而百果草木皆甲坼。解之时大矣哉!

坎险震动,震在外,动而出险,故曰解。六五前遇阴,故曰无所往。来居二,居中当位,故吉。九二往居五,故有功。震雷坎雨,是天地解也。震为春,为百果草木。离为甲。孙星衍云:甲,皮也。震动故甲坼。坼,说文:裂也。言草木当春,得雷雨,胚胎迸裂,蓓蕾怒发,芽蘗潜滋,而外甲坼也。史记律书:甲者言万物剖符甲而出。又礼月令:其日甲乙。郑注云:时万物皆解孚甲。皆甲坼之的解也。乃马、陆皆读坼为宅,云根也。愚以为坼、宅音同,故通用。若以宅为根,则古无此训。且草木未得雷雨之先,岂皆无孚甲无根乎?郑康成盖读与马、陆同,而知其难通,故又曰:皆,读如人倦之解。以济其穷。若曰皆甲宅,即解甲宅也。岂知甲宅即甲坼,不必如是穿凿。且甲可解,根如何解哉?是仍不通也。然由郑说,可悟以宅为根之非矣。乃雅雨堂刻本从惠栋校,竟改集解甲坼为甲宅。岂知荀注本作甲坼,故曰草木萌芽。萌芽,即释坼义也。若作宅,荀胡以不释?且释文早言之矣,明本集解可证也。李道平作纂疏,不顾荀注义如何,亦改作宅,致传文与注不相应。真可异已!(释文只云马、陆作宅,后集荀注者,如孙堂,如马国翰,皆改荀注作宅,可谓盲从。)

象曰:雷雨作,解;君子以赦过宥罪。

坎为罪过,震为解,故赦过宥罪。

初六,无咎。

承阳有应,虽失位,得无咎也。

象曰:刚柔之际,义无咎也。

际,交也。言初承阳,刚柔交际,故义得无咎。

九二,田获三狐,得黄矢,贞吉。

坎为狐,坎陷故为获。二应在五,五震为田猎,数三,故曰田获三狐。坎为矢,互离色黄,故曰得黄矢。贞吉者,卜问吉也。诸家皆以离为矢。离虽为甲兵,然若斧象则专属兑,矢则专象坎。坎为棘,为匕,为直,为穿,故为矢。经从未以离为矢。

象曰:九二贞吉,得中道也。

离为道,二中位,故曰中道。

六三,负且乘,致寇至,贞吝。

三不当位,坎为车,三在车上,故曰乘。上震,向外视之艮,艮为负何,故曰负且乘。坎为寇,三上下皆坎,故曰致寇至。古者君子方得乘车,若负戴则为小人之事,今负且乘焉,望之不似,则盗贼从而生心,故曰致寇至。言招致使来也,故卜问吝矣。贞吝与上贞吉为对文,故夫从虞氏以贞吉为之正者非也。

象曰:负且乘,亦可醜也。自我致戎,又谁咎也!

说文:戎,兵也。寇至,故谓致戎。

九四,解而拇,朋至斯孚。

拇,陆绩云:足大指也。王肃云:手大指。手指于震象不合,故陆注是也。震为足,四前遇重阴,阳遇阴则通,故曰解而拇。言利往也。复象云:朋来无咎。阴以阳为朋。九四前遇重阴,下乘阴,阴孚于阳,故曰朋至斯孚。言上下阴共孚于四也。象传谓往得众,指此爻也。旧解皆从虞翻说,谓四阳从初,下兑,故朋至斯孚。致孚义全晦。

象曰:解而拇,未当位也。

解而拇,前进也。四失位,进至五则当位矣。申解而拇之故也。

六五,君子维有解,吉,有孚于小人。

震为君子,谓四。君子维有解,言四宜升五,当位而吉。小人谓阴。四升五成坎,坎上下皆阴,有孚维心亨,故曰有孚于小人。

象曰:君子有解,小人退也。

君子有解,谓九四升五。小人退,谓五退居四。释爻义可谓至明白矣。

上六,公用射隼于高墉之上,获之无不利。

震为公,为射,为隼。伏巽为墉,为高。六居巽上,故射隼于高墉之上。盖卦为重坎,上六履重坎之上,动作如意,故获之无不利也。震射,左氏象。震为鸿鹄,故为隼。俱见易林(详焦氏易诂)。

象曰:公用射隼,以解悖也。

坎为悖。上六居重坎之外,故曰解悖。

卷十二

损卦第四十一

䷨

损,有孚,元吉,无咎,可贞,利有攸往。曷之用,二簋可用享。

　　贞我悔彼,以我之阳,益彼之上,故曰损。归藏作员,朱彝尊谓即损卦。然归藏以益为诚,则此未必取义于损。按员,古作云。商颂:景员维何。笺:员,古文作云。以此例之,归藏必原作云也。说文:云,山川气也,象回转形。后人加雨作雲,是云即雲字。卦上艮下兑。说卦:山泽通气。气即云。中互坤,坤正为云。卦二至上正反震,震为出。云出泽中,至上而反,正回转之形,与说文合,与卦象合。六爻皆有应,故曰有孚。二阳遇阴,乾元通,故曰元吉。可贞,言二不宜升五再损也。利有攸往,谓上也。上九下乘重阴,颐曰利涉大川,利涉即利往也。尔雅释诂:曷,止也。而曷与愒通。诗大雅:汔可小愒。传:愒,息也。息、止义同。故集韵云:愒,或作曷也。而愒与憩通。诗甘棠篇:召伯所憩。释文:憩,本又作愒。曷之用,言憩息之时也。上卦艮,故云憩。震为簋,坤数二,故曰二簋。兑为享。享、飨通。左传成十二年:享以训恭俭。释文:享,本亦作飨。又庄四年:止而飨之。周语:大臣飨其禄。注皆训飨为食。曷之用二簋可用享,言当休暇之时,可以二簋为享。二簋虽俭,然处损时,亦可也。清儒承荀氏旧说,见言簋即以为祭宗庙,侈陈礼制。岂知仪礼公食大夫礼:宰夫启簋。诗秦风:于我乎,每食四簋。凡宴享皆用簋,非必祭宗庙始用也。且于易义之谓何矣? 崔憬以曷为何。荀爽等只说二簋可用享,不及曷义。于是清儒如惠栋、焦循、张惠言、孙星衍等,亦不释曷义。只一姚配中袭崔憬说,疑非也。

彖曰:损,损下益上,其道上行。损而有孚,元吉无咎,可贞,利有攸往。曷之用,二簋可用享。二簋应有时,损刚益柔有时。损益盈虚,与时偕行。

贞我悔彼,内与外,上与下,其亲疏迥不相同。故夫以内阳益外,则我损矣。上下即内外也。泰三往上,故曰其道上行。震为应,二至四震,乃上卦震覆,若反声相应者,故曰二簋应,与中孚之鹤鸣子和理同也。二簋应有时,言时当惕息,用二簋享,正与时应也。泰极还否,损者泰之终,否之始。损刚益柔有时者,按卦气损为七月卦,时已当否,阳日减,阴日增,正损刚益柔之时,不可不预知也。时当益则益,时当损则损,益则盈,损则虚,乾盈坤虚,应时而行。所谓穷则变,变则通也。

象曰:山下有泽,损;君子以惩忿窒欲。

震为决躁,为武人,故为忿。乃上卦震覆为艮,艮止,故曰惩忿。二至上正覆震,震为口有争食象,坤闭,故曰窒欲。学易之君子,因以取法焉。

初九,已事遄往,无咎,酌损之。

已,虞作祀。晁氏云:已,古文祀字。按金文沈子它敦铭:用飤饙已公。已公即祀公。初应在四,四震为祭祀,兑为飤。遄,速也。祀事遄往者,言宜往应四也。当位,故无咎。所应为阴,故曰酌损。

象曰:已事遄往,尚合志也。

尚、上同。上谓四,初四婚媾,故曰合志。四坤为志。其用卦变以坎为志者,非也。

九二,利贞,征凶。弗损,益之。

三已损矣,二不宜再损,故利于贞定也。震为征,二阳临重阴,更利于征;然二往五则下愈损,故征凶也。弗损者,即贞于二不动,不再损下也。弗损即益二矣,故曰益之。夫贞我悔彼,泰三阳三阴,而阳全在我,此所以为泰也。损我一阳以益外,已非善徵,若损之不已,则成否矣。否天地闭,贤人隐,故于二爻著以为戒,曰利贞,曰征凶。旧解惟王弼能识二之不宜往五,谓刚全上则剥道成。若虞翻则谓二不征之五则凶,故反经为说。岂知二阳得五阴为应,利往诚为常例;独损二因其利往,再损内也,故因以为戒。乃后世如惠栋、张惠言等,多祖述其说。独姚配中识虞义之反经,乃又以利贞为之正,二之正成阴,阴与阴不相应,故征凶,仍以卦变为穿凿。然则不独易象失传,易理之失传更甚也。

象曰:九二利贞,中以为志也。

中谓二。言志贞于二,不前进也,故曰中以为志。旧解无不误者。

六三,三人行则损一人,一人行则得其友。

乾为人。泰三阳原为三人,今成兑,损一人矣。损三以益上,上乘重阴,阳以阴为友,故曰一人行则得其友。友谓四、五。旧解以下应兑为友,故于三则疑之故,无有通者。

象曰:一人行,三则疑也。

三阳上行则成否,否上九为四、五所阻格,所谓敌也,敌则相疑相忌,而不相友矣。释得友之故也。易于阴阳相遇为朋友之故,言之可谓明白矣。乃自荀、虞以来,以兑二阳、艮二阴为朋友,相承至今。岂知阳遇阳、阴遇阴,艮谓之敌应,中孚谓之得敌哉?

六四,损其疾,使遄有喜,无咎。

坤为疾,四得阳应,故曰损其疾。遄,往也。坤为忧,乾为喜。使遄有喜者,言往得阳应而喜也。坤疾象失传,旧解故多不当。

象曰:损其疾,亦可喜也。

疾损,故可喜。

六五,或益之十朋之龟,弗克违,元吉。

艮为龟。汉书食货志注:苏林曰,两贝为朋,朋值二百一十六。元龟十朋。艮为朋友,坤数十,故曰十朋之龟。言阳在上,五得承之,若大宝之益也。阴顺阳,故曰弗克违。五卦位最尊,故曰元吉。艮龟象失传。<u>侯果</u>谓内柔外刚龟之象,岂知艮即为龟。

象曰:六五元吉,自上祐也。

上为阳,五承之,故曰自上祐。祐,福也。<u>释文</u>:或作佑。无言汉人作右者。<u>惠栋</u>擅改之,后学盲从之,于是<u>集解</u>之文遂乱矣,不可不知。又自<u>虞翻</u>以来,皆以二益五为说,清儒皆宗之,不惟与<u>象传</u>背,且与经背。经于九二言征凶,言利贞,言弗损,则二固不往五。况象传明言自上祐,则十朋之龟指上也。弗克违,言五承上也。则以二益五为说者,其误益明矣。

上九,弗损益之。无咎,贞吉,利有攸往。得臣无家。

上之三则上损矣,不动则益上,故曰弗损益之。贞吉者,卜问吉也。上乘重阴,故利有攸往。与<u>颐</u>上九同。坤为臣,上据坤,是得臣为助也。三者上九之家,上既得臣为助,即不返三,故曰得臣无家。言公而忘私也。

象曰:弗损益之,大得志也。

坤为志。上据坤,阳乘阴,故曰大得志。旧解皆以上返三为说,非。

益卦第四十二

䷩

益,利有攸往,利涉大川。

贞我悔彼,以彼之阳,下来益我,故曰益也。<u>归藏</u>曰诚。<u>说文</u>:诚,和也。<u>书召诰</u>:其丕能诚于小民。注亦训诚为和。

风雷同声相应,和之至也。是周易以阳爻上下言,故曰益;归藏合上下卦言,曰诚也。利有攸往,谓五。五既中且正,传所谓中正有庆也。利涉大川,谓初。坤为大川,震为舟,初阳遇阴而通,故曰利涉。传所谓木道乃行也。

象曰:益,损上益下,民说无疆。自上下下,其道大光。利有攸往,中正有庆。利涉大川,木道乃行。益动而巽,日进无疆。天施地生,其益无方。凡益之道,与时偕行。

坤为民,震为乐,故曰民说。坤为广,故曰无疆。否四来居下卦之下,故曰自上下下。震为玄黄,故曰大光。利有攸往,中正有庆,谓五。利涉大川,木道乃行,谓初。震为舟,故曰木。古刳木为舟,故谓舟为木。涣曰:乘木有功。中孚曰:乘木舟虚。皆以木为舟。利涉大川,故曰木道乃行。言舟行水上,舟楫之利用溥也。此纯释利涉之义。坤为水,震为舟,故曰木,曰行。程子不知木即为舟,改木为益。野文之害,至斯而极。阳自外来,故曰天施。震为生,坤为地,故曰地生。益者否之终,泰之始。太玄云:已用则贱,当时则贵。艮为时。与时偕行者,言时而当益,不能不益也。

象曰:风雷,益;君子以见善则迁,有过则改。

乾为善,坤为过。乾来初,得位得民,是迁善也。乾来初成震,坤象灭,是改过也。故学易之君子法之。

初九,利用为大作,元吉,无咎。

虞翻云:大作,谓耕播耒耜之利。按虞书:平秩东作。注:岁起于东,而始就耕,谓之东作。禹贡:恒卫既从,大陆既作。

注:二水已治,从其故道,<u>大陆</u>之地已可耕作。是作即耕也。震为春,为耕,至春民尽耕,故曰大作。阳遇阴,故利。乾元通,故大吉无咎。

象曰:元吉无咎,下不厚事也。

震健而决躁,故<u>左氏</u>以为射,言其速也。厚,余也。行速故无余事。坤为事。言初虽在下,往利无阻,事无积滞。仍利涉大川之意也。

六二,或益之十朋之龟,弗克违。永贞吉。王用享于帝,吉。

艮为龟,为朋友,坤数十,故曰十朋之龟。二应在五,五艮,故以十朋之龟益二也。二得阳应,故曰弗克违。二当位,故永贞于二吉。震为帝,王谓五。震为祭祀,故曰享。王用享于帝吉者,言五应二,则二吉也。

象曰:或益之,自外来也。

外谓九五,恐人疑为初。

六三,益之用凶事,无咎。有孚中行,告公用圭。

三居坤中,坤为凶,为事。益之用凶事,言上来益三,为五所阻,<u>大畜</u>初九所谓有厉也,故曰凶事。二、三、四阴爻皆承五,夬九五云中行无咎,泰二云得尚于中行,中行谓五。有孚中行者,言三与二、四,同孚于五也。震为言,故为告;为玉,故为圭。坤为众,故曰公。公,共也。三震为诸侯。告公用圭者,言约同诸侯执圭,共往朝五也。圭者天子所锡予,今朝天子,故执以为信。旧解以凶事为凶丧,或为凶荒,则告之天子,告之友邦,而受其赙襚;告必将仪,或执璧,或用圭,如臧文仲以纪献玉告籴于齐。岂知告公用圭,即申有孚中行之义,与上之凶事无涉。是皆以他经例易,不知易文上下句不必相属也。

象曰:益用凶事,固有之也。

言阴遇阴,阳遇阳,近而不相得故凶,乃易理当然之事,故曰固有。

六四,中行告公从,利用为依迁国。

中行谓五。震为告,坤为臣,为众。从,谓顺五。告公从者,言下三阴宜共同承五也。坤为国,震动,故曰迁国。艮止,故曰依。左传隐六年:我周之东迁,晋郑焉依。说文:依,倚也。利用为依迁国者,言坤国播迁,至五艮而止,依以建国也。阴从阳故利,巽为利也。

象曰:告公从,以益志也。

坤为志。公从九五,阳益阴,故曰益志。自坤志象失传,遂令某爻变成坎,以求志象矣。

九五,有孚惠心,勿问元吉。有孚惠我德。

尔雅释言:惠,顺也。坤为顺,为心。有孚惠心,言五孚于下坤而顺我也。震为问。五震覆,故曰勿问。五位尊,故曰元吉。勿问元吉者,言五乘重阴而大吉也。乾为德。有孚惠我德,言下三阴皆承顺我而有孚也。

象曰:有孚惠心,勿问之矣。惠我德,大得志也。

坤为志,阳为大。阳五下乘重阴,故曰大得志。管子度地:天下之人皆归其德而惠其义。注:惠,顺也。正说此也。

上九,莫益之,或击之。立心勿恒,凶。

上与五为敌,故曰莫益。言益三也。上应在三,然上若益三,则为五所忌,而或击之。五艮体,艮为手,为击也。坤为心。上应在坤,下虚,处巽上风陨,进退不果,故曰立心勿恒,凶。恒九三云:不恒其德。益上九与恒九三同为巽上,故亦曰勿恒。缘巽下桡,故义同也。

象曰:莫益之,偏辞也。或击之,自外来也。

恐其被击,戒以莫益,故曰偏辞。左传襄三年:君子谓祁奚举其偏而不党。注:偏,属也。犹私也。外谓五,五为上敌。下系云:凡易之情,近而不相得则凶,或害之。故上欲应三,五或击之。五在外,言击之者仍在外也。同人九三曰:敌刚。中孚六三云:得敌。子夏传:三与四为敌。是阳遇阳,阴遇阴,愈近而愈不相得。旧解自虞翻以来,皆不知此为周易根本定例,故说或击之,皆不知击上九者为何爻,而无不误矣。

按否泰者,天道之自然,为运会所必有,故以次于上经十卦之后。损益者,人事之进退,为人为之所关,故以次于下经第十卦之后。十者数之终,终则变,变则否泰迭更,损益互见,此其义也。又损者泰之终,否之始;益者否之终,泰之始。以见否泰虽属天道,而由否而泰,由泰而否,损之益之,推挽之权则在人为,有定而无定也。此上下经天人之分,动静之别,非参育之圣人,固不能知其故也。故于上经之否、泰自为一卷,下经之损、益自为一卷,以见此四卦为全经之枢纽,与他卦绝不同也。

卷十三

夬卦第四十三

䷪

夬,扬于王庭,孚号有厉。告自邑,不利即戎。利有攸往。

王育云:夬,即古文玦字。按礼内则:右佩玦。释文:本又作决。诗小雅,决拾既佽是也。而夬为决,故夬与玦同。玦,说文:玉佩也。广韵:佩似环而有缺。夬乾为玉,为圜,兑上缺,俨然玦形也。而决者,绝也。左传:晋献公赐太子申生玦,以示决绝。卦以五阳决一阴,故谓之夬也。归藏以夬为规。规,圜也。夬重乾,乾圜故为规。玦亦圜,然上缺。是周易取象,与归藏同而更切也。乾为王,伏艮为庭,一阴履五阳之上,故曰扬于王庭。兑口为号。厉,危。孚号有厉者,言阴虽孚于阳,为阳所说,然穷处于上,须危厉自警也。兑口,故曰告。兑为斧钺,故曰戎。说文:戎,兵也。礼月令:以习五戎。注:弓殳矛戈戟。伏艮为邑。告自邑,不利即戎者,言一阴危处于上,告诫国人,不可妄动也。皆指上六言也。利有攸往,谓五。

夬本阳息卦,五息而往则阴尽。夬者决也,决者绝也,阳决阴也。

彖曰:夬,决也,刚决柔也。健而说,决而和。扬于王庭,柔乘五刚也。孚号有厉,其危乃光也。告自邑,不利即戎,所尚乃穷也。利有攸往,刚长乃终也。

下健上说,说故和。其危乃光者,危谓阴退,阴退则阳长,阳长故光。所尚乃穷,申不利即戎之故也。阳长乃终,终谓阴尽也。

象曰:泽上于天,夬;君子以施禄及下,居德则忌。

禄谓恩泽。泽在天上无用,故君子思以下施。乾为富,故为德。德、得同。荀子礼论篇:贵始得之本也。注:得,当为德。居,积也。下乾,二至四、三至五皆乾,乾多故曰居德。居德则忌者,言蓄积太多,多藏厚亡,为人所忌也。象辞每相反以取义,此亦其一也。

初九,壮于前趾,往不胜为咎。

初震爻,震足故曰趾,震动故曰前趾。壮,伤也。阳遇阳得敌,故伤于前趾,故往不胜而有咎矣。趾,荀作止。晁氏云:止,古文。按说文有止无趾,止即足之象形字,加足者非也。

象曰:不胜而往,咎也。

前有重阳,所遇皆敌,不胜必矣。明知不胜而往,宜其有咎。

九二,惕号,莫夜有戎,勿恤。

乾为惕,为言,故曰惕号。言有所警戒也。二应在五,五兑,兑为昧谷,故为莫为夜。兑为兵戎,故曰莫夜有戎。言有寇警也。然五不应二,故虽莫夜有戎,无忧也。乾为惕,故为忧。旧解因不知勿恤之故何在,故用象皆误。岂知随象云:君子以向晦入宴息。向晦即谓兑。然则兑为莫夜,易有明象。而兑五不应二,故虽有虚惊,实不足忧恐也。

象曰:有戎勿恤,得中道也。

乾为道,二中位。

九三,壮于頄,有凶。君子夬夬独行,遇雨,若濡。有愠,无咎。

頄,面颧也。三居下卦之上,故曰頄。而四五皆阳,故伤及于頄,伤頄故凶。乾为君子,承乘皆阳遇敌,故夬夬独行。而应在上,上兑为雨,故曰遇雨,曰若濡。濡,沾湿也。乾为衣,衣濡故愠。然究为正应,亦无咎也。

象曰:君子夬夬,终无咎也。

夬夬,独行状。三于四、五虽遇敌,于上独有应,故曰终无咎。终谓上。

九四,臀无肤,其行次且。牵羊悔亡,闻言不信。

伏艮为肤,为尾,故为臀。臀,尾闾也。艮伏,故曰无肤。乾为行,承乘皆阳,失位,故其行次且。次且,马云:却行不前也。兑为羊。玉篇:牵,速也。姤九三云:行未牵也。亦以牵为速。次且行缓,速则无悔。牵羊悔亡者,言四宜随五,速进决阴,阴决则当位居五,故曰悔亡。旧说皆不知悔亡之故何在,则以牵字失诂也。兑为耳,故曰闻。乾为言,为信,兑口亦为言。闻言不信者,兑言向外,与乾言相背,故不信也。兑耳象,鼎传云:巽而耳目聪明。目谓上离,耳谓互兑也。

象曰:其行次且,位不当也。闻言不信,聪不明也。

兑为耳,为黯昧,故曰不明。不明犹不审,俗所谓不清。虞氏以离目当之,非。

九五,苋陆夬夬,中行无咎。

孟喜云:苋陆,兽名。夬有兑,兑为羊也。说文亦云苋山羊细角。诸家说此二字,人人异辞,独孟氏于象密合。凡五皆谓中行。又夬夬于羊行貌独切。郑、虞等训苋陆为草属,草焉有夬夬之象哉?

象曰:中行无咎,中未光也。

兑黯昧,故未光。

上六,无号,终有凶。

一阴在上,为阳所推,不能久也。兑为口,故曰号。无号终有凶者,言不必号啕,必消灭也。

象曰:无号之凶,终不可长也。

不可长,言不能长久。

姤卦第四十四

姤,女壮,勿用取女。

归藏曰夜。古娶必以夜,故曰昏。姤阴遇阳,即女遇男,亦婚姤也。是夜与姤义同也。女谓阴。虞翻云:壮,伤也。阴伤阳,柔消刚,故曰女壮。勿用取女,戒词也。

彖曰:姤,遇也,柔遇刚也。勿用取女,不可与长也。天地相遇,品物咸章也。刚遇中正,天下大行也。姤之时义大矣哉!

消息卦乾盈于巳,盈则必亏,故至午而一阴生于下,阴遇阳,故曰天地相遇。时当五月,万物洁齐,而巽为草木,为高,为长,故曰品物咸章。荀爽以南方夏位说品物咸章,于象亦切也。五刚既中且正,教化天下,命令大行,如风之溥遍。姤五月卦,故曰时。天地相遇,岁功方成,故曰时义大也。郑玄谓姤一女当五男,非礼之正,故谓之姤。女壮以淫,故不可取。而朱子喜用其说,便谓女德不贞。于易理太不类矣。

象曰:天下有风,姤;后以施命诰四方。

复冬至,姤夏至。易林复之履云:先王日至,不利出域。又晋之解云:二至之戒,家无凶祸。故复象云:先王以至日闭关,商旅不行,后不省方。至日,王弼、孔颖达皆谓二至。又汉书薛宣传:至日休吏,所繇来久。注:至日,夏至、冬至也。盖古时视二至最重,自周讫南宋,可考见者,至日皆停止工作。乾为后,巽为命,伏坤为四方。后以施命诰四方者,言君以夏至之日,施命令止四方行旅也。后汉鲁恭传说此,最合古义。详焦氏易诂中。

初六,系于金柅,贞吉。有攸往,见凶,羸豕孚蹢躅。

巽为绳,故曰系。巽木乾金,故曰金柅。马融云:柅在车下,所以止轮。释文:广雅云止也,说文作檷,云络丝跗。按今本说文,趺讹为欘,云从木爾声,读若杞。王陶庐云:古从爾从杞之字,同音通用。毛诗:饮饯于祢。韩诗作坭。书:典祀勿丰于昵。释文引马云:考也,谓祢庙也。然则杞、欘古通用,后儒必谓欘是者非也。况马君训作止车木,可证古文原作杞。若为欘,马君能有异说哉?按络丝者,络丝之器,王肃所谓杞织绩之器,妇人用者是也。趺者横木,安络器下,以防攲侧。在下似足,故谓之趺。唐阴宏道云:络器,关西谓之络垛,梁益谓之丝登,其下柎即杞也。按阴氏所谓柎,即说文之趺,故玉篇即作络丝柎。陈寿祺云:柎、趺同字,络缚也,与系同义。系于金杞者,言以丝缚于金杞之上,止而勿动,以喻阴不宜动而消阳,故下云往见凶,是其义也。贞吉者,卜问吉。往见凶者,进则凶也。巽为蠃为豕,巽进退,故蹢躅。蠃,释文:陆读为累,郑力追反。是仍读为縲,与大壮同。縲,缠绕也,蠃、縲、累音同通用。巽为绳故为蠃,巽伏故亦为豕。蹢躅,动也。蠃豕孚蹢躅者,言豕虽拘蠃,然蹢躅前进,信其必然,不可忽也。喻阴虽微,后必长也。巽豕象失传,详焦氏易诂易象补遗。

象曰:系于金杞,柔道牵也。

　　玉篇:牵,速也。下九三,象释其行次且,曰行未牵也。是象传亦训牵为速。柔道牵者,言柔之为道,消阳甚速,故以金杞止之。诸家皆谓柔牵于二,失经旨。经旨恐阴进危阳,故止其动。象释为柔道牵,中系于金杞之故也。牵速之象取风疾,兼取巽绳。

九二,苞有鱼,无咎。不利宾。

　　苞,今本作包。书禹贡:草木渐包。释文:或作苞。是包、

苞古通。故虞氏作苞,见释文。虞云:巽为白茅。诗:白茅苞
之。巽为鱼,二据阴居中,故曰苞有鱼。巽为宾客。不利宾
者,宾指上四阳,言初为二所据,四阳不能及初也。子夏传作
庖,而荀爽则作胞。胞、庖通,是皆以庖厨为义。然卦无是象,
故虞氏合也。

象曰:苞有鱼,义不及宾也。

　　二近,宾远,故义不及。

九三,臀无肤,其行次且。厉,无大咎。

　　三居下卦之末,故亦曰臀。初阴爻,下烂,故曰无肤。乾
为行,三得敌,故次且不前。然三当位,故虽危厉而无大咎也。
旧解皆不知次且之故何在,而以复震为行为说,失之远矣。

象曰:其行次且,行未牵也。

　　行未牵,即行未速。次且者,却行未前,故曰未速。

九四,苞无鱼,起凶。

　　四应初,疑于有鱼。岂知初已为二所据,实无鱼也。无鱼
则勿动。动应初则为二三所害,故凶。起,作也。

象曰:无鱼之凶,远民也。

　　阴为民。言四距初远,故无鱼也。

九五,以杞苞瓜。含章,有陨自天。

　　下巽为杞,上乾为圜,为瓜。孟子告子曰:以人性为仁义,
犹以杞柳为桮棬。说文:桮,䀾也;棬,屈木盂也。以杞苞瓜
者,言以杞柳之器盛瓜也。乾为大明,故曰章。瓜为杞所苞,
故曰含章。五承乘皆阳,行窒,故含章自守。五天位,巽为陨。

有陨自天者,言不久阴消至二,五与为应,有陨落之险也。知其险而预为之备,则得矣。此圣人防微虑远之意也。自荀、虞以来,皆不知左传有风陨象,因之清儒亦皆不知,于是虞氏令四阴初之说,沿袭至今,而经义全晦。(复六五曰敦复无悔,待阳息至二,五有应而吉。此则虑阳消至二,五应之而凶。)

象曰:九五含章,中正也。有陨自天,志不舍命也。

巽为命。舍命,谓任命也。志不舍命者,言知其后有陨落之险,不任命而预防之也。

上九,姤其角。吝,无咎。

乾为首。上九居乾之上,角之象也,故曰姤其角。然亦无大咎也。

象曰:姤其角,上穷吝也。

处亢龙之位,故穷吝。

萃卦第四十五

萃,王假有庙,利见大人。亨利贞,用大牲吉,利有攸往。

萃,聚也。坤为万物,聚于泽中,故曰萃。王谓五,艮为庙。假,格,通至也。巽为入。王假有庙,言王以至诚,格于宗庙而有事也。九五得位,故曰利见大人。二五应予,故曰亨利贞。兑为羊,巽为豕,坤为牛,皆大牲,有事于宗庙用之而吉也。利有攸往,谓二应五。五天位,故传曰顺天命。

彖曰:萃,聚也。顺以说,刚中而应,故聚也。王假有庙,致孝享也。利见大人亨,聚以正也。用大牲吉,利有攸往,顺天命也。观其所聚,而天地万物之情可见矣!

> 五天位,巽为命,坤顺。顺天命,谓二顺五也。艮为观,坤为万物。天地万物,阴阳而已,有阴阳即有情感,可见而知也。

象曰:泽上于地,萃;君子以除戎器,戒不虞。

> 戎,兵也。月令:以习五戎。注:五戎,弓殳矛戈戟也。兑为斧钺,艮为刀兵。除,治也。君子观于萃象,因以治戎器而戒不虞。坤为乱,艮为止。止乱,故曰戒不虞,言防意外也。

初六,有孚,不终,乃乱乃萃。若号,一握为笑,勿恤,往无咎。

> 四有应,故曰有孚。乃初为二三所阻格,难于应四,故曰不终。乃乱乃萃,坤为乱,为聚,言乱萃于下也。四巽为号,艮手为握。若号者,言四召初与相上下也。四下来初,则初四相握手,下卦成震,震为笑,故曰一握为笑也。坤为忧,有应故勿忧。初之四得正,故往无咎。

象曰:乃乱乃萃,其志乱也。

> 坤为志,为乱。

六二,引吉,无咎。孚乃利用禴。

> 引,进也。礼檀弓:兄弟之子犹子也,盖引而进之也。引吉无咎者,言进应五则吉而无咎也。禴,薄祭也。二孚五,五兑为享,而坤为吝啬,故曰孚乃利用禴。禴,夏祭,互巽为夏也。

象曰:引吉无咎,中未变也。

> 进应五,仍中位,故曰中未变。

六三,萃如嗟如,无攸利。往无咎,小吝。

三无应失位,而巽为嗟,故曰嗟如。巽为利,失位无应,故无所利。三前遇重阳,故往无咎;然上无应,故往又小吝也。

象曰:往无咎,上巽也。

巽,顺也。上巽,言上顺四、五。四、五阳,故无咎。虞氏谓动之四故上巽,误之远矣。

九四,大吉,无咎。

下乘三阴,故大吉。失位,故无咎。无咎者,仅免于咎也。

象曰:大吉无咎,位不当也。

系辞云:无咎者,善补过者也。故无咎非全美之辞。

九五,萃有位,无咎。匪孚,元永贞,悔亡。

得位居中,故有位无咎。五孚于二,乃为四所阻,难于应二,故曰匪孚。然乾元永贞于五,居高临下,亦无悔也。

象曰:萃有位,志未光也。

兑为黯昧,艮为光明。艮伏,故志未光。巽为志。

上六,赍咨涕洟,无咎。

兑为口,故赍咨。释文:赍咨,嗟叹之辞。郑同。马云:悲声怨声。兑为泽,故涕洟。玉篇:目汁出曰涕。说文:洟,鼻液也。上乘阳,三无应,故悲哀若是。然当位,亦无大咎也。虞翻作赍资,云赍持资赙也,即持赙助丧也。非。

象曰:赍咨涕洟,未安上也。

言不安于穷吝。

升卦第四十六

䷭

升，元亨，用见大人。勿恤，南征吉。

阳遇阴则通，故名曰升。归藏曰称。牧誓：称而戈。注：称，举也。又誉人曰称扬。升者升而上，举者亦扬之使上。故归藏曰称，周易曰升，其义并同。阳上升，故元亨。元谓乾元也。大人谓二，二为三所阻格，故不曰利见大人，而曰用见。言二宜升五也。坤为忧，为恤。二升五，大人得位，故曰勿恤。震为南，为征。三临群阴，故南征吉。左传成十六年，晋筮遇复，曰南国蹙。以震为南。明夷九三曰南狩，亦以震为南。自震南象失传，清儒皆用虞氏法，以二升五互离为南。

象曰：柔以时升，巽而顺，刚中而应，是以大亨。用见大人，勿恤，有庆也。南征吉，志行也。

二升五，故有庆。坤为志。三临重坤，故曰志行。

象曰：地中生木，升；君子以顺德，积小以高大。

巽为高，为长，故为高大。坤为小，为积。积小以高大者，言以坤阴柔顺之德，积累以成其高大也。象卦形也。

初六，允升，大吉。

允，施氏作㽦。说文同，云㽦，进也。晋六三云众㽦，即众进也。兹曰㽦升，仍前进而升也。进遇阳，故大吉。

象曰：允升大吉，上合志也。

上谓二、三。九家谓上爻，非。巽伏故为志。

九二,孚乃利用禴,无咎。

二孚五。五坤为吝啬,故曰禴。禴,夏日薄祭也。兑为祭,巽为夏,故曰孚乃利用禴,无咎矣。

象曰:九二之孚,有喜也。

升五故有喜。

九三,升虚邑。

马云:虚,丘也。按左传僖二十八年:晋侯登有莘之虚。诗卫风:升彼虚矣。虚者,高丘。巽为高,故曰虚。坤为邑。升虚邑者,言升邑之高处也,正巽上象也。与同人九四之乘其墉,取象正同。荀爽作空虚解。后来诸家,以虚为坤象,多宗荀说,非。

象曰:升虚邑,无所疑也。

坤为迷,为疑。阳遇阴,故无所疑。

六四,王用亨于岐山,吉,无咎。

震为王,兑为享。震为陵,为阪,而形上歧,故曰岐山。王用享于岐山者,言望二升五,四得承阳。阴顺阳,犹臣事君;望二升五,犹望王至岐山,而有所享献也。象曰顺事,顺承也。二若不升五,四如何得承阳哉?故望之也。此正文王服事殷之本旨。乃后儒谓文王作爻辞,不合自称为王;若为殷王,又无至岐山之理,以爻辞为周公作。此无论易辞皆由象生。故韩宣子不谓为易辞,而曰易象。即只以人事言,纣尚能囚文王,何不可到岐山?且文王于此事数言之,服事忠诚,溢于言表,又岂必实有其事?乃谓王为文王,无理甚矣!(李过西溪易说云：若以此王为<u>文王</u>，则王用三驱，王假有庙，亦<u>文王</u>耶？驳旧说至详尽。)

象曰：王用亨于<u>岐山</u>，顺事也。

坤为顺。言二升五，四得承阳，故曰顺事。

六五，贞吉，升阶。

贞吉，卜问吉也。坤为土，为重，故有阶级之象。升阶，言二升五也。五阳，故象曰大得志。

象曰：贞吉升阶，大得志也。

坤为志。阳升五，故大得志。

上六，冥升，利于不息之贞。

坤为晦冥，为夜，故曰冥升。得阳应，故曰利于不息之贞。与利永贞同恉。盖上六为同性之四、五所格，不能应三，故有此象。

象曰：冥升在上，消不富也。

坤消，故不富。

困卦第四十七

䷮

困，亨。贞大人吉，无咎。有言不信。

二五刚得中，处险能说，故亨。贞，占也。二五为大人，故贞大人吉也。兑口为言，三至上正反兑，所向不同，故有言不信。此其义始见于<u>左传</u>。<u>左传昭</u>五年，明夷之谦曰：于人为言，败言为谗。谓谦上震为人为言，下艮为反震，故曰败言。

是以正反震为谗。易林承其义,于讼之困云:心与言反。正释此语也。坤之离云:齐鲁争言。离二至五正反兑,故曰争言。争言即不信。离二至五,与困三至上同也。旧解皆误,详焦氏易诂。

象曰:困,刚揜也。险以说,困而不失其所亨,其唯君子乎! 贞大人吉,以刚中也。有言不信,尚口乃穷也。

坎刚揜,三至上刚揜,阳陷阴中,故困。困而不失其所亨,唯君子能之。君子即大人,若小人即不堪矣。兑为口,三至上正反兑,故曰尚口。尚口乃穷者,言徒尚口说,必有相反而不信者,故穷也。

象曰:泽无水,困;君子以致命遂志。

水在泽下,则泽竭矣,故曰无水。巽为命,而兑为反巽,为毁折,故曰致命。坎为志。二入于渊不出,故曰遂志。学易之君子以之。

初六,臀困于株木,入于幽谷,三岁不觌。

初在下,故曰臀,与夬九四同。株木谓坎。言初欲应四,坎陷为阻,故困于株木。株,干也。韩非子:守株待兔。而坎为栋,故为株木。坎为幽,坎陷为谷。初在下,故入于幽谷。离伏,故不觌。三岁,言其久。盖初失位,处坎下,故其象如此。茹敦和以坎为三岁,王昭素谓初至三三爻为三岁。以坎上六证之,茹说是也。

象曰:入于幽谷,幽不明也。

离伏坎夜,故幽不明。

九二,困于酒食,朱绂方来,利用享祀。征凶,无咎。

坎为酒食,需九五需于酒食是也。二居坎中,故困于酒食。巽为绳,为绂,坎为赤。巽在二前,故曰朱绂方来。言将膺锡命也。博雅:绂,绶也。朱绂,贵人所服,以祭宗庙者,故用以享祀则利也。然五不应故征凶,得中亦无咎。

象曰:困于酒食,中有庆也。

居阴中,故有庆。

六三,困于石,据于蒺藜。入于其宫,不见其妻。凶。

巽为石,坎为蒺藜。三前临巽,故困于石。下据坎,故据于蒺藜。石坚刚不可入,蒺藜刺人不可践也。巽为入,坎为宫,故入于其宫。巽为齐,妻者齐也,故巽为妻。巽为伏,又上无应,故入宫而不见妻也。象而如是,凶可知也。巽石象,宋邵雍用之,后儒怪骇。岂知焦氏易林同人之小畜云:戴石上山,步趹不前。小畜上巽为石,下乾为山、为首。石在首上,故曰戴石。余证尚多,详焦氏易诂卷一。

象曰:据于蒺藜,乘刚也。入于其宫,不见其妻,不详也。

释文云:蒺藜,茨草。虞翻谓为木名,似非。释草:茨,蒺藜。注:布地蔓生,有子,三角刺人。诗鄘风:墙有茨。传:茨,蒺藜。孔疏蒺藜有刺,不可践者是也。惟不可践,故以喻乘刚,若为木则不合矣。正义作蔾,然尔雅及毛诗传皆作藜。藜、蔾通用。阮校必谓蔾是,似亦无确证。详,善也。

九四,来徐徐,困于金车。吝,有终。

来应初,为二所阻,故曰徐徐。二坎为车,离色黄外坚,故

曰金车。困于金车,申来徐徐之故也。仍阻于险,不得应初
也。然与初为正应,初吝终合,故曰有终。

象曰:来徐徐,志在下也。虽不当位,有与也。

坎为志。志在下,言应初。

九五,劓刖,困于赤绂。乃徐有说,利用祭祀。

艮伏,鼻不见,故曰劓。兑折震,足象毁,故曰刖。坎为
赤,巽为绂,故曰赤绂。乃二爻坎不应,故困于赤绂。上遇阴
利往,故有说。兑为食,故利用祭祀。

**象曰:劓刖,志未得也。乃徐有说,以中直也。利用祭
祀,受福也。**

坎为志,二无应,故志未得。坎五曰受福,兹与之同。传
所谓祭则受福也。

上六,困于葛藟,于臲卼。曰动悔有悔,征吉。

巽为葛藟。三至上正反巽,而三不应上,故困于葛藟。臲
卼,危险不安之貌。上乘刚,无应,故有是象。兑为口。曰者,
自警也。言处此臲卼之境,时时以动悔有悔自警。动悔者,言
动而应三,三不应故悔。有悔者,言下乘阳又有悔也。征吉谓
三。言三往四,上得阳应而吉也。此二句向无的解,姑测其义
如是。

象曰:困于葛藟,未当也。动悔有悔,吉行也。

未当者,言上不宜乘阳也。吉行者,三之四,上得阳应,故
吉也。

井卦第四十八

䷯

井，改邑不改井，无丧无得，往来井井。汔至亦未繘
（句），井羸其瓶，凶。

　　水在泽下，泽竭故困；水在泽中，汲之不穷。故兑为井。
易林复之旅云：井沸釜鸣。以旅互兑为井。郑玄以巽木为桔
槔，汲水以取井象。桔槔焉有在井下者乎？

　　兑为井，坤为邑。泰初往坤中，故改邑。二至四仍兑，与
泰体同，故不改井。不改故无丧得。初至四正反兑，故曰往来
井井。易林益之萃云：往来井井。即以萃三至上正反兑，为往
来井井。荀云：汔，竟也。汔至者，言绠系至井底而尽也。繘，
绠也。亦未繘者，言巽绳在下，尚未繘瓶使上也。其以汔为
几，谓瓶几至井口而覆者，非也。经明曰未繘，若至井口，则已
繘矣。中爻离为瓶，正当毁折之地，而巽为绳，故曰羸。羸、累
通。井羸其瓶者，言瓶为井甓所拘羸钩挂也。瓶既为井所挂
碍，非覆即破，故凶。扬子云酒箴云：子犹瓶矣，居井之湄。不
得左右，牵于缠徽。一旦叀碍，为瓽所輵。注：叀，县也。瓽，
井以砖为甓也。輵，击也。言瓶县为井砖所挂碍，而瓶受击
也。是扬子读井羸其瓶，井不属上读。后荀爽袭子云，亦以井
属下读。其以繘井为句者，则下文之羸其瓶，莫详其故矣，非
也。羸，易林家人之颐云：长股羸户。长股即蟏蛸。羸户者，
言以丝缠绕于户上也。是以羸为蘽。故荀训为拘羸，虞释为

钩赢。他若陆绩、蜀才作累，王肃作缧，其字虽异，其音皆同，其义如一。

象曰：巽乎水而上水，井。井养而不穷也。改邑不改井，乃以刚中也。汔至亦未繘，未有功也。井赢其瓶，是以凶也。（句依荀读。故汲古阁所刊李氏集解，及雅雨堂刊本，皆井字属下。）

坎在上，故曰上水。巽入也，巽乎水而上水，言以瓶入水，汲水使上也。水所以养人，取之不竭，故养而不穷。二五皆刚，故不改。未繘，故无功。井拘累其瓶，使水覆，故凶。汔至亦未繘，荀注云：汔，竟也。繘所以出水通井，今居初未得应五，故未繘也。不与井连文。井赢其瓶，荀注云：井谓二，瓶谓初。初欲应五，为二所拘赢。以井属下读，与扬子同，故从之。

象曰：木上有水，井；君子以劳民劝相。

坎为众，为民，为劳卦，故曰劳民。释诂：相，导也。兑为言，故曰劝相。言以言语劝导，使有所勉也。

初六，井泥不食，旧井无禽。

初在井下，故曰泥。兑口为食，兑覆故不食。井原以汲水，今无水而泥，其为旧井无疑也。禽，获也。无水故无所得。其以禽鸟为诂者非。又按，旧井者，废井也。兑为井，兑覆为巽，故井废。

象曰：井泥不食，下也。旧井无禽，时舍也。

舍，弃也。

九二，井谷射鲋，瓮敝漏。

二居兑体之下,故曰井谷。巽为鱼,故曰鲋。**子夏传**:虾蟆也。伏震为射。虾蟆穴居水际,故曰井谷射鲋。伏震为瓮,巽下缺,瓮无当,故敝漏。夫井内之穴,非矢所能加;瓮漏则水泄,而失其用。以二前遇阳,应亦阳,故动静皆不适也。

象曰:井谷射鲋,无与也。

言五无应与。

九三,井渫不食,为我心恻。可用汲,王明,并受其福。

三应在上。上居坎水上,故曰井渫。**汉书王莽传**:愤眊不渫。注:渫,彻也,通也。**扬子方言**:渫,歇也。兹曰井渫,谓井水浑浊沉歇而清彻也。初为泥则上为渫,正上居坎水上之象也。夫水洁宜食矣,乃竟不食者,以五亦阳为阻,三不得应上也。兑为食,为使也。坎为心,为忧。为我心恻者,言三被阻,不能汲上,使我心忧也。然三与上究为正应,上水既渫而清,三尽可汲,五岂能终阻之?王谓五。五坎为隐伏,故不明。然王终有明时,王明则三上汲引,养而不穷,天下普受其福矣。凡爻有正应者,初虽有阻,终必相合。**同人九五曰**:先号咷而后笑,大师克相遇。言五克去三四之阻,终能遇二也。**渐九五曰**:终莫之胜吉,得所愿也。言五终能胜三,与二相合也。兹害三者五,五君位尊,三不敢言克言胜,只冀王明而已,王明则三上终相遇也。文王服事忠诚,情见乎辞。因五为阻,故呼王明。旧解不知不食之故,在五敌为阻;又不知王明并受其福,即言三上终能应与,特以五而变其辞耳,故无一得解者。

象曰:井渫不食,行恻也。求王明,受福也。

不食之故,其咎在五,故曰求王明。

六四,井甃,无咎。

以瓦甓砌井曰甃。兑为井。六四居兑上,则井将修成,故无咎。

象曰:井甃无咎,修井也。

甃,修也。

九五,井洌寒泉(句),食。

洌,甘也。坎为寒,为泉。泉既甘洌,故可食。

象曰:寒泉之食,中正也。

五虽无应,然位正中,故可食。

上六,井收勿幕,有孚元吉。

收,成也。幕,盖也,覆也。坎为隐伏,故为盖覆。六居坎上,故勿幕。言井既成,以出水为功,不宜盖覆也。三得阳应,故有孚而吉。

象曰:元吉在上,大成也。

成即收也。

卷十四

革卦第四十九

䷰

革,己日乃孚,元亨利贞,悔亡。

　　革,改也。言水火更代用事也。离为日,贞己,故曰己日。己日谓二,二离主爻,承阳应五,故曰己日乃孚。王弼等谓即日不孚,已日乃孚,训已为过往,不辞甚矣。顾炎武日知录谓朱子发读为戊己之己,当从之。按虞氏注云:离为日,孚谓坎,四动体离,故己日乃孚。是虞氏亦以离为己日,读为戊己之己明甚,而非始于朱子发。元亨利贞,即春夏秋冬,彖传所谓四时也。四时更代,乃革之最大者。卦巽居春夏之交,离为夏,兑为秋,乾为冬,故曰元亨利贞,纯取革义。辞虽与乾象同,义则殊也。

彖曰:革,水火相息。二女同居,其志不相得,曰革。己日乃孚,革而信之。文明以说,大亨以正,革而当,其悔乃亡。天地革而四时成。汤武革命,顺乎天而应乎人。革之时大矣哉!

息,长也。言更代用事也。但兑离皆阴卦,易之道阴遇阳,阳遇阴方志得;若阴遇阴,阳遇阳,则为敌矣。中孚六三曰得敌,艮象曰敌应,是也。故其志不相得。巽为志,二至上正反巽,故不相得。己,中央土。仁义礼智信,信亦隶中央,故曰己日乃孚。革而信之,信故无悔。四时相代实相革,期无或爽,信也。汤武革命,天人皆应,亦信也。不信则不能革,故时之所关甚大,此其义也。

象曰:泽中有火,革;君子以治历明时。

历者,日月星辰之所历,识其处以定四时。书所谓敬授民时,大戴记之夏小正,小戴记之月令,皆历也。卦上兑为月,下离为日,乾为寒,离为暑,兑雨巽风皆备,故君子法之,以治历明时。

初九,巩用黄牛之革。

离外刚,故曰巩。巩,固也。离为牛。左传曰纯离为牛,离六二云黄离,故曰黄牛。乃虞翻则谓离无牛象,干宝谓离爻本坤故曰黄牛,皆非也。离外坚为甲,故为革。革,皮去毛者也。固莫固于牛革。言初当勿用之时,不可妄动,宜固守也。牛革所以喻其固也。

象曰:巩用黄牛,不可以有为也。

初潜龙勿用,故不可以有为。又上无应,即不信也。不信即不可革。

六二,己日乃革之,征吉,无咎。

二离主爻,离贞己,故曰己日。二有应,故曰己日乃革。

二遇阳,故征吉而无咎也。按二为日中,王弼以过往诂己日,故决知其非是。

象曰:己日革之,行有嘉也。

乾为嘉。行有嘉,谓二征则遇阳,遇阳故吉。

九三,征凶,贞厉。革言三就,有孚。

三临重阳,阳遇阳则窒,故征凶,卜问厉也。然三应在上,上兑为言,而兑为毁折,故曰革言。就,即也,遇也。革言三就有孚者,言三虽得敌,不能应上;若上六即三,则甚顺利而有孚也。兑为言,乾亦为言,言多,故曰三就。又三在三爻,损六三云三人行,需上六云三人来,皆以在三爻,取数于三。三就者,三遇也,谓革言来之多也。有孚者,上孚于三也。易理失传,旧解于征凶之故,莫有明者。岂知征凶贞厉,谓阳遇阳;下二句谓上应三,义不相属也。

象曰:革言三就,又何之矣!

之,往也。又何之者,言上六即三,不必他往也。盖革言日至则孚者众而事已审,革之而已,勿再犹豫不定也。

九四,悔亡,有孚,改命吉。

四失位宜有悔,无应予则无孚,然九四居乾之中,乾为信,故无悔而有孚。巽为命,四至上巽覆,是改命也。易林大畜之夬云:太子扶苏,出于远郊;佞幸成邪,改命生忧。即以夬上兑为改命,本此也。改命则革也。盖初以时未至而固守,二孚于天时,三孚于人事,至四遂实行改革矣。乾四云或跃在渊,与此理同也。自覆象失传,旧解皆以四变阴成既济为改命。既济者终止,何吉之有哉? 非也。

象曰:改命之吉,信志也。

巽为志。改命则实行革命,故曰伸志。言得行其志也。志行故吉。

九五,大人虎变,未占有孚。

乾为大人,为虎。大人虎变者,喻大人履九五之尊,威德诞敷,崇高巍焕,改易旧观,故曰虎变。下有应,故未占而有孚也。乾虎象失传,后惟茹敦和、俞樾知之。虞翻以坤为虎,宋衷以兑为虎,皆非。

象曰:大人虎变,其文炳也。

五应二,二离为文,故其文炳。

上六,君子豹变,小人革面。征凶,居贞吉。

伏艮为君子,为豹。君子豹变者,谓革命后佐命之勋,皆得封拜而有茅土,尊显富贵。易世成名,故曰豹变。阴称小人。艮为面,艮伏故革面。小人革面者,谓革命之后,除旧布新,小民皆改易其视向也。面,向也。史记项羽本纪,马童面之是也。上六当位,不宜动宜静,故征凶居吉。艮面象,易林遯之蒙云:云过吾面。以蒙坎为云,艮为面。虞氏谓面指四,非。

象曰:君子豹变,其文蔚也。小人革面,顺以从君也。

下应三,离为文。面,向也,故曰顺以从君。言下顺乾也。

鼎卦第五十

䷱

鼎,元吉,亨。

元谓五。得位有应,故吉亨。端木国瑚曰:鼎之象不在鼎,而在伏象屯。屯下震为足,互坤为腹,上坎为耳,为铉,凡鼎之象无一不备。后人不知易于正伏象不分,谓下阴为足,中三阳为腹,五阴为耳。易焉有巽足、乾腹、离耳之象哉? 按端木氏说是也。二千年误解,得是而正,其功甚伟。

彖曰:鼎,象也。以木巽火,亨饪也。圣人亨以享上帝,而大亨以养圣贤。巽而耳目聪明,柔进而上行,得中而应乎刚,是以元亨。

鼎之用在烹饪。以木巽火,鼎之用也。乾为圣人,离为目,兑为耳。六五为离兑主爻,故曰耳目聪明。虞翻谓三动成坎离,以坎为耳,后儒多从之。岂知三当位,焉能之不正? 任意如此,何象不可得! 按易林观之中孚云:鼎煬其耳。以中孚下兑为耳。比之丰云:李耳汇鹊。亦以丰互兑为耳。盖坎之为耳以其陷,兑亦坑坎也,故亦为耳。三爻鼎耳革,五爻鼎黄耳,象甚明也。

象曰:木上有火,鼎;君子以正位凝命。

鼎偏倚则势危,故贵正,不正则倲覆。鼎敛实于内,故贵凝,不凝则实漫矣。故君子取之,以正位凝命。

初六,鼎颠趾,利出否。得妾以其子,无咎。

震为趾,震伏巽陨,故曰颠趾。巽为臭腐,故曰否。否,恶也,污也。初在下卑污之地,出之四则各当位而利矣。四兑为妾,四来初是得妾也。初之四体震,震为子,是得妾兼得子也,故利出也。

象曰:鼎颠趾,未悖也。利出否,以从贵也。

悖,逆也。初阴顺阳,故曰未悖。初承阳应四,故曰从贵。

九二,鼎有实。我仇有疾,不我能即,吉。

乾为实。仇,匹也,指五。五乘阳势逆,不能即二,故曰有疾。豫六五乘刚曰贞疾,兹与之同。我谓二。二为三四所隔,既不能即五;五因乘刚有疾,亦不能即二。然我与我仇,究为正应,始虽阻,终必合也,故结之曰吉。象曰终无尤,即谓二五终合也。

象曰:鼎有实,慎所之也。我仇有疾,终无尤也。

之,往也。二前临重阳,行不利,故慎所之。二五终合,故终无尤。按此爻旧解,鲜有当者。一仇字失诂,虞翻谓二据四妇,四为仇;朱子以仇为初。阳遇阳为敌之义,自汉失传,故慎所之三字,皆莫知所谓。清儒以汉为步趋,汉儒误遂无不误矣。

九三,鼎耳革,其行塞。雉膏不食,方雨亏悔,终吉。

三至五兑为耳,巽陨落,故曰耳革。行,道也。易林复之中孚云:鼎煨其耳,热不可举;大路壅塞,旅人心苦。以行为道路。盖三承乘皆阳,阳遇阳故其行塞。上离为雉,兑为膏。雉膏在上,乃上不应三,故雉膏不食。兑为雨,为昧,故曰亏悔。亏悔,不明也。吴先生云:悔,晦也。按易林复之鼎云:阴雾作

匿,不见白日。不见白日,亏也。子虚赋:日月蔽亏。江淹诗:
金峰各亏日。是也。阴雾作匿,晦也。吴读与易林同也。终
吉者,初之四则三临重阴,阳得阴则通,故吉。

象曰:鼎耳革,失其义也。

义,宜也。鼎之用全在耳,今耳革失其用,故曰失义。

九四,鼎折足,覆公𫗧,其刑剭,凶。

震为足。三至五兑,兑二折震,震象毁,故曰鼎折足。巽
为𫗧。马云键也,郑云菜也。乃三至五巽覆,四为诸侯,三公
之位,故曰覆公𫗧。刑剭,王弼作形渥,古音同通用。管子心
术下云:意然后刑,刑然后思。注:意感其事,然后呈形。是
刑、形古通用。兹从各家。京云:刑在颈为剭。汉书叙传:底
剭鼎臣。师古注:剭,厚刑。又周礼秋官司烜氏:邦若屋诛。
郑注云:屋当读为其刑剭之剭。剭诛,谓不于市也。盖四不当
位,故象凶如是。巽𫗧之象,按易林未济之无妄云:求𬃚耕田。
以无妄互巽为𬃚。而马氏训𫗧为键,与易林同,键即𬃚也。郑
氏训为菜。按韩奕之诗曰:其簌维何,维笋及蒲。疏引易曰鼎
折足,覆公簌。是𫗧与簌通用。而郑训与诗合。盖皆巽象,可
从。九家云:三公调阴阳,犹鼎之调五味。足折𫗧覆,犹三公
不胜其任,而覆天子之美,故受此重辠也。王弼以形渥为沾
濡,程子谓为汙靘。岂知下系云:德薄而位尊,鲜不及矣。谓
及于刑辟也,即读为刑剭也。王、程所释,皆望文生义,非也。

象曰:覆公𫗧,信如何也?

乾为信。信如何者,言行为如此,信仰失也。

六五,鼎黄耳金铉,利贞。

兑为耳,离黄中,故曰黄耳。乾为金,故曰金铉。铉与扃同。士冠礼:设扃鼏。郑注:扃,今文为铉。释文:扃,鼎扛也。孔疏所谓贯鼎耳而扛之是也。伏坎象也。六五得中,下有应,故利贞。利贞言二五应也。

象曰:鼎黄耳,中以为实也。

乾为实。九二云鼎有实,五得中应二,故中以为实。实指二,黄中色,故曰中以为实。

上九,鼎玉铉,大吉,无不利。

乾为玉,上九阳为直,故象玉铉。又上九以铉举鼎,动作自如,无有滞碍,故大吉无不利,与大畜上九义同。象释曰刚柔节,以五阴为承也。

象曰:玉铉在上,刚柔节也。

上阳得五阴为承,故曰刚柔节。诸家多以三变应上成未济,为刚柔节。岂知六爻独三当位,胡可使其失正?且变而成未济,六爻皆不安,胡能大吉?此自虞翻卦变伎俩,以济其穷者。可复申述之乎?

震卦第五十一

震,亨。震来虩虩,笑言哑哑。震惊百里,不丧匕鬯。

震,振也,动也。一阳伏二阴之下,阳必上升,故振动而为雷,为起。归藏作釐。李过曰:釐者,理也。黄宗炎曰:谓雷釐地而出以作声。愚按,震为笑乐,为喜,而盩与僖通。史记以鲁僖公为盩公,是其证。说文:僖,乐也。与喜同。又震为生为福,而盩亦为福。前汉文帝纪:祠官祝盩,如淳曰福也。是盩与震义多同,故归藏作盩,周易作震。阳得出,故亨。虩虩,恐惧貌。阳来居初,故曰震来。雷之发也,万物震恐,故震来虩虩。阳遇阴则通,故笑言哑哑。哑哑,笑貌。震为百,艮为里,坎为棘匕,为鬯。鬯,秬酒也。震为黍,坎为酒,故曰鬯。震惊百里,不丧匕鬯者,言震雷虽威及百里,而不惊惧也。匕所以载牲,鬯所以降神,皆祭祀之用,故传曰可以守宗庙为祭主也。

象曰:震亨,震来虩虩,恐致福也。笑言哑哑,后有则也。震惊百里,惊远而惧迩也。出可以守宗庙社稷,以为祭主也。

　　震为福,故曰恐致福。则,法也。互坎为法则。震为后。后有则者,言阳复于下为阴主也。震为出,为祭,为主。艮为守,为社稷,为庙。震为长子。惊远惧迩,能匕鬯不失,故可为祭主,而长守宗庙社稷也。

象曰:洊雷,震;君子以恐惧修省。

　　洊,再也。上下震,故曰洊雷。因震而恐,因恐而修省。

初九,震来虩虩,后笑言哑哑,吉。

　　阳在下,故曰后。言初虽虩虩恐惧,后则乐也。阳遇重阴故也。

象曰:震来虩虩,恐致福也。笑言哑哑,后有则也。

恐则修省,修省则致福。

六二,震来厉,亿丧贝,跻于九陵。勿逐,七日得。

来者,复也。震来厉,言阳复初,二乘之,故危厉不安也。亿、噎通。释文云:本亦作噎。虞翻云:惜辞也。艮为贝,震者艮之覆,故丧贝。古以贝为货币,因厉丧贝。震为言,故曰惜辞。郑作十万解,似不如虞义也。二至四艮,艮为陵,艮阳在上,阳老故曰九陵。震为跻。跻,升也。而坎为盗,在艮陵上,言有人持贝,跻九陵以去也。然不必逐也。震为逐。数七,故曰七日。震为复。勿逐七日得者,言所丧之贝,不必追逐,至七日自然来复也。旧解皆以离为贝。易林剥之蒙云:赍贝赎狸。蒙上艮为赍,为贝。又谦之蛊、讼之大畜,皆曰丧贝,亦皆以上艮为贝。盖艮坚在外,与离同也。

象曰:震来厉,乘刚也。

乘刚故危。

六三,震苏苏,震行无眚。

苏苏,郑云:不安也。坎为疾病,故为眚。盖三不当位,故不安;然得阳为承,亦无眚也。

象曰:震苏苏,位不当也。

虞以苏为死而复生。由象传观之,郑释为当。

九四,震遂泥。

遂,隧之省文,隧即坠也。论语:文武之道,未坠于地。石经作隧。又列子:矢隧地而尘不扬。皆以隧为坠。遂,古文隧之省。荀子理论篇:入焉而队。杨倞注云:队,古坠字。故荀爽作隊。四坎为泥,陷四阴中,故隧泥。震为行,隧泥则行难矣。

象曰:震遂泥,未光也。

坎隐伏,故未光。

六五,震往来厉,亿无丧有事。

往得敌,来乘阳,故往来皆危厉也。自阳遇阳、阴遇阴为敌之理失传,于是虞翻不知往厉之故在阴遇阴,只以乘刚为说。乘刚则来厉,于往无涉也。五得中位尊,匕鬯之事,故无丧也。

象曰:震往来厉,危行也。其事在中,大无丧也。

行,道也。大无丧,即亿无丧。

上六,震索索,视矍矍,征凶。震不于其躬,于其邻,无咎。婚媾有言。

索索,郑云:犹缩缩,足不正也。三在震上,苏苏不安,上亦同也。矍矍,郑云:目不正也。说文:隹欲逸走也。徐曰:左右惊顾也。震,目无上眦,故因恐惧而视矍矍也。易林讼之豫云:眵鸡无距,与鹊格斗;翅折目盲,为鸠所伤。眵,说文:目伤眦也。豫上震,目无上眦,故曰眵,曰盲,义即本此也。虞翻不知易用象之妙,以卦无视象,命三变成离取视象。易取象无此迂曲也。三无应,故征凶。震不于其躬于其邻,仍惊远惧迩之意。艮为躬,艮覆为震,故不于其躬于其邻。震为邻。易林蹇之噬嗑云:不利出邻,疾病忧患。噬嗑下震为邻,为出。出即与坎险遇,而有疾病忧患之苦,是明以震为邻也。邻仍谓三

也。言三苏苏,即知其可惧而戒备也。知惧故无咎。卦二至
上正反震,故有言。有言者争讼,与困之三至上正反兑有言不
信同也。卦三男俱备,无一女象,故不能婚媾,如婚媾则必争
讼也。自覆象失传,此句旧解二千年无一当者。只易林中孚
之谦云:伯氏争言。谦亦正覆震,与震二至上同。争言即有
言。震为伯也。

象曰:震索索,中未得也。虽凶无咎,畏邻戒也。

在震上,故曰中未得;因畏而戒,故无咎。

艮卦第五十二

艮其背,不获其身。行其庭,不见其人。无咎。

归藏作狠。狠,广韵:很之俗字。说文:很,不听从也。一
曰行难也。艮,郑云:艮之言很也。是很、艮义同。艮,止也。
震为行,震反故止。杂卦:震起也,艮止也。即言正反之义也。
旧说以阳在上为止,非其义也。艮为背,为身,为庭,为人。艮
其背,静也。三至五互震,故又曰行其庭。行其庭,动也。乃
因无应与,静则不获身上手足之用,动则不见庭除应予之人。
无动作,无交际,故亦无咎也。

象曰:艮,止也。时止则止,时行则行,动静不失其时,其
道光明。艮其止,止其所也。上下敌应,不相与也。是
以不获其身,行其庭不见其人,无咎也。

艮为时。下艮,故曰时止则止。三至五互震,故曰时行则

行。止则静,行则动,动静随时,故其道光明。艮为道路,阳在上故光明。六爻无应予,故曰敌应。阴阳相遇为朋为类,若阳遇阳,阴遇阴,则皆为敌。同人九三云:敌刚。以比应皆阳,故曰敌刚。以阳遇阳为敌。中孚六三云:得敌。子夏传云四与三为敌,而不释其义。荀爽解之曰:三四俱阴,故称敌也。以阴遇阴为敌。此实易义之根本。明乎此,则屯二之十年乃字,比三之比之匪人,颐六二之失类、六五之不利涉,大壮初九之征凶,解九四之解而拇,夬初九之往不胜、九四之其行次且,鼎九二之慎所之,震六五之往厉,皆可观象而得其义。否则不知其所谓矣,此易义之所以终古长夜也。然观子夏传之解得敌,似此义韩婴已知之,荀爽能释之。然何以于上列各爻,任其失解,抑有解而采辑者不合其意而不录软?

象曰:兼山,艮;君子以思不出其位。

艮为位,艮止故不出。坎为思,得中唯心亨,亦不出。学易之君子法之。

初六,艮其趾,无咎,利永贞。

爻例在下称趾。足止不动,故无咎。利永贞者,利于永远贞定也。盖初失位,无应遇敌,故贵于无为也。趾,荀作止。止,古文趾字。

象曰:艮其趾,未失正也。

利永贞,故不失正。

六二,艮其腓,不拯其随,其心不快。

腓,胫肚也。义详咸卦。腓之用在行,艮其腓,是不行也。

拯,京房作抍,举也。释文作承,曰:马云举也。可证马氏、王氏本原作承。今作拯者,盖开成以后所定。然抍、承、拯音义并同。艮为手,故曰拯,艮止故不拯。然阴以顺阳为天职,仍须随阳,故曰不拯其随。坎为心,为忧。既不可动,又须随阳,不能自主,故其心不快。

象曰:不拯其随,未退听也。

坎为耳,故曰听。听,从也。腓之用在动而前进,不拯是不动不前,而退听也。然阳在上,义必随行,是又不能退听也。进退不克自主,故心不快也。

九三,艮其限,列其夤,厉薰心。

限,说文:阻也。玉篇:界也。即脊骨界左右也。故马、荀、郑、虞皆训为要。三居卦中,坎为要,故取象于限。坎为脊,为肉,故取象于夤。夤,马、虞皆以为夹脊肉。脊骨居中为限,脊肉左右分列。列、裂同。墨子明鬼下云:生列兕虎。荀子哀公问云:两骖列两服入厩。注皆作裂。脊肉裂分左右,脊界其中,故曰裂其夤。皆坎象也。艮为火,互坎为心,故厉薰心。自坎肉象失传,后儒皆不知噬嗑三四五三爻之肉象,及此夤象何属。自艮火象失传,虞翻以艮为阍,读薰为阍,谓古阍作薰字,并云马言薰灼其心,未闻易道以坎水薰灼人者。岂知艮为火,马氏所诂,正与易合。至荀氏以薰为勋,读作动;来知德又云以三十年之功,始悟薰字之由于伏离。由斯证一象之失传,可使名家易人人异词,真可叹也!艮火坎肉象,皆详焦氏易诂。(易林艮之无妄云:颠覆不制,痛薰我心。是焦亦作薰。)

象曰:艮其限,危薰心也。

厉,危也,故曰危薰心。

六四,艮其身,无咎。

艮为身,见上象。虞以坤为身,为孕,非也。初趾二腓,三要四身,按爻序自下而上。故象释为躬。得位,故无咎。

象曰:艮其身,止诸躬也。

艮为躬,躬即身也。三四居卦之中,故曰要,曰身,并无他义。虞氏谓五动乘四则妊身,以止诸躬为妊身。卦无离象,强命五爻变成离。惑乱后学,莫此为甚。

六五,艮其辅,言有序,悔亡。

辅,说文:人颊车也。在颊之上,与牙车相对。春秋僖五年:辅车相依。注云:车,牙车。疏:牙车,牙下骨之名,在颊之下。盖凡物入口,皆赖牙车载之,故名曰车。人欲嚼物,或言语,则牙动而上与辅对,故曰辅车相依。辅在上不动,故艮为辅。颐即用以取象。三至五震,震为言,上卦震反,故曰艮其辅。序者次也,言不紊也。三至五震,时而当言则言;四至上震反,时而不当言则言止矣,故曰言有序。诗大雅:序宾以贤。言宾之位次,与其贤相当,秩然不乱也。言行,君子之枢机。时言则言,时止则止,有序如是,故无悔也。虞氏易序作孚,言孚于上也。

象曰:艮其辅,以中正也。

五中而不正,正字或疑衍。又或作正中。然未济九二传:中以行正也。大壮九二传:大者正也。大谓九二。似亦不拘。

上九,敦艮,吉。

敦与顿通。顿,止也。易凡言敦,皆有止义、待义。义详敦临、敦复。敦艮者,顿止于上也。下履重阴,故吉。

象曰:敦艮之吉,以厚终也。

艮为山,故曰厚。而艮为终,故曰以厚终。唯厚故止也。

卷十五

渐卦第五十三

渐，女归吉，利贞。

上下卦皆阴承阳，阴承阳即妇从夫，故曰渐。渐，进也，次也。言阴次于是，宜进而承阳也。巽为妇，艮止于下，有女归之象。二五应，故利贞而吉。

彖曰：渐之进也，女归吉也。进得位，往有功也。进以正，可以正邦也。其位，刚得中也。止而巽，动不穷也。

五得位，故有功。艮为邦，故曰正邦。

象曰：山上有木，渐；君子以居贤德善俗。

居，积也。居贤德，即积贤德也。坎为积，艮为贤，巽为风俗。有贤德故以善俗。居贤德善俗，皆非猝然可能之事，皆渐义也。

初六，鸿渐于干。小子厉，有言，无咎。

鸿，大雁也。艮为鸿。周公时训，以雁北乡当屯卦，是以坎为北，互艮为雁。故易林师之萃云：鸿雁哑哑，以水为家。

以萃互艮为鸿也。需之遯云:去如飞鸿。亦以遯下艮为鸿。干,水涯也。二至四坎水,初在坎下,故曰鸿渐于干。艮少,故为小子。有言者争讼。震为言,艮为反震,败言,故曰有言。左传云败言为谗是也。有言故厉。然初为士,潜伏在下,亦无咎也。

象曰:小子之厉,义无咎也。

初勿用,故义无咎。

六二,鸿渐于磐,饮食衎衎,吉。

磐,大石也。三艮为石,故渐于磐。二坎体,坎为饮食。衎衎,和乐也。二当位,得中应五,故象吉如是。

象曰:饮食衎衎,不素饱也。

坎中实为饱。应在五,巽为白,故曰素饱。素饱,犹素餐。不素饱,言得之以道也。

九三,鸿渐于陆,夫征不复,妇孕不育,凶。利御寇。

马云:山上高平曰陆。艮为夫,在上,故不复。易林复之剥云:夫亡从军,抱膝独宿。以剥艮为夫也。孕,妊娠也。育,生也。震为孕。左传昭元年:武王邑姜,方震太叔是也。三震覆,故不育。郭璞洞林否之小过云:妇女胎反见华盖。否三互巽,故知为妇女。二四互艮,世变艮,艮为反震,是胎反也。胎亦孕也,义即本此也。巽为寇,三下拥群阴,而艮为守御,为坚;寇在外,守御在内,使外寇不入,故利也。旧解皆以坎为寇。岂知坎之为寇,以其隐伏,巽亦为伏,故易亦以巽为寇。且以坎为寇,坎寇已在内矣,如何能御之?虞翻以坎为寇,谓自上御下。自上御下，其利在上，于三何与？一象失传，使经义颠倒错乱，至于如此，真可喟也！

象曰：夫征不复，离群丑也。妇孕不育，失其道也。利用御寇，顺相保也。

坤为众，为丑。丑，众也。诗小雅，执讯获丑是也。离，附离也。群丑，谓下二阴。言三阳系恋于下二阴，故不复也。诸家训离为去，与下顺相保之义不合，非也。艮为道，坎为失，故失道不育。下二阴顺三阳，以为保守，故曰顺相保。

六四，鸿渐于木，或得其桷，无咎。

巽为鸿。九家逸象巽为鹳，鹳、鸿皆水鸟，故亦为鸿。周公时训以鸿雁来当巽卦，是以巽为鸿。故易林中孚之同人云：鸿飞遵陆。以同人互巽为鸿。又大畜之兑云：鸿盗我襦，逃于山隅。兑互巽为盗，为鸿。旧以离为鸿，非也。巽为木，为桷。说文：椽方曰桷。得桷，言安也。四当位承阳，故无咎。

象曰：或得其桷，顺以巽也。

言顺承五、上二阳。

九五，鸿渐于陵。妇三岁不孕，终莫之胜，吉。

巽为高。五应在二，二艮体，五居艮上，故渐于陵。巽为妇，震为孕。震伏，下敝漏，故不孕。又五应在二，为三所阻，不能应二，故三岁不孕。坎为三岁，言其久。然五与二为正应，三岂能终阻之？故终胜三，得所愿而吉也。莫之胜，言三不能胜五也。

象曰：终莫之胜吉，得所愿也。

　　五终能应二,故得所愿。旧解皆从虞氏,以成既济定为说,强命初上变,非。

上九,鸿渐于陆,其羽可用为仪,吉。

　　在卦上,与三同,故仍渐于陆。巽为羽。仪,饰也。其羽可用为仪者,巽为高为白,言上居高明之地,羽毛鲜洁,故可用以为仪,贲一切也。巽羽之象,易林随之小畜云:奋翅鼓翼。以小畜上巽为翼。又颐之兑:六翮长翼。亦以兑互巽为翼。

象曰:其羽可用为仪吉,不可乱也。

　　仪型万方,秩然不紊,故不可乱。

归妹卦第五十四

䷵

归妹,征凶,无攸利。

　　兑为少女,故曰妹。震为归。妇人谓嫁曰归,故曰归妹。震巽长女从长男为恒,则曰利有攸往。兹少女从长男,与恒同耳,乃象义则与恒相反,曰征凶无攸利,何也? 曰:恒下巽,巽阴承阳,与上震无一爻不相应,故利有攸往;归妹则巽覆为兑,阴乘阳,初三皆失应,故征凶。巽为利,巽覆故无攸利。又中四爻皆不当位,贞静自守,尚恐有咎,动则悔吝生矣,故征凶不利也。下系云:其为道也屡迁,变动不居,周流六虚,上下无常,刚柔相易,不可为典要,唯变所适。正谓此。恒与归妹,上卦同也,下卦同为二阳一阴也,乃巽则如彼,巽覆则如此,唯变所适也。唯变所适,谓甲卦与乙卦,一爻变动,则吉凶相反。

非谓卦无是象,强命某爻变,以成其象也。自汉以来,因误解变动不居,唯变所适二语,援为护符,浪用爻变,以济其穷。前有虞翻,后有焦循,其尤也。

彖曰:归妹,天地之大义也。天地不交,而万物不兴。归妹,人之终始也。说以动,所归妹也。征凶,位不当也。无攸利,柔乘刚也。

归妹而后有夫妇。天地者夫妇之义,天地交而后有万物,故归妹为女之终,生人之始。中爻皆不当位,三五皆以柔乘刚,故征凶,无攸利也。

象曰:泽上有雷,归妹;君子以永终知敝。

女归则永终。兑毁折,故以知敝为戒。

初九,归妹以娣,跛能履,征吉。

初在兑下,故曰娣。娣者,嫡之女弟也。公羊传:诸侯一聘九女,嫁者一娣一侄,媵者皆有侄娣。嫁者谓嫡,嫡及两媵、六侄娣共九女。兑折震,故跛。然二升五则下成震,震为足,故曰跛能履,征吉也。象曰吉相承,即承二升五而吉也。

象曰:归妹以娣,以恒也。跛能履,吉相承也。

按初无应,二阳为阻,不能前进,有凶无吉。兹曰吉相承,谓二升五下卦成震,初临重阴,相随而吉。相承者,谓二升五吉,初承其后仍吉也。虞翻求其义而不得,强命初爻变阴承阳为说。夫初当位,胡能使变?经义之不明,此等曲说乱之也。以恒,盖谓女嫁随侄娣,乃娶妇之常道。说者动以恒卦为解,非。

九二,眇能视,利幽人之贞。

二三半离,故曰眇。说文:眇,一目小也。然能视者,以互离也。二应在五,五震为人,兑为昧,故曰幽人。利幽人之贞,言利与五相上下,各当位也。

象曰:利幽人之贞,未变常也。

未变常,言二五相应与乃常道也。

六三,归妹以须,反归以娣。

须,说文:面毛也。归,嫁也。归妹为嫡,今以须之故,反嫁为娣也。伏艮为须。易林同人之否云:牵于虎须。否互艮为虎,为须。虞氏训须为需。需,待也。六三若有待义,与九四之有待义复矣。易林涣之归妹云:妹为貌蝥,败君正色。庄子田子方:老聃新沐,方将被发而干,蝥然似非人。蝥,言可怖也。是焦氏亦训须为面毛也,故曰貌蝥。

象曰:归妹以须,未当也。

未当,言不宜有是恶象也。困上六当位矣,象曰未当也,义与此同。革传曰革而当,义皆同宜。后雅雨堂集解本见虞注作位未当,竟于象传添一位字。岂知正文若作位未当,释文早言之矣。今释文无有,可证虞本亦无位字。雅雨本皆从惠栋校,改字甚多。昔人谓惠氏乱经,兹更添字,宜罪之者多也。

九四,归妹愆期,迟归有时。

震为时,坎陷故愆期。愆,过也。愆期故迟归待时,待升五也。又下无应,亦愆期之一因。卦四时俱备,故曰有时。升五则时至矣。

象曰:愆期之志,有待而行也。

　　坎为志,震为行。有待而行者,待升五也。

六五,帝乙归妹,其君之袂,不如其娣之袂良。月既
望,吉。

　　震为帝,故曰帝乙。帝乙,汤也。京房易载其嫁妹之辞,
是汤曾嫁妹,故曰帝乙归妹。震为君,为袂。而震亦为口,袂,
袖口也。袂在五震,故曰君袂;在二兑,故曰娣袂,皆取象于
口。乃五阴二阳,故君袂不如娣良。坎为月,为中。震东兑
西,坎月离日,东西相望,正望日也。惟五居坎末,时已过中,
故曰既望。既望,从孟、荀读。虞作几,京作近,晁说之云:古
文近、既读同。孟云既望者,十六日也。五得中有应,故吉。
震君、震袂、震口象皆失传,说详焦氏易诂。

象曰:帝乙归妹,不如其娣之袂良也。其位在中,以贵
行也。

　　虽不正而得中。中五位尊,故曰贵。

上六,女承筐无实,士刲羊无血。无攸利。

　　下兑为女,震为筐。女在下,筐在上,故曰女承筐。乃上
不应三,故无实。震为虚,亦无实也。震为士,兑为羊,为斧,
为毁折,故曰士刲羊。乃三不应上,故无血。坎为血。三体
离,坎伏,故无血。此与夬九二,因爻无应,即就无应取义。旧
解坐不知此,故说之永不能通。巽为利,巽伏,上下失应,故无
攸利。震虚象失传。虞翻用卦变成坤,取虚象。岂知震为苍
筤竹,为苇,皆取其中虚。况象传曰虚筐,亦以震为虚。

象曰:上六无实,承虚筐也。

　　象明言震虚,故知虞氏非。

丰卦第五十五

䷶

丰,亨,王假之。勿忧,宜日中。

　　雷电皆至东,故丰。说文:丰,豆之丰满者也。四阳遇重
阴,故亨。震为王。假,至也。王假之,言四宜上升至五也。
震为乐,故曰勿忧。离为日,中谓五。宜日中者,谓四升五,当
位如日中也。

象曰:丰,大也。明以动,故丰。王假之,尚大也。勿忧
宜日中,宜照天下也。日中则昃,月盈则食。天地盈虚,
与时消息。而况于人乎? 况于鬼神乎?

　　尚,上也。大谓阳。尚大,谓四宜上升五。四升五则日
中,光照天下。兑月离日。日中则昃,月盈则食,言丰之不足
恃也。

象曰:雷电皆至,丰;君子以折狱致刑。

　　先天离东,后天震东,故曰皆至。离明故可折狱,震威故
宜致刑。

初九,遇其配主,虽旬无咎,往有尚。

　　阴阳相配,配主谓二。二五为卦主,故五曰夷主。配,郑
作妃,义同也。离为日。日之数十,十日为旬。初居日之末,
故曰旬。至旬则癸日也。后汉邓禹传:明日癸亥,匡等以六甲

穷日,不出。是至旬当有咎,自古相传如是也。虽旬无咎者,
以初遇阴也。二阴,故往有尚。

象曰:虽旬无咎,过旬灾也。

　　旬者盈数。过旬灾,仍月盈则食之意也。

六二,丰其蔀,日中见斗。往得疑疾,有孚发若,吉。

　　二至五互大坎,坎为隐伏,故中四爻象皆暗昧。蔀,<u>虞翻</u>
云:日蔽云中称蔀。<u>虞</u>未申其义。然坎云在离日之上,正日蔽
云中也。离为星,故曰斗。又震亦为斗。斗七星也,言离日有
障蔽,日隐而星见也。二巽体,巽为疑,为疾。巽初六象曰进
退志疑是也。五不应,故往得疑疾。然二承重阳,孚于三四。
发若者,言其顺利也,阴孚阳故吉。离星、巽疑象,详<u>焦氏易诂</u>。

象曰:有孚发若,信以发志也。

　　有孚,故信。巽为志。信以发志者,言阴孚于阳,得行其
志也。

九三,丰其沛,日中见沫。折其右肱,无咎。

　　沛,大雨貌。<u>孟子</u>:沛然下雨。<u>易林泰之丰</u>云:龙蛇所聚,
大水来处;滂滂沛沛,使我无赖。九家云:大暗谓之沛。沫,<u>子
夏传</u>:星之小者。日中见沫者,言当日中而昏暗,见小星也。
三兑体,兑为雨,故曰沛。兑为晦,故曰见沫。艮为肱。三应
在上,上艮覆,故折其右肱。兑为右,为折也。然三当位有应,
故无咎。

象曰:丰其沛,不可大事也。折其右肱,终不可用也。

　　三遇敌,不利往;所应为阴,阴小,故不可大事。三虽有应

而折肱,故终不可用。虞氏以二至五大过死解,似非。

九四,丰其蔀,日中见斗。遇其夷主,吉。

易林升之临云:据斗运枢。以震为斗。兹震在日上,以为障蔽,故仍曰丰其蔀,日中见斗。主谓五。五柔爻,故曰夷主。诗周颂:有夷之行。毛传:夷,易也。阳遇阴则通,故曰易,曰吉。

象曰:丰其蔀,位不当也。日中见斗,幽不明也。遇其夷主,吉行也。

兑为昧,故幽不明。阳遇阴,故志行。郭京举正:行上脱志字。宜从。

六五,来章,有庆誉,吉。

呼九四来五,当位居中,彖所谓日中也,故曰章。五得位,故有庆誉吉。或谓四往五不能曰来,岂知六五呼四,当然曰来。况睽上九云:往遇雨则吉。是上来内,易有时亦言往也。需上曰:有不速之客三人来。是三往上亦曰来也。蹇五:大蹇朋来。是阳往五亦曰来也。此曰来章,又何疑乎?

象曰:六五之吉,有庆也。

庆,谓阳升五得位。

上六,丰其屋,蔀其家,窥其户,阒其无人,三岁不觌,凶。

屋,家户。后儒不知其象,穿凿百出,愈说愈晦,此覆象失传之故也。按虞注云:从外窥三。又九家说重门击柝云:豫下艮,从外示之,上震复为艮。丰上六从外示内,亦艮也。艮为屋,为家,为户,中爻大坎,故障蔽其家。艮为观,下视,故曰窥

其户。震为人。上应在三,三巽伏,故阒寂无人。阒,虞云:空
也,郑云:无人貌。震为岁,数三,故曰三岁不觌而凶也。阒,
孟喜作窒。窒古与空通用。列子黄帝篇:至人潜行不空。庄
子达生篇引作窒。然则孟、虞之诂同也。

象曰:丰其屋,天际祥也。窥其户阒其无人,自藏也。

五天位,上在五外,故曰天际。说文:祥,福也,善也。徐
铉曰:凡吉凶之先见其兆者,皆曰祥。故孟喜曰:天际祥,天降
下恶祥也。自藏谓三。三宜应上,而巽为伏,故曰自藏。释无
人之故也。祥,从郑本。正义作翔,翔、祥音同通用。

此卦旧解,因易理失传,不知二五为卦主,于是遇其配主,
遇其夷主,皆以震为主,权柎不合。因卦象失传,于是爻变卦
变,杂然并用,以求其象。学者只涵泳白文,或尚能明其一二;
若即旧解求之,则愈茫昧疑惑,真可慨也!

旅卦第五十六

☲
☶

旅,小亨,旅贞吉。

旅之卦义,先儒皆以行旅为说。然卦名皆由卦象生,火山
何以为旅?侯果、孔疏皆以火在山上,势难久留,故为旅。如
所诂火在山上,不久即灭耳,安见其为行旅?按易林剥之旅
云:居正不安,大盗为咎。大畜之旅云:安其室庐,傅母何忧?
是皆以居家为说,于行旅之义正相反。履之旅云:乌子鹊雏,
常与母俱;愿慕群旅,不离其巢。又晋之旅云:逐旅失群。是

以旅为伴旅。卦二阴随二阳,一阴随一阳,阳前阴后,有若伴侣。疑焦氏所诂者,于卦象为切。又释诂:旅,众也。卦离火,艮亦为火,火多故众,伴旅亦众也。九三象云以旅与下,以众与下也。若作行旅,此句难通矣。又初爻:旅琐琐,斯其所。斯,离也。行旅往来,有不离其所者哉?于行旅之义尤不合。故疑焦义是也。六五得尊位,故小亨,贞吉。

彖曰:旅小亨,柔得中乎外而顺乎刚,止而丽乎明,是以小亨,旅贞吉也。旅之时义大矣哉!

六五上下皆阳,故曰顺乎刚。离六五云离王公,即顺乎刚也。旅五月卦,当中夏,故曰时。

象曰:山上有火,旅;君子以明慎用刑,而不留狱。

大象以相反见义,此亦其一也。离为明,君子不敢恃其明,故用刑必慎。艮为慎,兑为刑也。艮为止,君子不敢怠于事,故不留狱。艮为拘系,为狱也。

初六,旅琐琐,斯其所,取灾。

琐琐,陆绩、郑玄皆训为小。马云:疲弊貌。按尔雅释诂:琐琐,小也。注:舍人曰琐琐,计谋褊浅之貌。诗节南山:琐琐姻亚。盖往来猥琐,劳弊不安也。斯,释言:离也。斯其所,言离其所,欲应四也。二得敌,故取灾。离为灾。盖初六不当位而得敌,在下宜静不宜动。故易林复之旅云:二人辇车,徙去其家;井沸釜鸣,不可以居。徙去其家,即离其所;井沸釜鸣,即取灾也。义详焦氏易诂。

象曰:旅琐琐,志穷灾也。

初不当位,二得敌,不能应四,故曰志穷。

六二,旅即次,怀其资,得僮仆,贞。(举正作贞吉,宜从。)

艮为舍,次舍也。即次,言就舍也。资,财也。巽为利,居中,故怀其资。艮为僮仆。二得位承阳,故得僮仆。贞下宜依举正增吉字。贞吉,与下贞厉为对文。

象曰:得僮仆贞,终无尤也。

即次身安,怀资用足,得僮仆役使有人,故终无尤。艮为终。

九三,旅焚其次,丧其僮仆,贞厉。

艮为火,故焚其次。巽为陨落,故丧其僮仆。贞,卜问也。虞翻以离火焚其次,并谓三动艮坏为焚。夫离火在外,上又不应三,焉能下焚? 易林寋之噬嗑云:火起上门,不为我残。噬嗑火在艮门上,故不焚下。旅火亦在上,其不能下焚同也。三当位,强命其变,以之不正,尤非。艮火象,详焦氏易诂。

象曰:旅焚其次,亦以伤矣。以旅与下,其义丧也。

兑毁折,故曰伤。以众与下,威权下移,宜其丧失。下谓初、二。言三于初、二相得,以势众付之也。

九四,旅于处,得其资斧,我心不快。

资斧,从王弼。各家多作齐斧。资、齐音同通用。按周书谥法解,资辅供就曰齐。言佐身之具,供张整齐也。而春秋元命苞云:斧之言辅也。是斧、辅音义皆同,故资斧即资辅。独阳不生,孤阴不成,故阴阳互相资助。四遇阴,故曰得其资斧。

而兑为斧,亦为辅。张轨云:资斧盖黄钺斧。直以为兵器,非也。毛奇龄云:处,居也。旅于处得其资斧者,言于所居之处,而得此资辅也。然而不快者,以尚未升五得位。又四为三所阻,不能应初,亦不快之一因也。巽为志,故为心。巽初象云:志疑也。即以巽为志。杂卦云:巽伏也。心志伏在内,故巽象之。旧解命四变成坎取心象,非。

象曰:旅于处,未得位也。得其资斧,心未快也。

凡九四比六五,例终升五。归妹九四曰:有待而行。待往五也。丰九四曰:遇其夷主吉行也。六五曰:来章。亦言四来五也。兹曰未得位,因未得五位,故处以俟也。下六五曰终以誉命,即谓四终升五也。

六五,射雉,一矢亡,终以誉命。

离为雉,兑毁折,故射雉。射必以矢,坎为矢。乃坎伏不见,故一矢亡。坎数一也。誉,令闻也。艮为誉。命,爵命也。巽为命。终以誉命者,言巽命在二,虽不应五,然四必得位升五。四升五,二应之,是誉命终及于五也。

象曰:终以誉命,上逮也。

逮,及也。上逮,谓二终上应五也。

上九,鸟焚其巢,旅人先笑后号咷。丧牛于易,凶。

离为鸟。中虚,故为巢。巽风扇火于下,故焚巢。上履阴,兑悦,故先笑;三巽体,巽为号,三不应上,故后号咷。左传昭五年:纯离为牛。兑毁折,故丧牛。艮为田,为易。易,田畔也。牛在艮外,故丧牛于田畔。焚巢丧牛,故凶。晁说之云:

易,古文埸字。诗小雅疆埸有瓜是也。

象曰:以旅在上,其义焚也。丧牛于易,终莫之闻也。

　　旅,众也。在上者众,不自敛抑,则高亢为祸。左传隐四年:兵犹火也,不戢将自焚。是其义也。坎为耳,坎伏故莫之闻。虞翻用爻变取震象,谓震为筐故为巢,后儒多从之。按易林离之需云:高木腐巢。需坎为木,在上,故曰高木。互离为巢,在泽水中,故曰腐巢。讼之解云:南徙无庐,鸟破其巢。解上震,震为南,为徙;下坎为室,震在坎外,故曰南徙无庐。互离为鸟,为巢,而坎为破,故曰鸟破其巢。以离为巢,庶得真解。

卷十六

巽卦第五十七

巽，小亨，利有攸往，利见大人。

初、四皆承阳，故曰巽。巽，顺也。顺阳故小亨，往遇阳故利。阳居二五得中，故利见大人。

象曰：重巽以申命。刚巽乎中正而志行，柔皆顺乎刚，是以小亨，利有攸往，利见大人。

巽为命令。虞书：申命羲叔。传：申，重也。重巽以申命者，谓王者一再宣布命令，以示郑重也。巽为风，行莫疾于风。命令一出，传达天下，有若于风，故巽为命也。二五中正，下阴顺承，故志行。

象曰：随风，巽；君子以申命行事。

重巽，故曰随风。随，继也，从也。言后风之随前风也。令出惟行，万事以治，故君子以之。

初六，进退，利武人之贞。

初临重阳得主，故宜于进。而四无应与，故进而又退。象释曰志疑,疑四无应也。震为武人。此巽卦也,何以利武人之占?因震巽相反复,巽究则为震。易贵将来,故武人利也。

象曰:进退,志疑也。利武人之贞,志治也。

巽不果,故志疑。返震,故志治。言得行其志,以治天下。

九二,巽在床下,用史巫纷若,吉,无咎。

巽为床,初顺二,故曰巽在床下。初至四正覆兑,兑口多,故曰用史巫纷若。按周礼内史云:凡命诸侯孤卿大夫,则策命之;凡四方之事书,内史读之。仪礼云:辞多则史。又司巫云:男巫女巫,凡邦之大灾,则歌哭而请。是史巫皆以口舌为用。而二居正反兑之间,故曰纷若。纷若,言不一也。二得中,故吉无咎。此义先儒无知者,只茹敦和云:巽初之阴,伏于床下,慝也,于是乎用史巫以祛之;史巫云者互兑也。象始大明。而茹氏仍不知初至三为覆兑,故纷若不得解。

象曰:纷若之吉,得中也。

二无应,失位,遇敌。然下孚于阴,得中,故吉。

九三,频巽,吝。

王弼云:频,频蹙不乐。按玉篇顰下云:易本作频。是频即古文字顰字。三居巽上,虽当位而下桡,故频蹙不安而吝也。

象曰:频巽之吝,志穷也。

巽为心志。上无应,下乘阳,故曰志穷。

六四,悔亡,田获三品。

当位承阳,故悔亡。伏震为田猎,兑羊、离牛、巽豕,故田获三品。离卦数三也。凡阴遇重阳多吉。

象曰：田获三品，有功也。

有所获，故有功。

九五，贞吉，悔亡，无不利。无初有终。先庚三日，后庚三日，吉。

九五得位，下孚于阴，故贞吉悔亡。巽为利，故无不利。震巽相反复，无初者，言巽之初为震。震纳庚，一爻当一日，故曰先庚三日。今震究为巽，故无初。有终者，言巽之究仍为震。终即后也，故曰后庚三日。以其终为震，故曰有终。震阳复，故吉。先庚三日，言巽之先；后庚三日，言巽之究。与蛊之先甲三日，后甲三日义同。无初有终，与蛊之终则有始，义亦同。

象曰：九五之吉，位正中也。

九五既中且正，故吉。

上九，巽在床下，丧其资斧，贞凶。

巽，顺也。谓四。巽在床下，言顺我者在下。上九失其辅助，故曰丧其资斧。斧、辅通用。兑为斧，亦为辅。上卦兑覆，故曰丧。丧，失也。说详旅卦。

象曰：巽在床下，上穷也。丧其资斧，正乎凶也。

九穷于上而下桡，故贞凶。象仍释贞为正，其义不协。

兑卦第五十八

兑，亨，利贞。

兑,悦也。兑何以悦? 以一阴见于二阳之上,阳得阴而悦也。刚中柔外,与泰义合,故亨。阴阳相遇,故利贞。

彖曰:兑,说也。刚中而柔外,说以利贞,是以顺乎天而应乎人。说以先民,民忘其劳。说以犯难,民忘其死。说之大,民劝矣哉!

阴阳相遇故悦,悦故利贞。所谓保合太和,各正性命也。五天位,上顺之,故曰顺乎天。互巽为顺也。三人位,巽于二,故曰应乎人。互巽为应也。三至上大坎。坎为民,为劳,为险难,为棺椁,故为死。而三至上正反兑,坎民来往,皆在兑说之中,故役之而忘劳,犯难而不知死也。兑见在上,故曰先民。先民说,先使民悦也,故民劝。

象曰:丽泽,兑;君子以朋友讲习。

玉篇:丽,偶也。周礼夏官校人:丽马一圉。注:丽,耦也。又士冠礼:主人酬宾,束帛,俪皮。注:俪皮,两鹿皮。古文俪作离。离传云:离,丽也。是丽与俪通,仍耦也。重兑,故曰丽泽。犹重巽曰随风。其以互离为义者,非也。阴阳相遇相悦为朋友,兑口故曰讲习。初至五正反兑相对,正朋友互相讲习之象,故君子法之。虞翻谓兑二阳同类为朋。夫阳遇阳,阴遇阴,则为害为敌,艮与中孚皆言之,岂得为朋友? 又云伏艮为友。盖取义于损六三,一人行则得其友。岂知艮之为友,以一阳上行,遇二阴为友,与兑之以一阴下降,遇二阳为朋友同,皆取义于阴阳相遇。朋友之诂既误,于是卦无艮兑而言朋者,必百计变动以求兑象,甚至用参同契纳甲之法,谓八日兑象月见丁,以解坤彖之得朋。凡易之言朋者,无不误矣。

初九,和兑,吉。

与二并行,故曰和。当位故吉。初与二本为敌,卦以兑说为义,和以处之,自然吉矣。

象曰:和兑之吉,行未疑也。

初得敌,故疑于二。和以处之,故行不疑。损三云:三则疑也。易于阳遇阳相疑相忌之故,言之至为明白矣。乃竟失传,何哉?

九二,孚兑,吉,悔亡。

孚于三,阳遇阴,故吉。得中,故悔亡。

象曰:孚兑之吉,信志也。

阳遇阴,故志得伸。巽为志。三巽主爻,二遇之,故信志。

六三,来兑,凶。

在内称来。来就二阳以为悦,行为不正则有之,无所谓凶;但三本多凶,又不当位,来而不正遂不宜矣。

象曰:来兑之凶,位不当也。

来而不当位,故凶。

九四,商兑未宁,介疾有喜。

四不当位,无应,前又遇阳,似不吉;然而有喜者,以下履阴也。小畜九五曰有孚,履九四曰志行,皆以下遇阴而吉。此与之同。商,量度也。商兑者,以初至五正反兑相对,而四若与下对语者,故曰商兑。讲习之象,亦以此也。三至五巽,进退不果,故未宁。互大坎为疾。乃四独履阴,志行,是疾去也。

介,助也。诗以介眉寿是也。介疾有喜者,言助疾使愈,兑悦故有喜也。

象曰:九四之喜,有庆也。

九四独履阴。履阴故有喜,故曰有庆。

九五,孚于剥,有厉。

阳遇阴则通,故二五皆孚于三上。然吉凶不同者,兑为秋,六三当正秋,万物成熟,故二孚之而吉。若上六则为季秋,其辰在戌,其卦为剥。杂卦云:剥,烂也。当此时,万物荒落,阳气为阴所剥将尽矣,九五若再孚于是,必为所剥无疑也,故曰有厉。

象曰:孚于剥,位正当也。

以人事言,上六处悦之极,是小人佞幸之尤。九五当人君之位,而昵近此等小人,其为祸有不可胜言者。象曰位正当,言正当人君之位,不可与上六近也。

上六,引兑。

引,开弓视的也。伏艮为手,故引兑。言上六来就五阳以为悦,犹射者之志于的也。

象曰:上六引兑,未光也。

兑暗昧,故未光。

涣卦第五十九

䷺

涣,亨,王假有庙。利涉大川,利贞。

旧解皆以风行水上,涣散为说。然如涣王居、涣其躬等爻辞,散义皆不通。按太玄拟涣为文。司马光云:扬子盖读涣为焕。案,涣即有文义。淮南子说山训:夫玉润泽而有光,涣乎其有似也。注:文采似君子也。后汉书延笃传:涣烂其溢目。注:涣烂,文章貌。是涣本有文义。故归藏作奂。礼檀弓:美哉奂焉。释文:奂本亦作焕。是扬子之读,与古训合。卦坎为赤,震为玄黄,巽为白,而风行水上,文理烂然,故为文也。为文则于爻辞无扞格矣。震为王,艮为庙。假,至也,言王有事于宗庙。震为舟,在水上,故利涉。皆中爻象。

象曰:**涣亨,刚来而不穷,柔得位乎外而上同。王假有庙,王乃在中也。利涉大川,乘木有功也。**

刚来居二,临一阴则陷,二阴则通,故曰不穷。四当位,上承一阳固吉,承二阳尤吉。上同者,与小畜六四、升初六之上合志同也,言孚于五、上也。震为舟。古刳木为舟,五乘之,故曰乘木。乘木即乘舟。

象曰:**风行水上,涣;先王以享于帝立庙。**

享帝则礼仪繁盛,立庙则楹桷巍焕,皆属于文,正释卦义也。

初六,用拯马壮,吉。

震为马,初承之,故曰拯马。郑云:拯,承也。拯马即承阳,震健故壮吉。此与明夷六二象同,故辞同。故象传皆以顺释之。拯,顺也。

象曰:**初六之吉,顺也。**

言阴顺阳,以顺释拯义也。

九二,涣奔其机,悔亡。

焦循云:汉百官公卿表,虎贲郎注,贲读与奔同。据是奔、贲古通,奔其机即贲其机。按机即几筵之几,庙中所用物。贲,文饰也。艮为几,震为玄黄,故贲其机。得中,遇阴,故悔亡。

象曰:涣奔其机,得愿也。

阳遇重阴,志行,故曰得愿。旧解无有知其故者。

六三,涣其躬,无悔。

艮为躬。涣其躬,即行有文也。得阳应,故涣其躬无悔。

象曰:涣其躬,志在外也。

巽为志,应在上,故志在外。

六四,涣其群,元吉。涣有丘,匪夷所思。

坎为众,为群;四体艮,艮为光明,在坎上,故涣其群。承阳,故元吉。艮为丘。丘陵所以设险,今去坎险而复遇山险,故曰匪夷所思。夷,平也,常也。言为恒常所不料也。

象曰:涣其群元吉,光大也。

遇阳故光大。按象曰光大,亦释涣为文。

九五,涣汗其大号,涣王居,无咎。

吴先生曰:涣汗,连绵字。愚按上林赋:采色浩汗。注:玉石符采映耀也。涣汗盖与浩汗同,与涣烂亦同。巽为号令。涣汗其大号,即颁布光显其号令,如风之无不届也。艮为居,五君位,故曰王居。涣王居,言王居巍焕也。五履万民之上,故光大如此也。得中,故无咎。

象曰:王居无咎,正位也。

　　五位中正,故曰正位。五无应,然无咎者,以得中也。

上九,涣其血去逖出,无咎。

　　血,古文恤字。逖与惕音同通用。小畜六四:血去惕出。与此同也。诂逖为远者非。应在三,坎为忧惕。王国维云:古易、狄同字。山海大荒东经并竹书皆云:王亥托于有易。而楚辞天问作有狄。又简狄,古今表作简逖。按汉书王商传:卒无怵愁忧。师古云:愁,古惕字。故虞翻注云:逖,忧也。与小畜六四诂惕为忧同。是虞即以逖、惕同字。上九应在三,三坎为忧惕,而上九高出卦上,去坎险既远,又不为互艮所止,与大畜上九义同。涣其,光明貌;涣其恤去惕出,言光明在上,忧患自免也。句法与论语涣乎其有文章同。

象曰:涣其血,远害也。

　　坎为害。上去三远,故曰远害。

节卦第六十

☵
☱

节,亨,苦节不可贞。

　　坎居西方,兑又居西,合为一处,故曰节。节,信也。古剖竹为符,合以取信。故说文云:节,竹约也。序卦云:物不可以终离,故受之以节。节之用在合,故与离对文。又曰:节而信之。是序卦即以节为符信也。凡卦名皆从卦象生,震为竹,而二至五正反震,两竹相合,则信成矣。而坎为信也。苦节向无通诂。虞翻命三变成离,火炎上作苦,以说苦节,而后儒多从之。诚以诂苦为甚、为过,皆不安也。按周礼考工记:辨其苦良。史记五帝纪:舜陶于河滨,器皆不苦窳。皆以苦为恶。节所以取信,苦窳则难以持久,不能符合,故曰苦节不可贞。自先天象失传,节字失诂,于是苦节之义,遂亦失矣。又坎为破,兑毁折。按卦象节易苦窳,戒之所以慎始也。

彖曰:节亨,刚柔分而刚得中。苦节不可贞,其道穷也。说以行险,当位以节,中正以通。天地节而四时成,节以制度,不伤财不害民。

艮为道,艮止故道穷。荀子性恶篇:故善言古者必有节于今。节,信也。四时往来,不差不忒,故曰天地节而四时成。艮为时,为成,震卦数四,故曰四时成。度,丈尺也。度有制则民有信,信则不伤财,不害民。

象曰:泽上有水,节;君子以制数度,议德行。

数度皆所以取信于民。数纪于一,协于十,长于百,大于千,衍于万。有数而度量衡以起,度十分为寸,十寸为尺,十尺为丈。而度之生由于律。律,竹管也。累秬黍九十为九寸,以为黄钟之长,用以度长短。虞书云:同律度量衡。诚以日久度量衡或差,同之以律,则不失毫厘。律者,节也。人之德行,亦有定节,以取信于世,与数度同。故君子取以为法焉。

初九,不出户庭,无咎。

初应在四,艮为户庭;而二阳为阻,故不宜出。不出则无咎。象曰知通塞,言二阻塞也。

象曰:不出户庭,知通塞也。

　　初应在坎,坎为通;二遇敌,不能应四,故曰塞。知其塞,不出户庭以求通,故曰知通塞。吴先生曰:易以阳在前为塞,阴在前为通。初之不出,以九二在前,故曰知通塞。二则可出而不出,故有失时之凶也。

九二,不出门庭,凶。

　　互艮为门庭。二比重阴,阳遇阴则通,通则利往。乃竟不出,是失时也,故凶。

象曰:不出门庭凶,失时极也。

　　艮为时。极,中也。说文:极,栋也。栋居屋脊,当屋之中,故极为中。失时极,即失时之中也。

六三,不节若,则嗟若,无咎。

　　三失位无应,故曰不节。震为笑,震反为艮则嗟矣。离九三云:不鼓缶而歌,则大耋之嗟。与此象义并同也。王弼云:若,辞也。语助辞也。顺二故无咎。

象曰:不节之嗟,又谁咎也?

　　言其咎在己。

六四,安节,亨。

　　得位有应,上承九五,艮止为安,故安节亨。

象曰:安节之亨,承上道也。

　　言能承上,不失其道。

九五,甘节,吉,往有尚。

　　说文:甘,美也;美,甘也。而坎为美脊,故坎有美象。甘节,即美节也。节而美善,方可用以取信。与下苦节为对文。五当位居中,下乘重阴,正位居体,故甘节吉。爻在外为往。往得尊位,居之不疑,故曰往有尚。虞氏强命二变应五,以释往字。岂知爻在外即曰往,泰、否之大小往来可证也。

象曰:甘节之吉,居位中也。

　　艮为居,五中位。

上六,苦节,贞凶,悔亡。

　　甘为美,则苦为恶。坎为破,故曰苦节。节为信约,窳恶则不能符合,故贞凶。得位故无悔。

象曰:苦节贞凶,其道穷也。

　　在上无应,故穷。

卷十七

中孚卦第六十一

䷽

中孚,豚鱼吉,利涉大川,利贞。

上卦节。节,信也。节何以为信?以中爻两震竹相合。中孚初至五象与节同,仍两竹相合,而在中四爻,故曰中孚。孚,信也。归藏曰大明。大明者,离日。晋,顺而丽乎大明是也。是以小过为坎,大明为离,取义与周易微异也。巽为豚,为鱼。鱼象人知之,豚即失传。岂知姤初云:羸豕孚蹢躅。即以巽为豕。易林大有之姤:牝豕无豭。旅之遯:彭生为豕。皆以巽为豕。盖坎为豕以其隐伏,巽为伏故亦为豕。而中孚正覆巽,豚鱼合居于中,故吉。坤为大川,震为舟,为虚,为木。五履重阴,乘震舟之上,故曰利涉大川。传释曰:乘木舟虚。按涣传云:乘木有功。乘木即乘舟。又益传云:木道乃行。木亦谓舟。据王应麟所辑郑注云:舟,谓集板如今船。(原作自,阮校诗谷风正义云:自,当为船。)空大木为之曰虚。即古又名曰虚,总名皆曰舟。据郑注,木、舟、虚三者平列为义,皆船也。

利贞,传释为应乎天。五天位,三四皆阴爻,阳得阴则通,阴顺阳故曰应乎天。

象曰:中孚,柔在内而刚得中。说而巽,孚乃化邦也。豚鱼吉,信及豚鱼也。利涉大川,乘木舟虚也。中孚以利贞,乃应乎天也。

中爻艮为邦。艮邦、震舟、震虚象皆失传,详焦氏易诂。

象曰:泽上有风,中孚;君子以议狱缓死。

玉篇:狱谓之牢,又谓圜土。中爻艮止为狱,两艮相合,则圜狱也。震为言,故议狱。兑为毁折,故曰死。议狱缓死,欲孚及罪人而向善也。

初九,虞吉,有它不燕。

仪礼士虞礼注,释虞为安。初阳遇阳,不宜动,与节初同。节初九,不出户庭无咎,即谓安吉也。它谓四,四巽为陨落。有它,谓不安于初,不顾二阻而它往应四,则不燕也。燕与宴通,亦安也。兑为燕,四巽兑覆,故曰不燕。易林小畜之兑、随之萃,皆曰燕雀衔茅,则皆以兑为燕。除易林外,他无用者。故易林为易象数。

象曰:初九虞吉,志未变也。

巽为志。志未变,言安于初而不应四。

九二,鸣鹤在阴,其子和之。我有好爵,吾与尔靡之。

震为鹤,为鸣,为子。阴,山阴。二至五正反震,下震鹤鸣于山阴,三至五震反,如声回答,若相和然,故曰其子和之。其子,谓覆震,非互震,判然二物也。易林大有之屯云:噰噰所言。噂噂，对语也。屯初至五亦正覆震相对，与中孚同。又同人之中孚云：衣裳颠倒。震为衣，三至五震覆，故曰颠倒。涣之中孚云：闻言不信。震言，三至五震覆，故不信。不信取其相反，子和取其相对，仍同也。而二至五亦正反艮，艮纳丙为山阳，下二至四艮覆，则山阴矣。而二正当其处，故曰鸣鹤在阴。易林颐之中孚云：熊罴豺狼，在山阴阳。正覆艮，故既曰熊罴，又曰豺狼。上艮为山阳，下覆艮为山阴也，故曰在山阴阳。易林释此语，可谓明白矣。山阴之义，知者甚鲜。后独茹敦和以阴为山阴，而取义于兑。兑者艮之反，艮山阳，兑山阴。义不本易林，而取义与易林同。故夫有清一代之易家，主张自己，不随声附和者，莫茹氏若也。爵，说文：饮器。酒尊也。震为尊，为爵，为嘉，故曰好爵。正覆震相对，故曰吾与尔靡之。孟喜云：靡，共也。贞我悔彼，尔谓五。言二五共此爵也。

象曰：其子和之，中心愿也。

巽为心志。鸣和全在中四爻，故曰中心愿。

六三，得敌，或鼓或罢，或泣或歌。

子夏传：三与四为敌，故曰得敌。荀爽曰：三四俱阴，故称敌也。中四爻艮震相反覆，震为鼓，艮止故罢。罢、疲通，音婆，下与歌叶。诸家或作罢音，非也。震为歌，震反则泣矣。与艮为山阳，艮反为山阴义同也。盖三不当位而遇敌，故不常如此也。得敌，与颐二之失类、艮之敌应，为易义之根本，所关甚大。乃得敌，韩子夏与荀知之，失类则无知者，致阴遇阴、阳遇阳之处皆失解，可喟也！

象曰：或鼓或罢，位不当也。

义见前。

六四,月既望,马匹亡,无咎。

兑为月。十五日,日月望,乾象月盈甲;十六日,平明,巽象月退辛。六四巽主,故曰既望。既,王弼作几,孟、荀皆作既。孟云:十六日也。作既于巽象方切。震为马,四匹在初。马匹亡,言不应初而承上也。承阳故无咎。

象曰:马匹亡,绝类上也。

阴阳相遇方为类。旧解皆以阴遇阴为类,故全易类字皆失诂。绝者,决也。言四遇三敌,不能应初。类上,即承上也。

九五,有孚挛如,无咎。

五下乘重阴,得类,故曰有孚。言孚于二阴也。挛,系也,恋也。前书李夫人传:挛挛顾念我。有孚挛如者,言系挛三、四也。五得位,故无咎。

象曰:有孚挛如,位正当也。

五既中且正。

上九,翰音登于天,贞凶。

曲礼曰:鸡曰翰音。巽为鸡,为高。居巽上,又居卦之极上,故曰翰音登于天。上应在三,三震为翰、为音也。巽下隐,故贞凶。王注:翰,高飞也。飞音者,音飞而实不至之谓也。居卦之上,华美外扬,虚声无实,故不可久长。

象曰:翰音登于天,何可长也?

穷上失位,下虚,故不长。翰音取象皆在应,非只巽鸡。易无一字不由象生,观此益信矣!震翰象失传,详焦氏易诂。

小过卦第六十二

䷽

小过，亨利贞。可小事，不可大事。飞鸟遗之音，不宜上宜下，大吉。

　　过之为义，彖传即不明释，故迄无定解。后儒于是有以经过为说者。端木国瑚谓兑巽过乾之左右，故曰大过；艮震过坤之左右，故曰小过。有以过越为说者。朱震谓大过阳过阴，大者过越也；小过四阴二阳，小者过越也。前一说只见于端木氏，后一说则易家多从之。然尚有五阳五阴之卦，何以不言过？且汉人以大过为死卦，阳过盛而反死，又何说乎？如谓四阳为上下二阴所束缚故死，则小过四阴包二阳，胡以不谓之死乎？又四阳在中为大过，四阴在中何以不谓为小过，而必以四阴在外者为小过乎？是皆可疑，而先儒无言者。按太玄拟大过为失，云阴大作贼，阳不能得。言阳为阴贼，而失其用也。拟小过为羡、为差，云阳气赞幽，推包羡爽，未得正行。言震阳本可直出，乃为上下四阴所包，推排曲抑，仍有羡爽。羡，邪曲；爽，差也。盖大过按卦气时当小雪，穷阴极寒，故阳气极衰。小过时当立春，阳气辟东，本可无阻，乃为阴气所包，仍不免小有回曲。大小过纯以卦义言，不以阴阳多少言也。卦二五阴得中，二阴承重阳，故亨。阴牝阳，故利贞。阴得中，故可小事。阳失位而不中，故不可大事。左传昭五年，筮遇明夷之谦曰：日之谦当鸟。日之谦，即离变艮。变艮而曰当鸟，是以艮为鸟。易林本之,以艮为黔啄,为鸟(详焦氏易诂)。小过下艮,故曰鸟。上震故曰飞鸟。而震为覆艮,是上下皆鸟,故传曰有飞鸟之象焉。宋衷谓二阳在内,上下各二阴,有似飞鸟舒翮之象。虞翻则用卦变,云小过从晋来,晋上离为鸟。惠士奇谓古飞、非通用,小过即非字象,故曰飞鸟。愈演愈奇,皆艮鸟象失传之过也。遗,送也。震为音。茹敦和云:下艮为反震,口向下若送音于人者,故飞鸟遗之音。上谓五,五失位而乘阳;下谓二,二当位而承阳,故上不宜而下大吉也。

彖曰:小过,小者过而亨也。过以利贞,与时行也。柔得中,是以小事吉也。刚失位而不中,是以不可大事也。有飞鸟之象焉。飞鸟遗之音,不宜上宜下,大吉,上逆而下顺也。

艮为时。刚失位指四,不中指三。有飞鸟之象,谓上下卦皆艮也。非如宋衷之解。艮为鸟,上艮覆故曰逆,下反是故顺。又五乘刚故逆,二承阳故顺。

象曰:山上有雷,小过;君子以行过乎恭,丧过乎哀,用过乎俭。

震为行。恭或为艮象。兑毁折,故曰丧。震为乐,震反为艮,故为哀。俭亦或为艮止象。旧解皆用卦变,无确诂。姑测其义如此。又三者皆过之微,即诂小过之义也。

初六,飞鸟以凶。

艮为鸟。四虽有应,二得敌,应予阻格,又失位,故凶。

象曰:飞鸟以凶,不可如何也。

言应四难。

六二,过其祖,遇其妣。不及其君,遇其臣。无咎。

艮为祖。二承三,故过其祖。巽为妣。二当巽初,故遇其妣。尔雅:母曰妣。妣谓二,祖谓三。二应在五,五震为君,乃五不应,故不及其君。艮为臣,三艮主爻,二承之,故遇其臣。艮为祖,巽为母,震君艮臣,象皆失传,故旧解无通者。义详焦氏易诂。

象曰:不及其君,臣不可过也。

传义未详。旧说或昆仑,或浮泛,皆不安。

九三,弗过防之,从或戕之,凶。

四遇敌,故弗过。艮为守,为坚,下有群阴承之,利于防守,故曰防之。与渐九三、蒙上九利御寇,义同也。三应在上,戕,害也。从或戕之者,言三若应上,则四或害之也。艮为刀剑,四艮反向下,故戕之。首曰防之,所以戒也。

象曰:从或戕之,凶如何也!

极言其凶。

九四,无咎,弗过遇之。往厉必戒,勿用永贞。

四临重阴,利往,故无咎。四应在初,遇谓遇三也。三为四敌,故戒以弗过,然而遇之。往厉者,谓往应初而厉也。往应初,则三戕之,故厉。厉则宜有所戒,勿用而贞定自守可也。无咎指上行,弗过指下行。昔贤皆泥于往外为往。岂知需上云:三人来,是往外而曰来;睽上云:往遇雨,是来内而曰往。易固于往来不执定例也。

象曰：弗过遇之，位不当也。往厉必戒，终不可长也。

言之初仍勿用为宜，终不可长。

六五，密云不雨，自我西郊。公弋取彼在穴。

文言以坤为云。五上重阴，故曰密云。兑为雨，风火在下，故不雨。兑西震东，言此密云起自西郊，而东行也。震为公，为射，故曰公弋。弋者，系绳于矢以射鸟。乃不射鸟，而以弋取彼在穴之艮狐，胡能得乎？盖五应在二，二巽为绳，艮为矢。以绳系矢，弋象也。而艮为穴，为狐，艮手为取。穴居之物，岂能弋取？言二不应五，有如此也。凡易取象，不于本爻必于应。应爻有应予，如明夷初爻应在四震，则曰飞，曰翼，曰攸往，曰主人有言，全取震象而直言之。应爻无应予，亦往往取其象而明其不应。如归妹上六应在三兑，则曰女承筐，曰士刲羊，女与羊皆兑象；而三不应上，故又曰无实无血。及此爻皆是也。旧解不知此例，见象无著，则用卦变以当之，于是易义遂亡于讲说矣。

象曰：密云不雨，已上也。

已上，与小畜之上往同义。

上六，弗遇过之，飞鸟离之。凶，是谓灾眚。

弗遇，言为五所格，应三难也。乃竟过之，是无心相值，不虞之祸。盖艮为鸟，上卦艮覆，鸟首向下有坠象；而艮为刀兵，正坠兵刃之上。离、罹通，遭也。遭此意外之祸，故凶也。三巽体，巽为疾病，故为灾眚。是谓灾眚者，言祸非由己。致无妄之灾，不可如何也。

象曰:弗遇过之,已亢也。

虞翻云:飞下称亢。按说文:亢,人颈,或从页。是亢即颃,古通为一字。诗邶风:颉之颃之。毛传:飞而上曰颉,飞而下曰颃。故前书扬雄传解嘲:邹衍以颉亢而取世资。颃即作亢。师古云:颉亢,上下不定也。亦训亢为下。上卦艮鸟覆,有坠象,故曰亢。已亢者,言飞鸟离灾而下也。李道平云:阳言亢,阴不言亢,故虞不从俗说。闻见录云:唐张师为赞皇尉,梦白鸟飞翔堕于云际,召黄贺筮之,遇小过,曰:雷震山上,鸟堕云间;声迹两销,不可复见。委心顺命可也。是亦以艮为鸟。艮覆,故曰鸟堕。互大坎,故曰云间。震为声迹,坎隐伏,故曰声迹两销,不可复见。是亢之为下,再见于唐人所释。以艮覆为鸟堕,黄贺独知也。

既济卦第六十三

☲☵

既济,亨,小利贞,初吉终乱。

尔雅释天:济谓之霁。疏:霁,止也。说文同。归藏作岑霏。霏即霁字。上坎为雨,下离为日,雨过日出,故曰既济。谦传:天道下济。即下止也。诗邶风:不能旋济。传:济,止也。庄子齐物论:厉风济则万窍为虚。注:济,止也。象传曰:终止。杂卦曰:既济定。亦皆训济为止。既者,尽也。左传桓三年,日有食之,既,是也。既济者,言六爻尽当位而止其所也。止其所而不迁,则道穷,故象辞不许其终吉。释文释济为度,太玄释为成。惟彖传曰终止,即明释既义、济义。既者尽也,终也,终止即既济。后儒纷纭不已者,以忽略终止即说卦义也。

六爻皆当位有应,故亨。小利贞,小字,俞樾云:衍文,卦辞只曰亨利贞。故传特以小者亨也释之。如原有小字,则人人皆知,传不如此释矣。子夏传、虞翻皆以亨小断句,似非。毛奇龄云:宜以既济亨句,小利贞句。小利贞与小利有攸往同。按毛说于句读适矣。然传曰刚柔正,是兼大小言也,今专以属之小,于六爻当位之义不合。然则小字属上下读皆不安。征之彖传,其为衍文无疑。俞氏之说,似为可信。盖易之为道,以阳为主,阴与阳绝不平等。故阴得阳应必吉,阳得阴应则不必吉,且有以为凶者,如大过四爻,中孚初爻皆是。既济二四承乘皆阳,又三阴皆有阳应,故小者亨。彖传专以亨属小,亦谓大者不然。大何以不然?凡阳遇重阴必吉,一阴则否。既济三五皆陷阴中,虽三阳皆得位有应,然所应者阴,固与柔爻异也。此传之所以专以亨属之小也。既济者终止,其在既济之初,上下得所,民物咸宜,故初吉。然易之道以变通为贵,无或休息。止而终于是,则易道穷矣,故终乱。

彖曰:既济亨,小者亨也。利贞,刚柔正而位当也。初吉,柔得中也。终止则乱,其道穷也。

卦三阴三阳,二为阴始得中,故曰初吉。上六则阴之终,故曰终止。则乱,坤为乱也。五刚亦得中,不许其吉者,以陷于阴中,与柔得中异也。

象曰:水在火上,既济;君子以思患而预防之。

治乱相循环,当治不可忘乱。坎为患,为心,故曰思患。

初九,曳其轮,濡其尾,无咎。

初应在四,四坎为曳,为轮,为濡。四居坎下,故曰曳,曰尾。所有象皆在应爻。旧解苦于本爻求,胡能合乎？曳、濡当有咎,得正故无咎。

象曰:曳其轮,义无咎也。

得正有应,当然无咎。

六二,妇丧其茀,勿逐,七日得。

左传昭五年:火,水妃也。故离为坎妇。茀,车蔽也。诗硕人曰:翟茀以朝。疏:妇人乘车不露见,车之前后,障以翟羽,以自隐蔽,谓之茀。按周礼有巾车职,巾所以为蔽,即茀也。坎为隐伏,为茀。乃坎在外,故丧其茀。盖离为光明,二承乘皆阳,无所隐蔽,如妇人之丧其茀也。卢兆鳌云:初曳轮,二丧茀,义实相因。其改字作绂、作髢者,皆非也。震为逐,半震故勿逐。七日得者,震为复,数七。言至七日,自然来复,与震二同义也。

象曰:七日得,以中道也。

二得中,故得。

九三,高宗伐鬼方,三年克之,小人勿用。

易林于既未济,偶用半象,本之易也。三四形震,震为帝、为主,故曰高宗,曰伐。坎为三年,为鬼方。高宗,殷王武丁。鬼方,西羌国名。范书西羌传云:殷室中衰,诸侯叛,至高宗伐西戎鬼方,三年乃克。又曰,周季历伐西落鬼戎是也。坎为艰,为劳,故三年乃克。小人谓上六。复上六云:反君道。比上六云:无首凶。师上六云:小人勿用。是上六反君道,无首,为小人之尤。兹于三爻发之者,以三应在上六,故预戒也。

象曰:三年克之,惫也。

坎为劳,故曰惫。惫,疲极也。

六四,繻有衣袽,终日戒。

此与解三用象同。繻,说文:缯采色。按缯,说文:帛也。三四震象,震为衣。繻有,言有帛衣也。四五巽象,巽为帛,亦为袽。袽,败絮也。繻有衣袽者,言虽有帛衣,衣败絮以自晦,终日戒备也。离为日,坎为忧,故曰终日戒。盖四居两坎之间,坎为盗,惧有所侵犯,故恶衣以自晦。袽,说文引作絮。释文云:子夏作茹。茹、袽、絮音同,故通用。又云:京作絮。按,絮即絮之形讹字。太玄迎首云:裳有衣襦。裳者礼服,襦者短衣。乃有裳不用而衣襦,释此句至为明晰。又释文:繻,子夏作襦。薛虞云:古文作繻。按襦、繻古通。周礼罗氏注,郑司农云:襦为繻有衣絮之繻。弓人注,郑司农云:帤读为襦有衣絮之絮。是襦、繻、袽、絮古通用,故各家读不同。

象曰:终日戒,有所疑也。

坎为疑。

九五,东邻杀牛,不如西邻之禴祭,实受其福。

离位东,故曰东邻。坎位西,故曰西邻。离为牛,兑为毁折,为斧,故曰东邻之杀牛。坎为饮食,故为祭。禴,薄祭也。坎为薄,故曰西邻之禴祭。乾为福。杀牛而祭,当受福矣。然不如禴祭受福者,以坎当五,得中正之时也。此离东坎西之确证。郑氏谓离日出东,故曰东邻;坎月生西,故曰西邻。而不知离即在东,坎即在西,则卦象失传之故也。又汉人往往以纣与文王之事说此爻,非。

象曰:东邻杀牛,不如西邻之时也。实受其福,吉大来也。

受福故吉。

上六,濡其首,厉。

坎为首。阴乘阳,故濡其首。与比上六之无首义同。象所谓终乱者此爻。

象曰:濡其首厉,何可久也!

荀爽曰:居上濡五,处高居盛,必当复危,故何可久。

未济卦第六十四

䷿

未济,亨。小狐汔济,濡其尾,无攸利。

济,止也。六爻皆当位,止其所而不动,故曰既济。兹六爻皆不当位,不止,故曰未济。终而止,则其道穷;终而不止,则其道不穷,故既未济相续而循环。柔得五中,故亨。艮为小狐。卦有三艮形,故易林涣之未济云:三虎上山,更相喧唤。是以未济为三艮,故曰三虎上山。兹曰小狐,是以艮为狐。汔,说文:涸也。干宝云:小狐力弱,汔乃可济。今水未涸,故濡其尾。艮为尾也。濡尾,故无攸利。按九家,坎亦为狐。兹曰小狐、曰尾,艮为小、为尾,故知取艮象。济者,济坎水也。

象曰:未济亨,柔得中也。小狐汔济,未出中也。濡其尾无攸利,不续终也。虽不当位,刚柔应也。

未出中,言二陷于坎中也。六爻皆不当位,无攸利。然刚柔相应,穷则宜变,变则通,故不续终。申不止之义也。

象曰:火在水上,未济;君子以慎辨物居方。

乾阳物,坤阴物,阴阳各当位,是居方也。阴阳皆不当位,是聚而失其方也。辨而明之,慎其居而择所处,则无咎矣,故君子以之。

初六,濡其尾,吝。

在下故曰尾,濡尾故吝。

象曰:濡其尾,亦不知极也。

极,说文:栋也。栋居屋中,故极者中也。濡尾,故不知极。言初在下失中。

九二,曳其轮,贞吉。

坎为轮,为曳。居中,故贞吉。

象曰:九二贞吉,中以行正也。

以位言,九二中而不正。兹曰行正,以正释贞也,非谓位正。

六三,未济征凶,利涉大川。

不当位,前遇险,故征凶。征凶则不能利涉,兹曰利涉大川,上下文义反背。朱子疑利上有不字。按象云位不当,则不利也。缺以俟知者。

象曰：未济征凶，位不当也。

承乘皆险，动则必凶。柔居刚，故位不当。

九四，贞吉，悔亡。震用伐鬼方，三年有赏于大国。

坎为鬼。易林观之既济云：班马还师。是用半震。震为马，为反。既济三半震，故曰班马还师。兹易曰震用伐鬼方，亦以四五形震，为易林之所本。震为威武，为征伐。坎为三年，故曰三年。有赏于大国者，言伐鬼方有功，以大国赏之也。盖以五上半艮为国也。贞吉，卜问吉也。高士奇天禄识馀云：易震用伐鬼方，郭琛谓震乃挚伯名。程传训为威武，则三年有赏于大国，何人也？以文理言，此说颇胜，而述之者少。

象曰：贞吉悔亡，志行也。

坎为志。四承乘皆阴，故志行。

六五，贞吉，无悔。君子之光，有孚吉。

离为光，五君位，故君子之光。下有应，故有孚吉。

象曰：君子之光，其晖吉也。

离为大明，故其晖吉。晖，说文：光也。

上九，有孚于饮酒，无咎。濡其首，有孚失是。

坎为酒，为饮食。上九下履重坎，故有孚于饮酒。有应，故无咎。上应在三，三居重坎之中，故亦濡其首。六爻皆有应，故有孚。皆失位，故失是。然不续终之故，正以此也。

象曰：饮酒濡首，亦不知节也。

上艮为节。节，止也。过而不止，故不知节。

既、未济之卦形，即异于常卦，故所取之象，往往为本卦所无。如曰逐,曰高宗,曰伐,曰繻衣袽,曰杀,曰祭,曰福,曰大国,曰震,本卦皆无此象。于是虞氏用卦变以求其象,惝恍支离,莫可究诘。然经于九四曰震,且明以四五为震矣,故知其他皆用半象也。易林本之,于观之既济云:班马还师。震之既济云:齫齫啮啮。兑之既济云:积石为山。旅之既济云:逐鹿南山。恒之既济云:三妪治民。是皆于既济取震马、震鹿、巽妪、兑齿、艮山象。又谦之未济:千柱百梁。是以艮为梁柱。未济三艮形,故曰千柱百梁。又涣之未济:三虎上山。亦以三艮为三虎。又蹇之未济云:一口三舌。亦以重兑为三舌。凡易林取象,无不本于易。此用半象,必有所受之,而其详不传。由是证施、孟、梁丘三家易学,其取象皆尚有极繁琐之口传。徒以古人尚质,竹书艰难,其所为易传,皆疏其大义,而不详其烦琐。致使象数之细微,皆存之口授,不著竹帛,以伤其方雅。故汉时学易者必有师。非重师,重口授也。口授一绝,后人虽欲知而莫由。幸焦氏易林未亡,吾人可按其辞,抽绎坠象,使易之晦辞得以复明,易之误解俾以复正。不然,且终古长夜矣!

上经终坎、离,坎中爻震艮,离中爻巽兑,是举坎、离而六子具也。下经终既、未济,乾坤具备;而既济一阳一阴,则震兑也;未济一阴一阳,则艮巽也:是举既、未济而八卦备也。故以为六十四卦之殿。其卦既无所不包,其象遂父母与六子俱备。故易与易林,于既、未济取象,独不同欤?

卷十八

系辞上传

系辞嘘吸经髓,挈举元神,其难解盖过于经。大抵深于易理者,望而知其所谓;易理不精者,愈读注释,愈不得要领。汉注皆以象,宋注皆以理。然辞有明指卦象者,离象而演空理则非矣;有泛言易理者,求解而必于卦象则执矣。兹择其可解者略说之,其语意昆仑不易知者,则阙之。

天尊地卑,乾坤定矣。卑高以陈,贵贱位矣。动静有常,刚柔断矣。

首二句言圣人仰观天,俯察地,因其尊卑而定乾坤二象。三四二句,言乾位南,坤位北,高卑不同,而贵贱以分也。动者乾之常,静者坤之常。因其动静之迹,而识其刚柔之性也。

方以类聚,物以群分,吉凶生矣。

方,九家云:道也,所也。方以类聚,言万物能聚于一方者,以各从其类也。阴阳遇方为类。颐六二象曰:行失类。言阴不遇阳也。坤传曰:西南得朋,乃与类行。中孚六四曰:绝类上。言阴遇阳也。阴阳遇为类,类则聚,聚则和合而吉矣。

物者,阴物阳物。纯阳或纯阴为群。乾曰:见群龙无首。以纯阳为群。否二象曰:不乱群。以纯阴为群。纯阳纯阴则不交而阴阳分,分则类离,离则凶矣。九家注死生之说云:阴阳合则生,离则死。自类字失诂,旧解皆不知吉凶之故何在,可喟也!

在天成象,在地成形,变化见矣。

太玄玄攡云:日一南而万物死,日一北而万物生;斗一北而万物虚,斗一南而万物盈。按,日月星斗,天之象。象一转移,则万物随以生死,而变化之形应于地上。以上数者,皆易之原理也。

是故刚柔相摩,八卦相荡。

摩即交也。乾坤初爻摩成震巽,中爻摩成坎离,上爻摩成艮兑,而六子以生,八卦全矣。八卦以一卦荡八卦,而六十四卦备矣。荡,犹推也。不曰重而曰荡者,言以一卦加于此卦,复加于彼卦,有类于推荡也。摩,虞翻训薄。薄即交也。

鼓之以雷霆,润之以风雨。日月运行,一寒一暑。

雷出自地,阳自下出上,故震为雷。覆之则阳在上为艮,霆自上下击,故艮为霆。自晋宋以来,有以霆为电者。后焦循等从之,以霆为离象。岂知此四句,言六子之用,以霆为离,则与下日象复,而六子不全。故霆为电,于字书虽有本,而在此则非也。雷霆鸣而草木甲坼,故曰鼓。阴在下为巽风,覆之则阴在上为兑雨,自上下降者也。为风则东风解冻,为雨则草木华滋,故曰润。日南至、月北至则寒,日北至、月南至则暑。坎月离日,对象也。震艮同体,兑巽同体,正覆象也。

乾道成男,坤道成女。乾知大始,坤作成物。

乾以初爻交坤成震,中爻交坤成坎,上爻交坤成艮,以生三男,故曰成男。坤以初爻交乾成巽,中爻交乾成离,上爻交乾成兑,以生三女,故曰成女。大始谓万物资始,成物谓万物资生。作,虞、姚作化。姚云:宜作作。故从孔本。

乾以易知,坤以简能。易则易知,简则易从。易知则有亲,易从则有功。有亲则可久,有功则可大。可久则贤人之德,可大则贤人之业。易简而天下之理得矣!天下之理得,而易成位乎其中矣。(释文云:马、王肃作而易成位乎其中。他本皆无易字。兹从马、王肃本。)

此言乾坤之德,纯一不杂,易知易从也。乾之德刚健纯粹,施仁育物而已,故曰易。坤之德收啬闭藏,顺阳成事而已,故曰简。

圣人设卦观象,系辞焉而明吉凶,刚柔相推而生变化。

古圣人仰观俯察,象万物万事而画卦,是卦者象也。故韩宣子适鲁,不曰见周易,而曰见易象。诚以象者易之本。伏羲既画卦以象万物,文王遂观象而系易辞,是易辞皆由象生。象而吉则辞吉,象而凶则辞凶。辞有吉凶,皆象之所命,圣人只明之而已。然则学易者,不先明卦象,而欲通其辞,是犹论布帛之良苦,而不知其质为丝枲也,可乎?乃自王弼扫象,演空理,唐宋诸儒以其易而从之,易学遂亡矣!范宁谓其罪浮桀纣。彼实有所见,非故为苟论也。刚柔相推而生变化,如消息卦互相推荡是也。以卦变爻变言者,失之远矣。

是故吉凶者,失得之象也。悔吝者,忧虞之象也。变化者,进退之象也。刚柔者,昼夜之象也。六爻之动,三极之道也。

吉则得,凶则失。知悔吝则知忧虞,知忧虞则可趋吉避凶。阳生于复,进而推阴,则万物化生。阴生于姤,退而消阳,则万物变死。乾刚坤柔。乾大明,昼;坤黑,夜。说文:极,栋也。逸雅:栋,中也。陆绩曰:初四下极,二五中极,三上上极。按初四即地极,二五即人极,三上即天极。故郑注云:三极,三才也。盖阴阳者,天之极;刚柔者,地之极;仁义者,人之极。六爻之动,以此为法,随时通变,不偏不畸,胥合乎中,故曰三极。

是故君子所居而安者,易之序也。所乐而玩者,爻之辞也。是故君子居则观其象而玩其辞,动则观其变而玩其占。是以自天祐之,吉无不利。

居安观象,静也。观象玩辞,玩象辞也。所谓七八占象也。若爻动则为九六,九六观变。而玩其爻辞以为占,故无不利也。

彖者,言乎象者也。爻者,言乎变者也。吉凶者,言乎其失得也。悔吝者,言乎其小疵也。无咎者,善补过也。是故列贵贱者存乎位,齐小大者存乎卦,辨吉凶者存乎辞,忧悔吝者存乎介,震无咎者存乎悔。是故卦有小大,辞有险易。辞也者,各指其所之。

七八不变,故占象。九六变,故占爻。吉则得,凶则失。

疵,病也。凡言无咎者,原有咎也,知悔而改,则无咎矣,故曰善补过。

五乾位,君南面位贵;二坤位,臣北面位贱。齐,正也。阳卦大,阴卦小,卦列则大小分。例如泰小往大来,为大卦;否大往小来,为小卦也。又全经阳爻一百九十二,阴爻亦一百九十二,阴阳齐等,毫无偏畸也。介,音戛。介者,触也。豫六二云,介于石是也。谓心有所感触而忧惧,能忧惧悔吝自能免也。震,惧也。惧则悔,悔则无咎。吉则辞易,凶则辞险。之,往也。辞也者各指其所之,言凡易辞,皆视其爻之所往,而定吉凶也。此有二义:一,初之四,二之五,三之上,其爻在此,而其辞往往指应爻。应爻即所之。例如蒙六三曰:见金夫不有躬。指上爻象也。泰九二曰:朋亡得尚于中行。指六五言。有应故所之皆利,无应则不利也。又凡言志在外,志在内者,亦指所之也。二,凡爻之所比,得类失类,所关最大。例如颐六二,前遇重阴,象传曰行失类也。中孚六三,前亦遇阴,爻辞曰得敌。皆以阴遇阴为敌,为失类,故所之不利也。又鼎九二曰慎所之,革九三曰征凶又何之矣,皆以阳遇阳,敌刚,所之不利。系辞指出,故曰各指其所之。余卦类推。其第一义虞翻不知而误解。朱震又谓之为之卦。后独焦循知之。其第二义讫无知者,故失类、慎所之各辞,解无不误。于是此句亦鲜得解矣。

易与天地准,故能弥纶天地之道。仰以观于天文,俯以察于地理,是故知幽明之故。原始反终,故知死生之说。精气为物,游魂为变,是故知鬼神之情状。

准，同也。弥纶，包络也。幽明，即阴阳。乾始于坎终于离，坤始于离终于坎，故云原始反终。始终，即生死。九家云：阴阳合则生，离则死。故知死生之说。宋衷云：说，舍也。盖读如召南召伯所说之说。郑云：精气谓七八，游魂谓九六。七八木火之数，九六金水之数。木火用事而物生，故曰精气为物；金水用事而物变，故曰游魂为变。按七八生，神也；九六死，鬼也。精气谓之神，物生所信也；游魂谓之鬼，物终所归也。言木火之神，生物东南；金水之神，终物西北。知其情状，故不违。

与天地相似，故不违。知周乎万物而道济天下，故不过。旁行而不流，乐天知命，故不忧。安土敦乎仁，故能爱。范围天地之化而不过，曲成万物而不遗，通乎昼夜之道而知，故神无方而易无体。

八卦尽万物之象，故曰知周万物。过，差也。旁行，九家谓指六日七分图，以一爻值一日，一月值五卦，至岁终而周合无余，故曰不流。流，溢也。凡物皆生于二气之中，故曰曲成万物而不遗。乾大明，昼；坤蓄闭，夜。无方无体，谓周遍也。

一阴一阳之谓道。继之者善也，成之者性也。仁者见之谓之仁，知者见之谓之知，百姓日用而不知，故君子之道鲜矣。显诸仁，藏诸用，鼓万物而不与圣人同忧，盛德大业至矣哉。富有之谓大业，日新之谓盛德，生生之谓易。成象之谓乾，效法之谓坤，极数知来之谓占，通变之谓事，阴阳不测之谓神。

道无他，即一阴一阳也。继，统也。乾统天生物，故曰善；坤顺乾成物，故曰性。仁者见道，谓道为仁；知者见道，谓道为知，不免有偏。百姓颛蒙，日由其道，而不知其所以然。故能体君子之道者甚少也。道难见，见诸生物，故曰显诸仁。然不见其作为，故曰藏诸用。圣人成务，故忧天下。若阴阳造化，鼓铸万物，无声无臭，无方无体，故不与圣人同忧。盛德谓天，大业谓地。物无不备，故曰富有；变化不息，故曰日新。阳极生阴，阴极生阳，转相生，故曰生生之谓易。乾三画象三才，故曰成象。坤效乾而两之，故曰效法。生数极于五，成数极于十，故大衍之数五十。及其揲蓍也，只用四十有九。参天两地，循环往复，然后得此七九八六之数，故曰极数。数极然后理尽，理尽然后能知来，占得其吉凶也。阴阳鼓万物，万物不觉知，故曰不测，曰神。

夫易广矣大矣！以言乎远则不御，以言乎迩则静而正，以言乎天地之间则备矣。夫乾，其静也专，其动也直，是以大生焉。夫坤，其静也翕，其动也辟，是以广生焉。广大配天地，变通配四时，阴阳之义配日月，易简之善配至德。

远谓乾天，迩谓坤地。复阳动北，南行推阴，<u>左传</u>谓之射，故曰其动也直。直故大。姤阴动南，下虚，虚则能容，故曰其动也辟。辟故广。乾坤配天地，乾坤交成震兑离坎，故变通配四时。<u>荀爽</u>云：乾舍于离，同日而居；坤舍于坎，同月而居。故阴阳配日月。

子曰:易其至矣乎! 夫易,圣人所以崇德而广业也。知
崇礼卑,崇效天,卑法地。天地设位,而易行乎其中矣!
成性存存,道义之门。

　　知谓乾效天崇,礼谓坤法地卑。上天下地,中间人,故易
行乎其中。乾为道,坤为义,出乾入坤,故道义为乾坤之门户。
乾成始,坤成终,成之者性也。往来循环,无或间断,故曰成性
存存。

圣人有以见天下之赜,而拟诸其形容,象其物宜,是故谓
之象。圣人有以见天下之动,而观其会通,以行其典礼,
系辞焉以断言吉凶,是故谓之爻。言天下之至赜而不可
恶也,言天下之至动而不可乱也。拟之而后言,议之而
后动,拟议以成其变化。

　　议之而后动,释文:郑、姚、桓玄、荀柔之皆作仪之。按释
名:仪,宜也。汉书外戚传:皆心仪霍将军女。作仪,义味实深
长。但下文云拟议以成其变化,承上文言。郑玄等上作仪,下
又作议,非。又按恶,荀读作亚。亚,次也。按恶、亚古同字。
史记卢绾传:绾孙他之,封为亚谷侯。汉书作恶谷。又语林:
有得汉印者,文曰周恶夫。刘原父谓即周亚夫印。而啧与赜
通。左传定四年:会同难,啧有烦言。注:啧,至也。疏:至于
会时,有烦乱忿争之言。然则啧有烦乱意。言天下之至啧而
不可亚者,即言天下之物至为繁赜杂乱,而难以次第也。

鸣鹤在阴,其子和之。我有好爵,吾与尔靡之。子曰:君
子居其室,出其言善,则千里之外应之,况其迩者乎? 居

其室,出其言不善,则千里之外违之,况其迩者乎? 言出乎身加乎民,行发乎迩见乎远。言行君子之枢机,枢机之发,荣辱之主也。言行,君子之所以动天地也,可不慎乎?

中孚二至四互震,震为言为善。三至五震反,若相和答者,故曰应之。震为善,三至五震覆,故曰不善。震覆为艮,正与震相反,故曰违之。艮为里,震为千万,故曰千里。艮为君子,为居为室。枢,户枢也,主闭;机,弩牙也,主发动。艮为枢,震为机。

同人,先号啕而后笑。子曰:君子之道,或出或处,或默或语。二人同心,其利断金;同心之言,其臭如兰。

此明同人九五爻辞。同人旁通师。乾为君子,为道,故曰君子之道。师震为出,为语,坤为默;同人互巽为处,故曰或出或处,或默或语。九五与六二应,伏坎为心,故曰二人同心。巽为利,乾为金,离断金,故曰其利断金。乾为言,巽为臭为兰,故曰同心之言,其臭如兰。

初六,藉用白茅,无咎。子曰:苟错诸地而可矣,藉之用茅,何咎之有? 慎之至也。夫茅之为物薄,而用可重也。慎斯术也以往,其无所失矣。

此大过初六爻辞。错,置也。巽为茅,在下,故曰错诸地,曰藉。茅之为物虽薄,然香洁可荐于宗庙,用以缩酒,其重为何如哉? 术,道也。言持此卑退谨慎之道,则悔吝不生,而无所失也。

劳谦,君子有终吉。子曰:劳而不伐,有功而不德,厚之至也。语以其功下人者也。德言盛,礼言恭。谦也者,致恭以存其位者也。

释谦九三爻义。坎为劳。震为言语,为功。艮为位。

亢龙有悔。子曰:贵而无位,高而无民,贤人在下位而无辅,是以动而有悔也。

释乾上九。

不出户庭,无咎。子曰:乱之所生也,则言语以为阶。君不密则失臣,臣不密则失身,几事不密则害成,是以君子慎密而不出也。

节初九爻辞。节二至五亦正反震,故曰言语。而兑为口舌,二至四震言,三至五如言而反,故曰不密。震为君。艮为臣,为身。兑毁折,故曰失,曰害。升九五云:升阶。以震为阶也。故曰言语以为阶。艮为慎密。此与上中孚、节,皆演正覆象,而注家无知者。

子曰:作易者其知盗乎?易曰:负且乘,致寇至。负也者,小人之事也。乘也者,君子之器也。小人而乘君子之器,盗思夺之矣。上慢下暴,盗思伐之矣。慢藏诲盗,冶容诲淫。易曰:负且乘,致寇至。盗之招也。

解六三爻辞。坎为盗,为寇。艮为背,故为负。上卦震为覆艮,故曰负。坎为车,六三下据坎,故曰负且乘。古在上之君子,方得乘车,故曰君子之器。若负戴,则小人之事也。今而乘车,是君子也;乃又负戴,是以君子而行小人之事,故致寇至。震为言,故曰诲。于邑云:招者,射之的也。吕氏春秋本生纪云:万人操弓,共射其一招。高注云:招,埻旳也。又尽数纪云:射而不中,反修于招。注:反修其标旳。毕校云:招一作旳。按旳、的同。说卦的颡,说文作旳颡,是其证。而旳古音勺,与招声近,故通用。盗之招,即盗之旳。言负且乘,与盗以旳也。虞翻命二变成艮,取艮手释招义,非。冶,释文:郑、陆、虞、姚作野。言妖野容仪。愚谓冶、野音义并同,故通用。汉学家必谓野是,非也。

大衍之数五十,其用四十有九。分而为二以象两,挂一以象三,揲之以四以象四时,归奇于扐以象闰。五岁再闰,故再扐而后卦。

此言揲蓍之法,并用数之根本也。凡占必极数,方能知来。五者,生数之极,不能再生。又一二三四五,五数皆无偶,于是由五加一为六,以与一偶;加二为七,以与二偶;加三为八,以与三偶;加四为九,以与四偶;加五为十,以与五偶。故十者成数之极,不能再加。衍,郑云:演也,干云:合也,蜀才云:广也。五十既为极数,故大衍以此为本也。太玄玄图云:一与六共宗,二与七共朋,三与八成友,四与九同道,五与五相守,正五十也。孔子曰五十以学易,正谓此也。然五十居生数成数之极,极则穷,故不用之,用五十之次数四九。由四十九,方能衍出六七八九。然六七八九之生,仍由于一二三四。虚一,用一也。分二,用二也。挂一,用三也。象四,用四也。揲余不一则二,不三则四,本一二三四,衍出六七八九。而六七八九,无不含五,十仍五也。非果不用也,此所以为大衍也。

象两者,天地也。挂一者,别以一策挂于左手之小指。象三者,三才也。揲之以四,谓每揲四策,一策象一时也。奇者,揲余之策。虞翻云:不一则二,不三则四也。扐,马云:指间。范望云:并之于两手指间。归奇于扐者,言将揲左揲右之所余,并挂一,统归于两小指间,以为一扐。即一变也。一变既已,将过揲之策合之,如式再分挂揲,并扐之于次小指间,以为二变。二变既已,仍合正策,如式再分挂揲,并扐之于第三指间,以为三变,故曰再扐。再者相续之词。至三扐则卦矣,故不言三扐。三变既毕,视每变所余策数,少则四,多则八。如三变皆少数,则三四十二策,合挂一一策,共十三策,则正策为三十六,四数之得九。贾公彦周礼太卜疏所谓三少为重,为九,为老阳也。如三变皆多数,则三八二十四策,合挂一共二十五策,则正策为二十四,四数之得六。贾公彦所谓三多为交,为六,为老阴也。如三变两多一少,则为二十策,合挂一共二十一策,则正策为二十八,四数之得七。贾公彦所谓两多一少为单,为七,为少阳也。如三变两少一多,则十六策,合挂一共十七策,则正策为三十二,四数之得八。贾公彦所谓两少一多为坼,为八,为少阴也。求七八九六之法既得,三变后视所得而画于版,故曰再扐而后卦。卦者,挂也。说文:挂,画也。言画其所得之一爻于版也。闰者一岁之余。左传文元年:履端于始,归余于终。归余于终,与归奇于扐同也。每月必有闰,至年终而计其余(大率一年闰十日)。每揲必有奇,至一变终而并归于扐。天时积至五岁,约盈五十余日,闰二月以为结束。揲蓍扐一变之余,二变之余,至第三变再扐之,并合前扐,总计

其数，视所得而画出一爻，以为结束，故曰再扐而后卦也。<u>虞</u>
<u>氏</u>云：初扐挂于小指间，再扐挂于次小指间，三扐挂于第三指
间。必挂于指间者，须知古人多立筮，又无高几凭抚，以存放
蓍策，故必暂挂于指间，以待三变之终也。卦，从京氏。实<u>虞</u>
<u>氏</u>曰：则布挂之一爻。虞亦作卦。掛字皆后人妄改。卦、挂本
通。<u>孔</u>疏引<u>易纬</u>云：卦者挂也。言悬挂物象以示人也。而挂
与掛尤通，惟掛为后出之字，故每以卦讹掛。求爻之法，至再
扐而后卦已毕。后人误以揲左为初扐，揲右为再扐，因疑卦为
二变之掛一，改卦为掛。诚如是，是求爻之法未竣也。未竣人
胡能明？且揲半不能谓为一扐，谓为一扐，则一变终也。

天数五，地数五，五位相得而各有合。天数二十有五，地
数三十，凡天地之数五十有五。此所以成变化而行鬼
神也。

　　此以天地数明大衍数之本也。一三五七九，天数；二四六
八十，地数。五位，谓奇耦之位。一与六合为北方水，二与七
合为南方火，三与八合为东方木，四与九合为西方金，五与十
合为中央土，故五位相得而各有合。此全以数位言。天地数
为大衍数之本，而大衍数却不用天地数，变之化之，其妙通于
鬼神。

乾之册二百一十有六（六乘三十六），**坤之册百四十有**
四（六乘二十四），**凡三百有六十，当期之日。二篇之**
册，万有一千五百二十，当万物之数也。（全经阴阳爻
各一百九十二。以三六乘百九十二，得六九一二；以二

四乘百九十二,得四六〇八。)

十二月为一期,乾坤策正三百六十,故曰当期之日。

是故四营而成易,十有八变而成卦,八卦而小成。引而伸之,触类而长之,天下之能事毕矣。显道神德行,是故可与酬酢,可与祐神矣。

分二,挂一,揲四,归奇,故谓四营。四营成一变,三变成一爻,十有八变成六爻。九变成一卦,故曰八卦而小成。

子曰:知变化之道者,其知神之所为乎! 易有圣人之道四焉:以言者尚其辞,以动者尚其变,以制器者尚其象,以卜筮者尚其占。是故君子将有为也,将有行也,问焉而以言,其受命也如向。无有远近幽深,遂知来物。非天下之至精,孰能与于此?

以上言易之神。释文:向,亦作响。朱子云:向,古文响字。言易受筮者之命,如响之应声,而告以来物之吉凶也。

参伍以变,错综其数。通其变,遂成天地之文;极其数,遂定天下之象。非天下之至变,其孰能与于此?

爻数至三,内卦终矣,故曰必变。乾四云乾道乃革,是也。此从三才而言也。若从五行言,至五而盈,故过五必变。乾上有悔,泰上城复于隍是也。故曰三五以变。一二三四,与六七八九同,而阴阳则异。故一与六相错,二与七相错,三与八相错,四与九相错。综者,来往上下也。数至三而终,终则复始,故三变成一爻。至五而盈,盈则返初,五加一为六,加二为七,加三为八,加四为九,故曰错综其数。错则阴数与阳数相合相得,故曰成天地之文。综则阴阳往复,循环不穷,而四象以出。此明易用六七八九所以然。古今说此者,人执一辞,讫无定解,姑申其本原如此。

易无思也,无为也,寂然不动,感而遂通天下之故。非天下之至神,其孰能与于此? 夫易,圣人之所以极深而研几也。惟深也,故能成天下之志。唯几也,故能成天下之务。唯神也,故不疾而速,不行而至。子曰:易有圣人之道四焉者,此之谓也。

四谓尚辞、尚变、尚象、尚占。

天一地二,天三地四,天五地六,天七地八,天九地十。子曰:夫易何为而作也? 夫易开物成务,冒天下之道,如斯而已者也。

如斯而已者,言易道尽包括于十数之中也。本义从程氏,置于大衍章之前,固谬妄;即据汉书置于天数五之上,仍未得也。如在彼处,则冒天下之道如斯而已数语,尚何指哉? 须知如斯二字,即指天地数。

是故圣人以通天下之志,以定天下之业,以断天下之疑。是故蓍之德圆而神,卦之德方以知,六爻之义易以贡。圣人以此洗(石经作先,诸家训先为尽。实先、洗古通用。庄子德充符:不知先生之洗我以善邪。与此洗义同)**心,退藏于密,吉凶与民同患。神以知来,知以藏往。其孰能与于此哉? 古之聪明睿知,神武而不杀**(衰也)**者夫! 是以明于天之道,而察于民之故,是兴神物,**

以前民用。圣人以此斋戒，以神明其德夫！是故阖户谓之坤，辟户谓之乾，一阖一辟谓之变，往来不穷谓之通。见乃谓之象，形乃谓之器，制而用之谓之法，利用出入，民咸用之谓之神。

阳生于复，齐于巽，万物相见，故曰辟户。阴生于午，闭藏于亥，万物收缩，故曰阖户。一辟一阖，往来不穷，故曰通，即消息卦之理也。贡，释文：告也。京、陆、虞作工，苟作功。工、功古通。

是故易有太极，是生两仪，两仪生四象，四象生八卦，八卦定吉凶，吉凶生大业。

说文：极，栋也。中也。从坎至离，南北正中，中即极。极以东万物生，是为阳仪；极以西万物终，是为阴仪。阳少于子，老于巳；阴少于午，老于亥，四象生矣。四象即四时，春少阳，夏老阳，秋少阴，冬老阴也。老阳老阴即九六，少阳少阴即七八。故四象定则八卦自生。

太极者中。天地定位则阴阳分，两仪也。坤下一阳生震，少阳也。二阳生兑，三阳乾则老阳矣。老阳之下生一阴巽，少阴也。二阴艮，三阴坤则老阴矣。六卦备矣，而水火则横互于中。水火者，乃交后之乾坤也。竖则为天地，东阳西阴；横则为日月，南阳北阴。是故坎下震上艮，离上兑下巽，乾坤生六子，离坎兼四隅，故四象生八卦。

是故法象莫大乎天地。变通莫大乎四时。县象著明莫大乎日月。崇高莫大乎富贵。备物致用，立成器以为天下利,莫大乎圣人。探赜索隐,钩深致远,以定天下之吉凶,成天下之亹亹者,莫大乎蓍龟。是故天生神物,圣人则之。天地变化,圣人效之。天垂象,见吉凶,圣人象之。河出图,洛出书,圣人则之。易有四象,所以示也。系辞焉,所以告也。定之以吉凶,所以断也。

　　天地者乾坤,四时者离坎震兑。离坎又为日月。艮山为崇,为贵。巽为高,为利市,故为富。合乾坤离坎,震兑艮巽,而八卦之用全,故下曰备物致用。左传定四年:会同难,啧有烦言。注:啧,至也。啧、赜通。探赜者,探其深至也。隐者,伏也。索隐者,言正象之旁,尚有伏象,须索之也。河出图,洛出书,自然属于感应符瑞之事,故与神物并言,以见易之所自出,而圣人则之也。惟图书究为何物?集解引孔安国注云:河图八卦也。按五行志云:刘歆以为伏羲继天而王,受河图,则而画之,八卦是也。又礼运:河出马图。郑注:龙马负图而出。疏引中侯握河纪云:伏羲有天下,龙马负图出于河,遂法之作八卦。是伏羲则河图作八卦,汉人多如此言。然曰则之法之,则河图别为一物,非河图即八卦明甚。若河图即八卦,尚胡云则之法之乎?孔说非也。惟河图究为何状,莫有言者。至宋人以五行数当之,一六北方水,二七南方火,三八东方木,四九西方金,五十中央土,共五十五数。此数之见于古籍者,如太玄云:三八木,二七火,四九金,一六水,五五土。月令:其日甲乙,其数八;其日丙丁,其数七;其日庚辛,其数九;其日壬癸,其数六;其日戊己,其数五。墨子书迎敌:其方数,东方八,南方七,西方九,北方六。**大戴礼**:孤子朝,孤子八人以成春事;司马爵士之有度者七人,以成夏事;食农夫九人,以成秋事;司空息国老六人,以成冬事。**黄帝素问**:其方数,东方八,南方七,西方九,北方六。其方、其时、其数,皆与此图同。而**墨子**在春秋时即言之,可谓古矣。然各家只言其数,不言其名。不知宋人以此数当河图,究何所据? 至于洛书,**孔安国**谓即九畴。**五行志**:**刘歆**谓禹治洪水,锡洛书,法而陈之,洪范是也。并谓自初一曰五行,至畏用六极,凡此六十五字,皆洛书本文。是孔、刘皆以洛书为九畴。然郑注引**春秋纬**云:河龙图发,洛龟书成,河图九篇,洛书六篇。**论衡**云:河图洛书,言兴衰存亡。是又皆以为书名,与今宋人所传戴九履一之数大异。其说戴九履一之数者,**乾凿度**云:一阴一阳合十五,太一取其数以行九宫,四正四维,皆合于十五。则正与今书数合。又**大戴礼**:明堂者九室,二九四,七五三,六一八。即今书之横图数,九室即九宫。又**孙星衍**云:北周甄鸾注**数术记遗**九宫算云,九宫者,即二四为肩,六八为足,左三右七,戴九履一,五居中央。又郑注太一下行九宫云:太一行始坎,次坤,次震,次巽,复息于中宫。按坎数一,坤二,震三,巽四,中宫五,是太一之行,按一二三四五之序也。又云:自中宫至乾,次兑,次艮,次离,一周毕矣。按乾西北数六,兑西数七,艮东北数八,离正南数九,是太一之行,又自五而六七八九也。故曰四正四维,数合十五也。然则今洛书,据**大戴礼**、**乾凿度**、**郑注**、**甄鸾注**,皆名曰九宫,不谓为洛书。其谓为洛书者,只北周**卢辩**注**大戴礼**云:记用九室,谓法龟文。然他古籍皆不如是言也。河图洛书既茫昧难明,至宋人以五行数、九宫数当之,诚不知其何所据。然孔、刘以九宫数为九畴,独不思则之者,则以画卦。画卦者伏羲,洛书禹时出,伏羲安能则之? 不尤误乎? 按礼纬含文嘉云:伏羲德合上下,天应以鸟兽文章,地应以河图洛书,乃则以作易。又河图挺辅佐云:黄帝问道于天老,天老曰,河出龙图,洛出龟书。所纪帝录,列圣人之姓号。据是则洛书亦出伏羲时。出于伏羲时,方能则以画卦。后汉学家袭孔、刘之说,定谓洛书出禹,皆误也。四象,或云指七八九六,或云指上神物、变化、垂象、图书四者,又有谓指分二、挂一、揲四、归奇者。愚按指七八九六者是也。七八九六即南北东西,即春夏秋冬也。

易曰:自天祐之,吉无不利。子曰:祐者,助也。天之所助者顺也,人之所助者信也。履信思乎顺,又以尚贤也。是以自天祐之,吉无不利也。

此释大有上九爻义。或言是错简,宜在前七爻之下。大有六五承阳,五天位。承,顺也。是天以顺祐上也。乾为人,为信。二应五,五孚于上,故曰人之所助者信。上履信思顺;又二应五得尚于中行,是尚贤也,故无不利。

子曰:书不尽言,言不尽意。然则圣人之意,其不可见乎? 子曰:圣人立象以尽意,设卦以尽情伪,系辞焉以尽其言,变而通之以尽利,鼓之舞之以尽神。

意之不能尽者,卦能尽之。言之不能尽者,象能显之。故立象以尽意,设卦以尽情伪。

乾坤,其易之缊耶? 乾坤成列,而易立乎其中矣。乾坤

毁,则无以见易。易不可见,则乾坤或几乎息矣。

六十四卦,皆乾爻坤爻所积而成,故乾坤为易缊。缊,藏也。

是故形而上者谓之道,形而下者谓之器。化而裁之谓之变,推而行之谓之通,举而措之天下之民谓之事业。是故夫象,圣人有以见天下之赜,而拟诸其形容,象其物宜,是故谓之象。圣人有以见天下之动,而观其会通,以行其典礼,系辞焉以断其吉凶,是故谓之爻。极天下之赜者存乎卦。鼓天下之动者存乎辞。化而裁之存乎变。推而行之存乎通。神而明之存乎其人。默而成之,不言而信,存乎德行。

是故夫象下九句与前复。故知系辞乃门人杂记孔子之言,非出一人之手。

卷十九

系辞下传

八卦成列,象在其中矣。因而重之,爻在其中矣。刚柔相推,变在其中矣。系辞焉而命之,动在其中矣。

天地定位,乾坤列南北;日月县象,离坎列东西;山泽通气,艮兑列西北东南;雷风相薄,震巽列东北西南。三画毕而八卦全。凡万物之象,无不包括于八卦之中,故象在其中。因八卦重八卦,兼三才而两之故六,六方有爻。说文:爻,交也。一与四交,二与五交,三与上交。故三画只有象,六画始有爻。相推,指消息。

吉凶悔吝者,生乎动者也。刚柔者,立本者也。变通者,趋时者也。吉凶者,贞胜者也。天地之道,贞观者也。日月之道,贞明者也。天下之动,贞夫一者也。

贞胜,姚信读作贞称。贞,常也。言吉凶之道,无不与阴阳相称也。按,胜、称音近古通。考工记:角不胜干,干不胜筋,谓之不参。注:胜或作称。晋语曰:中不胜貌。韦注:胜当为称。天地谓二五,二五中正。中正以观天下,故曰贞观。坎

月离日,大明终始,故曰贞明。一者,神也。神也者,妙万物而
为言者也,故动贞于一。

**夫乾确然示人易矣,夫坤隤然示人简矣。爻也者,效此
者也。象也者,像此者也。**(义皆与前复,以非一人所
记录。)**爻象动乎内,吉凶见乎外。功业见乎变,圣人之
情见乎辞。天地之大德曰生,圣人之大宝曰位。何以守
位?曰人。何以聚人?曰财。理财正辞,禁民为非
曰义。**

内,内卦;外,外卦。乾凿度云:易气从下生。故动于地之
下,则应乎天之下;动于地之中,则应于天之中;动于地之上,
则应于天之上。故曰爻象动乎内,吉凶见乎外。守位曰人,
人,王肃、桓玄等作仁,仁、人古通。礼器碑:四方士仁。士仁
即士人。论语:问管仲,曰人也。即仁人也。又,仁者虽告之
曰,井有仁焉,其从之也。有仁即有人。何晏注谓仁人堕
井,误。

**古者包牺氏之王天下也,仰则观象于天,俯则观法于地,
观鸟兽之文,与地之宜,近取诸身,远取诸物,于是始作
八卦,以通神明之德,以类万物之情。**

近取诸身,如乾首、坤腹、震足等是。远取诸物,如乾马、
坤牛、艮狗、兑羊等是。凡物皆有阴阳,有阴阳则相感而有情,
有情则相聚相合而为类,故曰以类万物之情。

作结绳而为罔罟,以佃以渔,盖取诸离。

离中爻巽为绳。离重目,故为罔罟。罔罟皆目也。以罔

罟取兽于陆曰佃,取鱼于泽曰渔。

包牺氏没,神农氏作。斫木为耜,揉木为耒,耒耨之利, 以教天下,盖取诸益。

益巽为木,震为足,故为耜。耜,耒头金也。震为耕,故为 耒。耒,耕具也。中爻艮手,故曰斫,曰揉。耜所以刺地,故斫 木使锐,而冒以金,使入地易。耒形曲,故揉之使曲。

日中为市,致天下之民,聚天下之货,交易而退,各得其 所,盖取诸噬嗑。

噬嗑离在上,故曰日中。互艮为市。坎为聚,为众,为民。 震为货,为归,故曰交易而退。

神农氏没,黄帝、尧、舜氏作,通其变使民不倦,神而明 之,使民宜之。易穷则变,变则通,通则久。是以自天祐 之,吉无不利。黄帝、尧、舜垂衣裳而天下治,盖取诸 乾、坤。

乾为衣,坤为裳。上衣下裳,乾上坤下,故曰取诸乾、坤。 自黄帝以前,只短衣蔽体,以御寒暑,无所谓威仪。至黄帝,始 服冕垂衣,襟袖宽博,彬彬下垂。至尧、舜,更象日月星辰、山 龙华虫作服,而衣裳之文采大备。

刳木为舟,剡木为楫。舟楫之利,以济不通,致远以利天 下,盖取诸涣。

涣上巽为木,下坎为楫。说文:楫,舟桌也。中爻震为舟。 艮手,故曰刳,曰剡。刳,说文:判也。玉篇:空物肠也,剖也。 古之时无锯,故剖木使中空以为舟也。震舟象失传。虞翻等

皆以涣为舟,杭辛斋谓日本易家以震为船。按易林大有之谦
云:方船备水。以谦互震为船也。震为虚,故为舟船。归妹上
六承虚筐也,以震为虚也。

服牛乘马,引重致远,以利天下,盖取诸随。

　　服牛即驾牛。说文牛部犕下引易曰犕牛乘马,而不言犕
义。陈寿祺曰:玉篇,犕,皮秘切,服也,以鞍装马也。集韵,
犕,用牛也,通作服。据此,服牛即驾牛也。易林归妹之比云:
申酉脱服,牛马休息。脱服即弛驾也。随互艮为牛,下震为
马,艮为引,巽为利。谓以牛马引重致远,以利济天下也。艮
牛象见无妄解。

重门击柝,以待暴客,盖取诸豫。

　　豫艮为门,坤亦为门,故曰重门。又九家云:从外视之艮,
故曰重门。是以正反艮为重门也。震为柝,艮为击,故曰击
柝。震为客,而决躁,故曰暴客。重门深密,击柝警戒,皆所以
备盗。中爻坎为盗也。

**断木为杵,掘地为臼。臼杵之利,万民以济,盖取诸
小过。**

　　小过中爻巽为木,为杵,兑毁折,故曰断木为杵。震中虚
为臼,艮为掘。掘地为臼,盖以蜃灰,垩之使坚,盛谷于中,春
之以杵,而民食济也。

弦木为弧,剡木为矢。弧矢之利,以威天下,盖取诸睽。

　　睽中爻坎为弧,为矢。弦,说文:弓弦也。弧,说文:木弓
也。弦木为弧,言以弦牵木使曲成弧也。剡,削也。削木使直

成矢也。离为威如,兑毁折,故曰威天下。

上古穴居而野处,后世圣人易之以宫室,上栋下宇,以待风雨,盖取诸大壮。

大壮通观。观艮为穴,为野,为宫室。巽为栋,在外卦,故曰上栋。艮为宇,在巽下,故曰下宇。宇,今俗所谓廊檐也。巽为风,兑为雨。旧解不用旁通,用正象,宜其不合也。

古之葬者,厚衣之以薪,葬之中野,不封不树,丧期无数。后世圣人易之以棺椁,盖取诸大过。

大过乾为衣,巽为薪。管辂以坎为棺椁。大过中实亦坎象,故亦象棺椁。汉儒以大过为死卦,盖本此也。

上古结绳而治,后世圣人易之以书契,百官以治,万民以察,盖取诸夬。

夬上兑为覆巽,巽为绳。上古结绳纪事,今巽覆为兑,兑为斧,故曰书契。契,刻也。吕氏春秋,契舟求剑是也。考工记:筑氏为削,合六而成规。注:今之书刀。盖古用简,须以刀刻字,今殷墟掘出之甲骨文是也,故曰书契。兑为刀斧,乾为圜。书刀合六以成规,故取于夬。

是故易者象也,象也者像也。

此总明上取象之故也。凡易辞无不从象生。韩宣子适鲁,不曰见周易,而曰见易象与鲁春秋。诚以易者象也。象者像也,言万物虽多,而八卦无不像之也。像,俗字。释文:孟、京、虞、姚、董,还作象。

彖者,材也。

材,犹言行能。阮元训象为分。材与财、裁通。言用此彖辞,说卦象而分之。

爻者,效天下之动者也。是故吉凶生而悔吝著也。

动,发也。爻,交也。卦至六画始有爻。动于下,应于上,故曰效。效之而当则吉,不当则凶也。

阳卦多阴,阴卦多阳。其故何也? 阳卦奇,阴卦耦。其德行何也? 阳一君而二民,君子之道也。阴二君而一民,小人之道也。

韩注:少者多之宗,一者众之归。阳卦二阴,故奇为之君;阴卦二阳,故耦为之主。后汉 仲长统曰:易曰阳一君二臣,君子之道也;阴二君一臣,小人之道也。然则寡者为人上者也,众者为人下者也。专以贵贱言。愚谓阳道行则世治,世治则一君二民而君权一;阴道盛则世乱,世乱则二君一民而君权堕。管子霸言云:使天下两天子,天下不可理也。一国而两君,一国不可理也。一家而两父,一家不可理也。不可理则乱,故曰小人之道。

易曰:憧憧往来,朋从尔思。子曰:天下何思何虑? 天下同归而殊涂,一致而百虑。天下何思何虑?

释咸九四爻义。吾道一以贯之。朋从尔思,则百虑也;憧憧往来,则殊涂也。然涂虽殊而同归于一,虑虽百亦终致于一。天下事贞于一而已,何思何虑哉!

日往则月来,月往则日来,日月相推而明生焉。寒往则暑来,暑往则寒来,寒暑相推而岁成焉。往者屈也,来者

信也,屈信相感而利生焉。尺蠖之屈,以求信也。龙蛇之蛰,以存身也。精义入神,以致用也。利用安身,以崇德也。过此以往,未之或知也。穷神知化,德之盛也。

咸互乾为日,上兑为月,至夕则日往而月来,至晨则月往而日来。往,收藏也。乾为寒,坤为暑。乾息自复,至姤而藏,坤阴用事;坤消自姤,至复而藏,乾阳用事。寒暑互相推而岁功以成。往则收藏故曰屈,来则用事故曰信。尺蠖,屈信虫也,见说文。又尔雅疏:蠖,又呼步屈。言其以尾就首,屈而后信,举步之形也。埤雅云:今人布指求尺,一屈一信,如蠖之步,谓之尺蠖。按诗小雅:螟蛉有子,果蠃负之。螟蛉,食槐叶虫,色绿与叶若一。夏日细腰,以泥砌窠成,衔螟蛉入。螟蛉即尺蠖。咸九四巽体,巽为虫。蠖行以尾就首,先屈后信,故以为喻。咸艮位戌亥,互乾为龙,伏坤为蛇,乾坤合居于戌亥数无之地,故曰蛰。惟能蛰故能存身,乾传所谓保合太和也。乾为神,坤为义。精义入神,谓乾坤合德于戌亥。易林云:乾坤利贞,乳生六子。六子生然后能致用,用利然后身安,身安则德自崇。盖阴阳屈信,循环无端。不屈则不能信,不蛰则无以为存。阴阳往来,定理本如是也。

易曰:困于石,据于蒺藜,入于其宫,不见其妻,凶。子曰:非所困而困焉,名必辱。非所据而据焉,身必危。既辱且危,死期将至,妻其可得见邪?

坎隐伏,故名辱。坎险,故身危。坎为棺椁,故曰死。困六三爻义。

易曰:公用射隼于高墉之上,获之无不利。子曰:隼者,禽也。弓矢者,器也。射之者,人也。君子藏器于身,待时而动,何不利之有？动而不括,是以出而有获,语成器而动者也。

> 解上震为器,为人,互坎,故藏器。震为时,为动。动故不括。解上六爻义。

子曰:小人不耻不仁,不畏不义,不见利不动,不威不惩。小惩而大戒,此小人之福也。易曰:履校灭趾,无咎。此之谓也。

> 此释噬嗑初九爻义。震为动,为威。

善不积不足以成名,恶不积不足以灭身。小人以小善为无益而弗为也,以小恶为无伤而弗去也,故恶积而不可掩,罪大而不可解。易曰:何校灭耳,凶。

> 此释噬嗑上九爻义。

子曰:危者安其位者也,亡者保其存者也,乱者有其治者也。是故君子安而不忘危,存而不忘亡,治而不忘乱。是以身安而国家可保也。易曰:其亡其亡！系于苞桑。

> 此释否九五爻义。

子曰:德薄而位尊,知小而谋大,力小而任重,鲜不及矣。易曰:鼎折足,覆公悚,其形渥。言不胜其任也。

> 此释鼎九四爻。形渥,郑、虞皆作刑剧,言因覆悚而被大刑也。古字音同通用。王弼、程传以形为形体,王谓形渥为沾濡,程谓为汗赧。皆望文生义,不惟不审通假之例,且于经义

显违。以折足覆铼之罪,只汗赧而已乎? 本义多从程传,独此不从,诚以其陋也。观此曰鲜不及矣,谓及于刑辟也,此可以定其是非也。

子曰:知几其神乎! 君子上交不谄,下交不渎,其知几乎! 几者动之微,吉之先见者也。君子见几而作,不俟终日。易曰:介于石,不终日,贞吉。介如石焉,宁用终日? 断可识矣。君子知微知彰,知柔知刚,万夫之望。

　　此释豫六二爻义。左传昭五年:于人为言,败言为谗。谦下艮,震反,故曰败言。豫与谦同体,亦正反震,故曰谄,曰渎。蒙曰:渎则不告。以二至上正反震相对,言多,故曰渎。豫亦正反震,故亦曰渎。系辞与左传之用正覆象,除易林外,无有喻者。故解左氏而误,解易而误,而谄与渎之故,皆莫知其所自来矣! 介,硈之省,硬也。故曰介如石。

子曰:颜氏之子,其殆庶几乎! 有不善未尝不知,知之未尝复行也。易曰:不远复,无祗悔,元吉。

　　此释复初爻义。

天地缊缊,万物化醇。男女构精,万物化生。易曰:三人行则损一人,一人行则得其友。言致一也。

　　损六三爻义。少男少女,爻无不交。艮为天。坤为地,为万物。震为生。未交则阴阳分,既交则阴阳合德,所谓同声同气也,故曰致一。

子曰:君子安其身而后动,易其心而后语,定其交而后求。君子修此三者,故全也。危以动,则民不与也。惧以语,则民不应也。无交而求,则民不与也。莫之与,则伤之者至矣。易曰:莫益之,或击之,立心勿恒,凶。

益上九爻义。二至四艮,为身,为安,为求。震为动,为言。坤为心,为民。易,平也。言平易其心而后语也。

子曰:乾坤其易之门邪?乾阳物也,坤阴物也。阴阳合德而刚柔有体,以体天地之撰,以通神明之德。其称名也,杂而不越,于稽其类,其衰世之意邪?夫易彰往而察来,而微显阐幽。开而当名,辨物正言,断辞则备矣。其称名也小,其取类也大。其旨远,其辞文,其言曲而中,其事肆而隐。因贰以济民行,以明失得之报。

阴阳合德,而万物乃生。各有其刚柔之体,体刚者得天数,体柔者得地数。九家云:撰,数也。天数九,地数六。言万物形体,皆受天地之数也。撰与算,音近通用。夏官:群吏撰车马。郑注:撰读曰算。谓数择之。兹与之同。万物变化,通于神明。其名虽杂,然系之爻卦,各有其序,不相逾越,故曰杂而不越。凡吉凶悔吝皆所以备忧患,故曰衰世之意。若盛世则无所谓忧患也。彰往,如先甲三日,先庚三日;察来,如履霜坚冰至,至于八月有凶是也。卦名只八耳,而万物皆象于其中,故曰其称名小,其取类大。肆,极也。周语下:薮泽肆既。注:肆,极也。贰,辅也。卦有内外、有上下,初为主则四贰之,二为主则五贰之,三为主则上贰之。其吉凶得失,皆以此为度,故因贰以济民行。

易之兴也,其于中古乎?作易者其有忧患乎?是故履,

德之基也。谦,德之柄也。复,德之本也。恒,德之固
也。损,德之修也。益,德之裕也。困,德之辨也。井,
德之地也。巽,德之制也。

> 虞氏曰:中古谓庖牺,庖牺始画卦。以前为上古,上古之
> 人无忧患。九卦者,防忧虑患之本。柄,本也,所以持物。辨,
> 别也。遭困之时,君子不改其常,小人必失其度,以此为别。
> 井以水养人,取不竭,用不穷,故曰德之地。巽为命令,人君申
> 命用事,宰制天下,故曰德之制。此陈九卦之德。

履和而至,谦尊而光,复小而辨于物,恒杂而不厌,损先
难而后易,益长裕而不设,困穷而通,井居其所而迁,巽
称而隐。

> 此申九卦之性,以明其重要。履下兑为和,上乾为至。谦
> 下艮为光明,为山,故尊而光。复阳虽微,然震阳物,坤阴物,
> 阴阳各别,故复小而辨于物。辨,别也。恒六爻皆交,故杂而
> 不厌。挹损,人情之所难,故先难;久则人谅而服,故后易。虞
> 氏以上失位为难,误之远矣。益阳归内,内为贞,贞为我。设,
> 陈也。天施地生,言不必设施为作,自然裕也。困下坎为通。
> 井所居不移,而泽施于人,故居所能迁。巽为命令,举国称扬;
> 然民可使由,不可使知,故称而隐。又称者,铨衡之总名。郑
> 注月令云:称锤曰权。由是以推,称干曰衡。后儒动谓称即权
> 者,非也。谦传云:称物平施。月令云:分茧称丝计功,是也。
> 上巽下巽,内外平,故曰称。巽伏故隐。

履以和行,谦以制礼,复以自知,恒以一德,损以远害,益

以兴利,困以寡怨,井以辨义,巽以行权。

此言九卦之用。履乾为行,兑悦,故行和。凡礼以谦为主,故以制礼。恒不易方,故一德。损互坤为害,泰初往坤上,害不能及,故远害。富贵易为人忌,困则无忌者,故寡怨。风进退,故行权。

易之为书也不可远,其为道也屡迁。变动不居,周流六虚,上下无常,刚柔相易,不可为典要,唯变所适。其出入以度,外内使知惧,明于忧患与故。无有师保,如临父母。初率其辞而揆其方,既有典常。苟非其人,道不虚行。

正义云:屡迁,谓乾初潜龙,乾二见龙是也。变动不居,若一阳生为复,二阳为临,无或停息是也。六虚,六位也。上下无常,如二五相上下,泰二得上于中行是也。适,往也。如乾初得九,则往姤也。乾元亨利贞,姤则天地相遇,卦德迥不同,故曰不可为典要。往外为出,来内为入。往来出入,皆有一定之度数,不能混淆。如初与四相往来,二与五相往来,三与上相往来。倘不能相往来,则中必有疾,如鼎二曰我仇有疾是也。疾则惧矣,惧则知所防矣,故曰明于忧患与故。率,正也。揆,度也。方,道也。言正其初首之辞,而度其终末之道,尽有典常。故非文王不能明其道也。

易之为书也,原始要终以为质也。六爻相杂,唯其时物也。其初难知,其上易知,本末也。初辞拟之,卒成之终。若夫杂物撰德,辨是与非,则非其中爻不备。噫!

亦要存亡吉凶，则居可知矣。知者观其彖辞，则思过半矣。

原始，如乾初九潜龙勿用，是原始也。上九亢龙有悔，是要终也。质，本也。物，阳物阴物。六爻刚柔相杂，然爻各有其时，各有其物，时物当则吉，否则凶也。本末，初上也。初则事微故难知，上则事彰故易知。初拟议之，卒终成之。假如噬嗑初九，善恶在拟议之间；至上九则凶灾彰彻，一成不变也，故曰卒成之终。杂物，言阴阳相杂也。撰，数也。撰德者，言数合阴阳之德，而别其是非也。中爻谓中四爻，二至四互一卦，三至五互一卦，京氏所谓一卦备四卦之用也。吉凶是非，初引其端，上考其成；至其详尽，则在中四爻，故曰非中爻不备。中爻之是非既明，则吉凶已著。居，处也。处乾吉则存，处坤凶则亡，故曰居可知。

二与四同功而异位，其善不同。二多誉，四多惧，近也。柔之为道，不利远者；其要无咎，其用柔中也。三与五同功而异位。三多凶，五多功，贵贱之等也。其柔危，其刚胜邪？

二四同为坤位，故同功。而二位在内，且居中，故异位。三五同为乾位，故同功。而五在外，且居中，故异位。近谓二在内卦，远谓四在外卦。柔之为道不利远，二近故多誉，四远故多惧。其谓近五故惧者，非也。三五皆阳位，故柔爻居之危，刚爻居之胜。

易之为书也，广大悉备。有天道焉，有人道焉，有地道焉。兼三才而两之,故六。六者非他也,三才之道也。道有变动故曰爻,爻有等故曰物,物相杂故曰文,文不当故吉凶生焉。

> 文不当,谓不当位。干宝云:等,群也。爻中之义,群物交集也。

易之兴也,其当殷之末世,周之盛德邪? 当文王与纣之事邪? 是故其辞危。危者使平,易者使倾。其道甚大,百物不废。惧以终始,其要无咎,此之谓易之道也。

> 言易辞忧危虑患,或为文王事纣,囚于羑里时所为。干宝、何妥等,便指某卦爻辞指周某事,其因皆缘误释此二语。与虞翻之误解不可为典要,唯变所适,浪用卦变、爻变同也。易,平易也。危者使平,如否上先否后喜是也。易者使倾,如泰上城复于隍是也。

夫乾,天下之至健也,德行恒易以知险。夫坤,天下之至顺也,德行恒简以知阻。能说诸心,能研诸侯之虑,定天下之吉凶,成天下之亹亹者。

> 居易不忘险,行简知有阻。阻,险阻也。知有险阻,然后可免于患难。能研诸虑,诸下衍侯之二字。亹亹,王肃云:勉也。

是故变化云为,吉事有详。象事知器,占事知来。天地设位,圣人成能。人谋鬼谋,百姓与能。

> 详、祥音同通用,朕兆也。言吉凶必有先兆也。象事知器,此言占验之事。如郭璞洞林,遇兑知有铜铎,遇坎知有铜

铎六枚也。唯圣人能尽天地之性,故曰成能。人谋鬼谋,言易道深至。百姓与能,言其庸近,所谓夫妇之愚可以与知也。

八卦以象告,爻象以情言。刚柔杂居,而吉凶可见矣。变动以利言,吉凶以情迁。是故爱恶相攻而吉凶生,远近相取而悔吝生,情伪相感而利害生。凡易之情,近而不相得则凶,或害之,悔且吝。

凡万物之象,皆包括于八卦之中。筮得某卦,必有四象,上下卦并上下互是也。至于卦爻辞则明卦情。占者以象为本,以情为用。如公子完生,筮得观之否,观上风下地,而坤为国,互艮为山,告之以象矣。观国之光,利用宾于王,爻则言其情也。变动以利言,如观六四动成乾,风为天于土上,愈变而利愈明,益动而其情益吉。故曰变动以利言,吉凶以情迁。攻,摩也。爱恶相攻即刚柔相摩也。阳遇阴、阴遇阳则相求相爱,复朋来无咎,革六二征吉是也。阳遇阳、阴遇阴,则相敌相恶,如颐六二行失类征凶,鼎九二慎所之是也。爱则吉,恶则凶,故爱恶相攻而吉凶生。远近相取而悔吝生者,远谓应,近谓比。例如同人六二,远取五为正应,近又比三故吝,咸六二亦然,故远近不能兼取。中孚六四曰绝类上,近取也。近取上则不远取初,故曰马匹亡也。情者阳,伪者阴。阴阳相感,有利有害,绝不相同。例如益初九感四则利,上九感三则五为敌而害之矣。下曰近而不相得则凶,或害之,正申其故也。

将叛者其辞惭,中心疑者其辞枝,吉人之辞寡,躁人之辞多,诬善之人其辞游,失其守者其辞屈。

　　荀爽以易辞为解,虞翻谓指六子。按易之本在乾坤,而其用在六子。虞氏之说,似为得之。以六子测人之情伪,不得于此必于彼,无有遁形矣。故于下系终言之,示人以涉世之方。离正覆兑相反,叛者反也,而中虚,故其辞惭。坎上下兑口相背,故疑;坎为中为心,故曰中心疑。水性枝溢,故其辞枝。震为言,震反为艮,故言寡;艮为人,艮止而静,故曰吉人。震为决躁,似兑而长舌,故辞多。兑为口舌,阴掩阳,故曰诬善;柔乘刚,故其辞游。风进退不果,故失其守;阴伏在下,故其辞屈。

卷二十

说卦传

昔者圣人之作易也,幽赞于神明而生蓍,参天两地而倚数。

　　案参两之说,先儒不同。马融、王肃,并云天数五,地数五,五位相合,以阴从阳。天得三合,谓一三与五也;地得两合,谓二与四也。郑玄云:天地之数,备于十。乃参之以天,两之以地,而倚托大衍之数五十也。必三之以天,两之以地者,天三覆,地二载;必极于数,庶得吉凶之审。虞翻云:谓分天象为三才,以地两之,立六画之数。倚,马融训依,虞、王训立。按参两者,乃数之本原。马、王谓一三五为参天,二四为两地,夫一二三四五乃生数,故数止于五;五数既立,以此为本,加一为六,二为七,三为八,四为九,而蓍数乃出。然则六七八九之成数,皆原于一二三四之生数,故曰倚数。言数皆依此立也。马、王之说是也。天奇地耦,大衍五十,两地也;用四十有九,参天也。分二,两地;挂一,参天。揲四,两地;归奇,参天。三变得三奇,三三而九,参天也。三变得三耦,二三得六,两地也。三变而两奇一耦,则为八,两地也。两耦一奇则为七,参天也。盖欲知来,必先极数。而极数之法,必参两回互,以此为本也。

观变于阴阳而立卦,发挥于刚柔而生爻,和顺于道德而理于义,穷理尽性以至于命。昔者圣人之作易也,将以顺性命之理。是以立天之道,曰阴与阳。立地之道,曰柔与刚。立人之道,曰仁与义。兼三才而两之,故易六画而成卦。分阴分阳,迭用柔刚,故易六位而成章。

一三五阳,二四六阴。柔爻居阴位,刚爻居阳位,则当位。否则失位。以此为用。虞翻曰:和顺谓坤,道德谓乾。以乾通坤,谓之理义;以乾推坤,谓之穷理。以坤变乾,谓之尽性。性尽理穷,故至于命。巽为命也。

天地定位,山泽通气,雷风相薄,水火不相射,八卦相错。数往者顺,知来者逆,是故易逆数也。

此先天卦位也。天地定位,言乾位南坤位北也。薄,入也。射,厌也。错,杂也,交也。言八卦方位,阳错阴,阴错阳,无一卦不相对,无一爻不相交也。此纯指先天八卦之方位形式,故特申之曰八卦相错。太玄玄告,准说卦者也。玄告云:天地相对,日月相刘,山川相流,轻重相浮。又曰:南北定位,东西通气,万物错处于其中。按天地相对,南北定位,即谓乾南坤北也。曰日月相会,东西通气,谓离东坎西也。天地水火,四正卦也。曰山川相流,轻重相浮,万物错处于其中,即谓四隅卦也。正释此也。又乾凿度曰:其位也天在上,地在下,君南臣北,父坐子伏。易若以坤西南、乾西北为定位,尚得谓天在上,地在下乎?尚得谓君南臣北乎?当然别有所指。乾凿度又云:天地之道立,山泽雷风水火之象定矣。其散布用事也,震生物于东方,离长之于南方,兑收之于西方,坎藏之于北方。与下帝出乎震之方位同。夫曰散布用事,则震东兑西,离南坎北,未用事之先不在此也明矣。乾凿度于乾南坤北,变为离南坎北之故,言之可谓悉矣。数往者顺,谓四阳卦;知来者逆,谓四阴卦。阳性强健其动直,自内往外顺行,故曰数往者顺。阴性敛啬闭藏,自外来内逆行,故曰知来者逆。逆,迎也。阳往阴来,自然相遇。相遇然后相交,易道乃成,故曰易逆数也。言阳逆阴,阴逆阳,故能定位通气,相薄不相射也。此仍言八卦相错之理。相错,故阴阳能相逆。不相错,则阴自阴,阳自阳,胡能相值而相交哉?

雷以动之,风以散之,雨以润之,日以暄之,艮以止之,兑以说之,乾以君之,坤以藏之。

匹耦对举,与前节位同,不过先六子后父母耳。

帝出乎震,齐乎巽,相见乎离,致役乎坤,说言乎兑,战乎乾,劳乎坎,成言乎艮。

马国翰曰:此连山易文。见于宝周礼注引。按此言后天卦位,周易用之。恐人不知,故下节即连山易文,逐字逐句而详释其义,并明指其方位,以见与上文所言方位绝不同也。帝,神也。即主宰万物者也。旧解皆忽略下节乃解释此节,致此节皆成赘文。

万物出乎震,震东方也。齐乎巽,巽东南也。齐也者,言万物之洁齐也。离也者明也,万物皆相见,南方之卦也。圣人南面而听天下,向明而治,盖取诸此也。坤也者地也,万物皆致养焉,故曰致役乎坤。兑正秋也,万物之所说也,故曰说言乎兑。战乎乾,乾西北之卦也,言阴阳相薄也。坎者水也,正北方之卦也,劳卦也,万物之所归也,故曰劳乎坎。艮东北之卦也,万物之所成终而所成始也,故曰成言乎艮。

归,藏也。至冬则万物皆归命于坎,故曰劳卦。坤彖传云:乃终有庆。终谓亥,万物终于亥,艮先天居之,故曰成终。万物生于寅,艮后天居之,故曰成始。其以丑为岁终,寅为岁始说此者,虽巧合,然违易理。易之计岁,以冬至为界。过冬至两月,而犹曰终万物,可乎?

神也者,妙万物而为言者也。动万物者,莫疾乎雷。挠万物者,莫疾乎风。燥万物者,莫熯乎火。说万物者,莫说乎泽。润万物者,莫润乎水。终万物始万物者,莫盛乎艮。故水火相逮,雷风不相悖,山泽通气,然后能变化既成万物也。

来知德曰:此专明六子之功用。然孤阳孤阴,不能生物,必依先天卦位,使六子相错相交,然后能变化既成万物也。

乾健也,坤顺也,震动也,巽入也,坎陷也,离丽也,艮止也,兑说也。

此言八卦之性情。

乾为马,坤为牛,震为龙,巽为鸡,坎为豕,离为雉,艮为狗,兑为羊。

此所谓远取诸物。巽为鸡,<u>九家</u>云:应八风也。风应节而变,变不失时。鸡时至而鸣,与风相应。<u>杭辛斋</u>曰:鸡善伏。按巽为伏。然上两解皆未必协,则谓其义至今未明可也。兑为羊,纯取其形似。旧解谓羊性狠者,非也。

乾为首,坤为腹,震为足,巽为股,坎为耳,离为目,艮为手,兑为口。

此近取诸身。坎,窞也,故为耳。经亦以兑为耳。皆取其形。旧解谓坎北方属肾,肾主耳;又谓坎北方主聪,故为耳,皆非。以上二十四象,昔人谓之本象。

乾天也,故称乎父。坤地也,故称乎母。震一索而得男,故谓之长男;巽一索而得女,故谓之长女。坎再索而得男,故谓之中男;离再索而得女,故谓之中女。艮三索而得男,故谓之少男;兑三索而得女,故谓之少女。

索,求也。阴与阳互相求。<u>文言</u>曰:同声相应,同气相求,是也。阳求阴得三男,阴求阳得三女,而以初中上三爻为次序。实经之所用,不与尽同。如<u>随</u>以震为小子、艮为丈夫,<u>大过</u>以巽为女妻、以兑为老妇,与此正相反。盖以二人言,先生者为长,次为幼;而以一人言,则初爻为幼,至上而老矣。此其理除<u>焦氏易林</u>外,余无知者。易林以兑为老妇,巽为少齐,初读之皆莫明其义,后乃恍然知其悉本于<u>易</u>也。<u>朱子</u>谓说卦之象,求之于经,亦不尽合。诚哉其有不合!盖说卦乃自古相传之象,至周易愈演愈精,故经所用象,不尽与说卦同。虞翻等必执说卦以解经,至大过创为二应上、初应五之恶例,以求其合,其误遂不可言矣。

乾为天,为圜,为君,为父,为玉,为金,为寒,为冰,为大赤,为良马,为老马,为瘠马,为驳马,为木果,为龙,为直,为衣,为言。(依九家本增,下同。)

金玉象其纯粹。西北不周风,阴寒之地,故为寒冰。乾舍于离,南方火,故为大赤。乾健,故为马。凡物皆有初壮究,故由良马而老而瘠而驳。木果形皆圜,无他义。其以驳为食虎豹之兽;或又本陆机诗疏,谓驳为木,皆非。乾上故为衣。

坤为地,为母,为布,为釜,为吝啬,为均,为子母牛,为大舆,为文,为众,为柄,其于地也为黑,为牝,为迷,为方,为囊,为裳,为黄,为帛,为浆。

坤德遍布万物以致养,故为布。外府注云:布,泉也。凡钱,藏者曰泉,行者曰布,取名于水泉,其流行无不遍。按《《本为水,故象泉布。万物资地成熟,故为釜。坤闭,故吝啬。不择而生,故为均。坤为牛,地生生不已,今之童牛,不日又生子而为母矣,故为子母牛。万物依之为本,故为柄。坤文,故为帛。坤为水,故为浆。

震为雷,为龙,为玄黄,为敷,为大涂,为长子,为决躁,为苍筤竹,为萑苇,其于马也为善鸣,为馵足,为作足,为的颡,其于稼也为反生,其究为健,为蕃鲜,为玉,为鹄,为鼓。

龙、駹通，而駹与龙通。说文：龙，多毛犬也。郑作龙，云取日出色。虞作駹，云苍色。案周礼秋官犬人：掌犬牲，凡几珥沉辜用駹。注：故书駹作龙。疏：杂色牲。即杂色犬牲也。又春官牧人职：用駹。御史职：駹车。注皆云：故书駹作龙。是駹古作龙。清儒依虞说，多从駹。岂知龙、駹音同通用，龙即駹，非误字也。特诂为龙，或只诂为杂色，不诂为犬牲，则误耳。又易林夬之屯云：龙吠有威，行者留止。巽寡发，震多毛，震为威，为鸣，故为龙。是郑读与焦同。敷，干宝云：敷为花貌。易林亦以震为花。此象卦形。余说皆误。九家云：苍筤，青也。震为周为虚(归妹上六承虚筐也)，竹与萑苇皆有节，下阳象之，上二阴象其圆而中空。马足白为霹，阳在下故足白。的颡，白颠也。初阳生，故曰反生。宋衷曰：阴在上，阳在下，故为反生。谓枲豆之类，皆戴甲而生。按宋注最为精切，格物入微，取象之妙入微，而经生知之者寡。阳息至三，乾健反复成巽，巽为垣墉，故为蕃。蕃、藩通。诗小雅营营青蝇，止于蕃，是也。巽为寡，故为鲜。诗：终鲜兄弟。传：鲜，寡也。玉色白或青，故为玉。有谓为王之讹者，证以易林象，非也。鹄、鹤古通。为声音，故为鼓。

巽为木，为风，为长女，为绳直，为工，为白，为长，为高，为进退，为不果，为臭，其于人也为寡发，为广颡，为多白眼，为近利市三倍，其究为躁卦，为杨，为鹳。

陆绩云：风，土气也。巽，坤之所生，故为风(故易林亦以坤为风)。巽柔故为绳。巽风故直。工，说文：巧饰也。象人有规矩。徐锴曰：为巧必遵规矩法度，然后为工。按巽为顺，能顺规矩,遵循法度,故为工。风可进可退,故不果。经屡以巽为疑,同此也。臭,气也。风散则气至,故为臭。巽陨落,故寡发。震为发,反巽故寡发。广颡取上二阳象。多白眼,按离为目,中爻阴黑睛,上下阳目中之白;今二阳皆在上,睛伏在下,故多白眼。利市三倍,似取流通,或取入义。究为震,故曰躁卦。

坎为水,为沟渎,为隐伏,为矫𫐓,为弓轮,其于人也为加忧,为心病,为耳痛,为血卦,为赤,其于马也为美脊,为亟心,为下首,为薄蹄,为曳,其于舆也为多眚,为通,为月,为盗,其于木也为坚多心,为宫,为律,为可,为栋,为丛棘,为狐,为蒺藜,为桎梏。

为隐伏,为忧,为心病,为美脊,为亟心,为通,为坚多心,皆以阳在阴中而取象。以乾辟坤,故为沟渎。曲者使直为矫,直者使曲为𫐓。水性可曲可直也。可曲,故可为弓轮。水在地,犹人之有血。乾大赤,坎得乾之中爻,故亦为赤。月者水之精,故坎为月。为忧,故下首。下首犹低头也。坎隐伏,故为盗。坎为屋极,故为宫,为栋。坎阳在中,健而直,故为棘,为蒺藜。坎阳陷阴中,不能移动,如法律之固定,如桎梏之在手足,故为法律,为桎梏。

离为火,为日,为电,为中女,为甲胄,为戈兵,其于人也为大腹,为乾卦,为鳖,为蟹,为蠃,为蚌,为龟,其于木也为科上槁,为牝牛。

取火之明,故为日,为电。中虚,故为大腹。余象皆取外坚。离中枯，故科上槁。经皆以艮为龟，亦外坚故。

艮为山，为径路，为小石，为门阙，为果蓏，为阍寺，为指，为狗，为鼠，为黔喙之属，其于木也为坚多节，为鼻，为虎，为狐。

震为大涂，反之则为径路。为山，故为石，外坚故也。门阙、阍寺，皆象形。指能屈伸制物，与手同义，故为指。狗，虞翻云：上已有狗，当为拘字之误。按拘亦音钩，礼曲礼：若仆者降等则自下拘之。注：拘，取之也。释文：拘，古侯反。是拘与狗音同，故通用，而其义为取，仍由手取象。狗、拘，亦犹龙、駹，羊、阳之通用，不可谓龙、羊之为误字也。凡经书字如此者，必有其故，详细推考，自能得其故，不必遽为改字。艮为穴，鼠穴居，故为鼠。黔喙，易林作黔啄。说文：喙，口也。啄，鸟食也。马、郑皆谓为虎豹之属。实虎豹无黔喙者。若啄则专属之鸟，鸟之刚在喙，艮刚在上，故为黔喙。凡鸟之鸷者，无不黔啄。易林以艮为鹰、鹯、雕、隼，本此也。刚在外，故坚多节。鼻者面之山，故艮为鼻。乾为虎，艮得乾上爻，故亦为虎。狐穴居，故亦为狐。

兑为泽，为少女，为巫，为口舌，为毁折，为附决，其于地也为刚卤，为妾，为羊，为常，为辅颊。

巫以口舌用事，故为巫。上缺，故为毁折。阴下附于阳，故为附。爻绝于上，故为决。兑之附决，犹巽之进退也。朱仰之云：地不生物曰刚卤。按，释名：地不生物曰卤。左传襄三十五年：楚子木使表淳卤。注：淳卤，埆薄之地。盖刚者地不柔和,卤者硗确,故不生物,与毁折义合。许慎谓卤为西方咸地,非也。兑为少女,故为妾。兑为羊,郑谓羊、养音同通用。养,炊妇,更贱于妾。似较虞作羔为近。辅颊,取卦形。常,九家云:西方神也。

上所增象,依九家本。汉人注经,十八九皆用之,何逸之有?先儒以他本皆无,独九家有之,不敢列入,乃谨慎之意。岂知经若本无,九家何敢擅增?况证以易林及汉魏人注,几人人知之,为说经者所不可离,不得名曰逸象。经文之字,各本多寡异同者多矣,兹何足异?故拣择而从则可,谓为逸象则名不副实。

序卦传

上经始乾、坤,终坎、离,而以否、泰为枢纽。下经始咸、恒,终既、未济,而以损、益为枢纽。其间次序,皆有深意。圣人虑后世妄人,或有乱其卦序者,故为此以辐毂之,其意义可不深求也?

有天地然后万物生焉。盈天地之间者唯万物,故受之以屯。屯者,盈也。屯者,物之始生也。物生必蒙,故受之以蒙。蒙者,蒙也,物之稚也。物稚不可不养也,故受之以需。需者,饮食之道也。饮食必有讼,故受之以讼。讼必有众起,故受之以师。师者,众也。众必有所比,故受之以比。比者,比也。比必有所畜,故受之以小畜。物畜然后有礼,故受之以履。履而泰,然后安,故受之以泰。泰者,通也。物不可以终通,故受之以否。物不可以终否,故受之以同人。与人同者,物必归焉,故受之以大有。大者不可以盈,故受之以谦。有大而能谦必豫,故受之以豫。豫必有随,故受之以随。以喜随人者必有事,故受之以蛊。蛊者,事也。有事而后可大,故受之以临。临者,大也。物大然后可观,故受之以观。可观而后有所合,故受之以噬嗑。嗑者,合也。物不可以苟合而已,故受之以贲。贲者,饰也。致饰然后亨则尽矣,故受之以剥。剥者,剥也。物不可以终尽,剥穷上反下,故受之以复。复则不妄矣,故受之以无妄。有无妄然后可畜,故受之以大畜。物畜然后可养,故受之以颐。颐者,养也。不养则不可动,故受之以大过。物不可以终过,故受之以坎。坎者,陷也。陷必有所丽,故受之以离。离者,丽也。

离丽者,言一阴丽于二阳之间。

有天地然后有万物,有万物然后有男女,有男女然后有夫妇,有夫妇然后有父子,有父子然后有君臣,有君臣然后有上下,有上下然后礼义有所错。夫妇之道(指咸卦)不可以不久也,故受之以恒。恒者,久也。物不可以久居其所,故受之以遁。遁者,退也。物不可以终遁,故受之以大壮。物不可以终壮,故受之以晋。晋者,进也。进必有所伤,故受之以明夷。夷者,伤也。伤于外者必反其家,故受之以家人。家道穷必乖,故受之以睽。睽者,乖也。乖必有难,故受之以蹇。蹇者,难也。物不可以终难,故受之以解。解者,缓也。缓必有所失,故受之以损。损而不已必益,故受之以益。益而不已必决,故受之以夬。夬者,决也。决必有所遇,故受之以姤。姤者,遇也。物相遇而后聚,故受之以萃。萃者,聚也。聚而上者谓之升,故受之以升。升而不已必困,故受之以困。困乎上者必反下,故受之以井。井道不可不革,故受之以革。革物者莫若鼎,故受之以鼎。主器者莫若长子,故受之以震。震者,动也。物不可以终动,止之,故受之以艮。艮者,止也。物不可以终止,故受之以渐。渐者,进也。进必有所归,故受之以归妹。得其所归者必大,故受之以丰。丰者,大也。穷大者必失其居,故受之以旅。旅而无所容,故受之以巽。巽者,入也。入而后说之,故受之以兑。兑者,说也。说而后散之,故受之以涣。涣者,离也。物不可以终离,故受之以节。节而信之,故受之以中孚。有其信者必行之,故受之以小过。有过物者必济,故受之以既济。物不可穷也,故受之以未济终焉。

伏羲未定婚礼以前,人皆知有母,不知有父,故曰有夫妇然后有父子。节者符也,以竹为之,各持其一,合之以为信,周礼地官掌节是也。物不可终离,故受之以节,节之用在合,故

与离对文。合而符则信，故曰节而信之，全指符节言。旧解
皆误。

杂卦传

十翼以杂卦终，与六十四卦以未济终义同也。盖六十四
卦，卦序皆文王所定，其起讫皆有深义，不可动摇。然易道以
不穷为义，六十四卦至既济而六爻定，定则穷矣，故殿以未济，
使之复通。六十四卦上经始天地，下经始夫妇，此不易者也，
故杂卦仍之。而以井、困居上经之末，以损、益为枢纽；以未
济、夬居下经之末，以否、泰为枢纽。损益否泰，后先互易，明
文王之意先天道后人事，孔子之意先人事后天道也。先人事，
井取其不穷，困而不失其亨，故以为上经之殿。听天道，则事
之济不济命也，刚健果决，自强不息，终焉以赴之耳，故以未
济、夬终。仍穷变通久之义也。谓之为杂者，言杂糅各卦，使
上下经互易，不与文王卦序同。非孔子不敢有此改作，亦非孔
子无此神化之笔也。彼七十二贤，固不敢创制如斯也。

以上所言，杂卦殿十翼之义也。至其所言必错综对举者，
何也？以见卦象正则如此，反则如彼也。正象，说卦举其端。
说卦所未言者，可类推也。至覆象，则无言者。然如大过九五
枯杨，人尚知为反巽。独正覆象相杂，如蒙：匪我求童蒙，童蒙
求我；初筮告，再三渎，渎则不告。则以二至上正反震也。如
左传以谦为败言，则以谦下艮与震相反也。如困曰：有言不
信。则以三至上正覆兑也。如震曰：婚媾有言。则以二至上

正覆震相背也。如中孚曰:鹤鸣子和。则以二至五正反震相对,如相应也。鸣鹤在阴者,则以二至五正反艮,正则为山阳,反则为山阴也。又六三云:或鼓或罢,或泣或歌。则以二至五正反艮震,震则或鼓或歌,艮则或泣或罢也。如此之类,经内甚多。除焦氏易林外,二千年说者无不误。夫子盖预知之,故于最后之杂卦申其义。

乾刚坤柔,比乐师忧。

比五虽坎,然当位居尊,故乐。师二入渊,故忧。

临观之义,或与或求。

临二阳抚临万民,有施惠之意。震往,故曰与。反之为观,则万民仰五,有乞求之意,故曰求。艮为求也。

屯见而不失其居,蒙杂而著。

屯二阳皆当位,故不失其居。蒙二阳皆失位,故曰杂。物相杂则文生,故曰著。

震起也,艮止也。损益,盛衰之始也。

震动故起,反则止矣。泰损下一阳以益上,故损为衰之始(再三损则成否)。否移上一阳以益下,故益为盛之始(再三益则成泰)。

大畜时也,无妄灾也。

王引之云:古时与待通。恐天灾至,畜以待饥。义本坤灵图。无妄互艮,艮为火,故灾。焦、京皆以无妄为大旱卦。自艮火象失传,虞氏即不知其义。

萃聚而升不来也,谦轻而豫怠也。

阳上升,故不来。谦不自满,故轻。豫自足,故怠。怠,虞作怡。按怠、怡皆从心,本一字,故古常通用。史记始皇本纪:视听不怠。刘歆烈女赞:言行不怠。注并作怡。怡则自足,与谦轻反。

噬嗑食也,贲无色也。兑见而巽伏也。

颐中有物,故曰食。火在山下,与明夷同,故曰无色。兑阴在上,故曰见。巽阴在下,故曰伏。故巽亦为盗贼,为寇戎,为豕,与坎同象。

随无故也,蛊则饬也。剥烂也,复反也。晋昼也,明夷诛也。

志在随时,不执其故。广韵:饬,整备也。蛊则饬者,乱极思治也。烂自姤始,至剥而极。复则阳反。日在上,故昼。诛,伤也。明伤则夜矣。

井通而困相遇也。

井养而不穷,故通。困刚掩,阳陷阴中,不通。

自乾、坤至此仍三十卦,合上经数。自咸、恒至夬,仍三十四卦,合下经数。

咸速也,恒久也。涣离也,节止也。

感则无远近,无弗届,故事莫速于感。反之为恒,则不速而久。涣者散也,故曰离。反之为节,则合而不离,故曰止。

解缓也,蹇难也。睽外也,家人内也。

缓则和矣,和则易矣。反之则难。睽离女在上卦,故曰外。反之在内,故曰内也。

否泰反其类也。

> 阴阳交为类。否阴交阳,泰阳交阴,故曰反。

大壮则止,遁则退也。大有众也,同人亲也。

> 止则不退,反之则退。众则不亲,反之则亲。

革去故也,鼎取新也。小过过也,中孚信也。

> 革,更改旧有,故曰去故。鼎,亨饪待熟,故曰取新。过,失也。失则不信,反之则信。

丰多故也,亲寡旅也。离上而坎下也。

> 多与寡相反,上与下相反。丰,雷电皆至,故多。旅,互巽为寡,艮为鼱,故亲寡。火炎上,水润下。

小畜寡也,履不处也。需不进也,讼不亲也。

> 小畜巽为寡。履者行也,故不处。需险在前,故不进。讼天水违行,故不亲。寡则独处,反之则不处矣。不亲则异行,与需之不行亦正相反。

大过颠也,姤遇也,柔遇刚也。

> 颠,陨也。下巽陨落。顶灭泽中,故颠。姤坤遇乾,乾刚坤柔。

渐女归待男行也,颐养正也,既济定也。

> 渐阴皆居阳后,故待男行。颐求口食,得养之正。既济六爻当位而止其所,故曰定。

归妹女之终也,未济男之穷也。

> 女终夫家,故以嫁为终。既济三阳皆比阴,内刚外柔,与泰理同,故不穷;未济三阳皆居阴前,内柔外刚,与否理同,故

穷。程子谓三阳不当位故穷。岂知三女亦不当位,岂独三男?
然而不穷者,以三女皆承阳也。程子谓求之多年,不得其义,
后得之于成都箍桶者,盖托辞也。

夬决也,刚决柔也。君子道长,小人道忧也。

沈善登云:杂卦以乾刚坤柔始,以夬刚决柔还复为乾终,
是举全易浑成一乾。按此说最得夬卦居终之义。自大过以
下,不两卦反对,宋儒颇疑为错简。然曰女之终,男之穷,上下
对文,似非错简。惟义仍反对。大过死,反之则得养;姤柔遇
刚,反之则刚决柔;渐女有待而行,反之则不待而嫁矣;既济
定,穷则不定。虽不对举,而义仍反对。虞翻谓大过死,大过
下姤,故次以姤;上夬,故以夬终。亦可参考。